Curriculum Text

Arabic | Level 1

TRS-ARA1-4.0

ISBN 1-58022-014-2

Copyright ©2005 Fairfield Language Technologies. All rights reserved.
Unauthorized duplication is prohibited.

The Rosetta Stone is a registered trademark of Fairfield Language Technologies.

Printed in the United States of America

Fairfield Language Technologies
135 West Market Street
Harrisonburg, Virginia 22801 USA

Telephone: 540-432-6166 or 800-788-0822 in U.S. and Canada
Fax: 540-432-0953
E-mail: info@RosettaStone.com
Web site: www.RosettaStone.com

المحتويات

الأبجدية 1

النصوص 3

الوحدة الأولى

1-01 الأسماء والحروف. 8
الأَسْمَاء والحُرُوف.

1-02 الأفعال: الفعل الْمضارع. 10
الأَفْعَال : الْفِعْل الْمُضَارِع

1-03 الصفة. 12
الصِّفَة.

1-04 الأرقام: من واحد إلى عشرة. 14
الأَرْقَام: مِن وَاحِد إِلَى عَشَرة.

1-05 الْمفرد والجمع: الأسماء وتصريف الفعل مع الجمع. 16
الْمُفرَد وَالجَمْع: الأَسْمَاء وَتَصْرِيف الْفِعْل مَعَ الْجَمْع.

1-06 الأرقام والوقت. 18
الأَرْقَام وَالْوَقْت.

1-07 الضمائر؛ السؤال والجواب. 20
الضَّمَائِر؛ السُّؤَال وَالْجَوَاب.

1-08 الطعام: الْمفعول. 24
الطَّعَام: الْمَفْعُول.

1-09 اللبس والْملابس: النفي والإثبات. 26
اللِّبْس والْمَلاَبِس: النَّفْي وَالإِثْبَات.

1-10 أدوات الاستفهام: من وماذا، أين وأي. 28
أَدَوَات الإِسْتِفْهَام: مَنْ وَمَاذَا، أَيْن وأَيّ.

1-11 مراجعة الوحدة الأولى. 32
مُرَاجَعَة الْوِحْدَة الأُولَى.

الوحدة الثانية

2-01 الأفعال: الفعل الْمضارع. 34

الأَفْعَال: الْفِعْل الْمُضَارع.

2-02 الناس والحيوان. 36

النَّاس وَالْحَيَوَان.

2-03 الأسماء والصفات: كبير وصغير. 38

الأَسْمَاء والصِّفَات: كَبِير وَصَغِير.

2-04 الأشكال والألوان: الصفات وأسماء التفضيل. 40

الأَشْكَال والأَلْوَان: الصِّفَات وَأَسْمَاء التَّفْضِيل.

2-05 اليمين واليسار 42

الْيَمِين وَالْيَسَار

2-06 نفي الفعل الْمضارع. 44

نَفْي الْفِعْل الْمُضَارع.

2-07 الفاعل الْمتعدد. 46

الفَاعِل الْمُتَعَدِّد.

2-08 مزيد من الحروف وظرف الْمكان. 48

مَزِيد مِن الْحُرُوف وَظَرْف الْمَكَان.

2-09 الوجه والأيدي والأقدام: ضمائرالْملكية، الْمضاف والْمضاف إليه. 50

الْوَجْه والأَيْدِي وَالأَقْدَام: ضَمَائِر اْلْمِلْكِيَّة، الْمُضَاف وَالْمُضَاف إِلَيه.

2-10 الأفعال: الْماضي والْمضارع والْمستقبل. 52

الأَفْعَال: الْمَاضِي وَالْمضَارع وَالْمُسْتَقْبَل.

2-11 مراجعة الوحدة الثانية. 54

مُرَاجَعَة الْوِحْدَة الثَّانِيَة.

الوحدة الثالثة

3-01 وصف الناس: الصفات. 56

وَصْفُ النَّاس: الصِّفَات.

3-02 التعبير عن الكمية. 58

التَّعْبِير عَنِ الكَمِيَّة.

3-03 الْملابس. 60

الْمَلاَبِس.

3-04 الداخل والخارج: الحروف. 62

الدَّاخِل وَالْخَارِج: الْحُرُوف.

3-05 الألوان والأعداد. 64

الأَلْوَان وَالأَعْدَاد.

3-06 الحيوان: حقيقي وغير حقيقي. 66

الْحَيَوَان: حَقِيقِي وَغَيْرُ حَقِيقِي.

3-07 الإنسان: الصفات. 68

الإِنْسَان: الصِّفَات.

3-08 الْمهن والحالات: الصفات. 70

الْمِهَن وَالْحَالاَت: الصِّفَات.

3-09 الصور وأعضاء الجسم. 72

الصُّور وأَعْضَاء الْجِسْم.

3-10 الساعة وأوقات اليوم. 74

السَّاعَة وَأَوْقَات الْيَوم.

3-11 مراجعة الوحدة الثالثة. 76

مُرَاجَعَة الوِحْدَة الثَّالِثَة.

الوحدة الرابعة

4-01 أسئلة وأجوبة. 78
أَسْئِلَة وَأَجْوِبَة.
4-02 مفتوح، مغلق/مع بعض، بعيد عن بعض/مستقيم، منحني. 82
مَفْتُوح، مُغْلَق/مَعَ بَعْض، بَعيد عَن بَعْض/مُسْتَقيم، مُنْحَني.
4-03 الأعداد من واحد إلى مائة. 84
الأَعْدَاد مِن وَاحِد إِلَى مِائَة.
4-04 الناس والكلام. 86
النَّاس وَالْكَلاَم.
4-05 الذهاب والإياب، النوم واليقظة. 88
الذَّهَاب وَالإِيَّاب، النَّوم وَالْيَقَظَة.
4-06 تعدد الفعل. 90
تَعَدُّد الْفِعْل.
4-07 أفراد الأسرة. 92
أَفْرَاد الأُسْرَة.
4-08 كل، بعض/ أحد،لا أحد/أي واحد، واحد. 94
كُلُّ، بَعْض/ أَحَدُ،لاَ أَحَد/ أَيّ وَاحِد، وَاحِد.
4-09 العربات. 96
الْعَرَبَات.
4-10 الجار والْمجرور. 98
الْجَار وَالْمَجْرُور.
4-11 مراجعة الوحدة الرابعة. 100
مُرَاجَعَة الْوِحْدَة الرَّابِعَة.

الوحدة الخامسة

5-01 الجمع والطرح، الضرب والقسمة. 102
الْجَمْع وَالطَّرح، الضَّرب وَالْقِسْمَة.

5-02 الْملكية. 104
الْمِلْكِيَّة.

5-03 الفعل الْمضارع والْماضي والْمستقبل. 106
الْفِعْل الْمُضَارع وَالْمَاضِي وَالْمُسْتَقْبَل.

5-04 العشرات والْمئات والآلاف. 108
الْعَشَرَات وَالْمِئَات وَالآلاَف.

5-05 الْمفعول. 110
الْمَفْعُول.

5-06 الساخن والبارد. 112
السَّاخِن وَالْبَارِد.

5-07 أنوا ع الأشياء. 114
أَنْوَا ع الأَشْيَاء.

5-08 الأثاث، الْملابس والأدوات. 116
الأَثَاث، الْمَلابِس وَالأَدوات.

5-09 قليل وكثير/ اكثر وأقل. 118
قَلِيل وكَثِير/ أَكْثَر وَأَقَل.

5-10 الأفعال؛ تعبيرات الإنسان. 120
الأَفْعَال؛ تَعْبِيرَات الإِنْسَان.

5-11 حالات البشر. 122
حَالاَت الْبَشَر.

5-12 مراجعة الوحدة الخامسة. 124
مُرَاجَعَة الْوِحْدَة الخَامِسَة.

الوحدة السادسة

6-01 كان. 126
كَانَ.
6-02 الفعل الْماضي والْمضارع والْمستقبل. 128
الْفِعْل الْمَاضِي وَالْمُضَارع وَالْمُسْتَقبَل.
6-03 وصف الناس؛ أسماء الإشارة. 130
وَصْفُ النَّاس؛ أَسْمَاء الإِشَارَة.
6-04 وحدات الاشياء. 132
وَحَدَات الأَشْيَاء.
6-05 لا ولم، لم يعد، كلا وكلتا، و. 134
لاَ وَلَمْ، لَمْ يَعُد، كِلاَ وكِلْتَا، وَ.
6-06 الفعل الْمضارع والْماضي والْمستقبل؛ الاسم الْموصول. 136
الْفِعْل الْمُضَارع وَالْمَاضِي وَالْمُسْتَقْبَل؛ الأِسْم الْمَوصُول.
6-07 أسماء الأشخاص. 138
أَسْمَاء الأَشْخَاص.
6-08 الفعل الْماضي والْمضارع والْمستقبل. 140
الْفِعْل الْمَاضِي وَالْمُضَارع وَالْمُسْتَقْبَل.
6-09 وحدات الأشياء. 142
وَحَدَات الأَشْيَاء.
6-10 مع؛ وحده، وحدها. 144
مَعَ؛ وَحْدَهُ، وَحْدَهَا.
6-11 الْمهن: حالات ونشاطات. 146
الْمِهَن: حَالاَت وَنَشَاطَات.
6-12 مراجعة الوحدة السادسة. 148
مُرَاجَعَة الْوِحْدَة السَّادِسَة.

الوحدة السابعة

7-01 الأفعال. 150

الأَفْعَال.

7-02 الأفعال والأسماء؛ الإستفهام؛ عبارة "في العادة". 152

الأَفْعَال وَالأَسْمَاء؛ الإِسْتِفْهَام؛ عِبَارَة "فِي الْعَادَة".

7-03 سريع وبطيء. 154

سَرِيع وَبَطِيء.

7-04 الفصول. 156

الْفُصُول.

7-05 كل، ولا واحد/بعض، معظم/كلا، لا أحد، الآخر. 158

كُل، وَلاَ وَاحِد/بَعْض، مُعْظَم/كِلاَ، لاَ أَحَد، الآَخَر.

7-06 كلا ولا أحد. 160

كِلاَ وَلاَ أَحَد.

7-07 الأشكال والأوضاع؛ كل، معظم. 162

الأَشْكَال وَالأَوْضَاع؛ كُلُّ، مُعْظَمُ.

7-08 اليمين واليسار، فارغ وممتلئ. 164

الْيَمِين وَالْيَسَار، فَارِغ وَمُمْتَلِئ.

7-09 أعلى وأسفل. 168

أَعْلَى وَأَسْفَل.

7-10 الأفعال. 170

الأَفْعَال.

7-11 تابع الأفعال. 172

تَابِع الأَفْعَال.

7-12 مراجعة الوحدة السابعة. 174

مُرَاجَعَة الْوِحْدَة السَّابِعَة.

الوحدة الثامنة

8-01 العدد الترتيبي. 176

الْعَدَد التَّرْتِيبِي.

8-02 الفعل الْمضارع. 178

الْفِعْل الْمُضَارع.

8-03 كل، معظم؛ كاد يكون. 180

كُلُّ، مُعْظَمُ؛ كَادَ يَكُونُ.

8-04 جغرافيا. 182

جُغْرَافْيَا.

8-05 الشوارع والأرصفة. 184

الشَّوَارِع وَالأَرْصِفَة.

8-06 الحيوانات الْمدللة والْملابس: صيغ التملك. 186

الْحَيَوَانَات الْمُدَلَّلَة وَالْمَلَابِس: صِيَغُ التَّمَلُّك.

8-07 أسماء التفضيل. 188

أَسْمَاء التَّفْضِيل.

8-08 قريب وبعيد: الْمقارنة. 190

قَرِيب وَبَعِيد: الْمُقَارَنَة.

8-09 أسماء الاماكن. 192

أَسْمَاء الأَمَاكِن.

8-10 الإرشاد إلى الطريق. 194

الإِرْشَاد إِلَى الطَّرِيق.

8-11 الأفعال. 200

الأَفْعَال.

8-12 مراجعة الوحدة الثامنة. 202

مُرَاجَعَة الْوِحْدَة الثَّامِنَة.

الأبجدية 207

اللغة العربية الفصحى المُعاصرة

اللغة العربية الفصيحة المعاصرة

تدل آخر التقديرات على أن اللغة العربية هي لغة أكثر من مئتي مليون نسمة مما يجعلها من اللغات العالمية الرئيسية. ومن المعروف أن اللغة العربية المحكية تختلف لهجاتها من قطر إلى آخر، فاللهجة المستعملة في لبنان مثلاً تختلف عن اللهجات المستعملة في المغرب أو السعودية. وتعود الاختلافات إلى عوامل إقليمية واجتماعية واقتصادية وغير ذلك.

يعلّم هذا البرنامج اللغة العربية الفصيحة المعاصرة التي لا تختلف صورتها من بلد عربي إلى آخر. وهي اللغة المستعملة في وسائل الإعلام والأعمال التجارية الرسمية وأعمال الحكومة. إنّ اللغة العربية الفصيحة المعاصرة هي أيضاً لغة التعليم في جميع أنحاء الوطن العربي.

يستخدم الناطقون بالعربية عادة مزيجاً من اللغة الفصيحة والعامية الدارجة حين يتخاطبون شفوياً وتعتمد نسبة الفصحى إلى العامية على السياق الذي يجري فيه التخاطب، كونه رسمياً أو غير رسمي، وعلى موضوع الحديث والأشخاص الذين يشاركون فيه وغير ذلك من العوامل. حين يتقن الطالب استعمال اللغة الفصيحة فإنه يحصل على إمكانية التخاطب في مجالات عديدة، إلا أنه إن أراد التخاطب بطلاقة تخاطباً طبيعياً مع الناس العاديين فيستحسن أن يوسع مجال اكتسابه اللغوي ليشمل إحدى العاميات العربية على الأقل.

لقد تطورت اللغة العربية المعاصرة من العربية الفصيحة التي تمثلها لغة القرآن الكريم والأدب والشعر. إن الاختلاف بين الشكلين القديم والحديث للغة الفصيحة يكمن في مجال المفردات، أما النحو والصرف فلم يتغيرا تغيراً يسترعي النظر. لذلك فإنه من المتوقع أن يجد المهتمون بدراسة القرآن نفعاً في برنامج «حجر رشيد» خصوصا في مجال تحسين استيعاب القراءة لديهم.

هذا البرنامج من "حجر الرشيد" يوفر إختيارين لتعلم اللغة العربية. إختيار (Arabic) عربي من القائمة الرئيسية يعرض النص العربي في شكله الأصلي بدون الحركات رغم أن قواعد النطق تبقى ثابتة. سيلاحض المتعلم أن اللغة العربية المكتوبة تظهر بهذا الشكل في جميع البلدان العربية المعاصرة. إختيار

(Arabic with vowels) عَرَبِي من القائمة الرئيسية يعرض النص بالحركات. إن الحركات توجه المتعلم في فهم الأصوات المميزة التي تغير أسلوب النطق ومعنى الكلمة. إن برنامج "حجر الرشيد" لتعلم اللغة العربية بالحركات كأداة إضافية سيستعملها المتعلم لكي يلم باشكاليات اللغة فهما وسمعا.

Modern Standard Arabic

Recent estimates indicate that Arabic is the mother tongue of more than 200 million people, making it one of the world's major languages. Of course, not all Arabic is the same. The Arabic spoken in Lebanon is quite different from the Arabic spoken in Morocco or Saudia Arabia. Colloquial dialects reflect regional and socio-economic differences.

This program teaches Modern Standard Arabic (MSA), which is the nearest to a universal form of Arabic in use today. MSA is used as the language of news media, business, and government. In its written form it is the medium for nearly all publications. MSA is also the standard form of Arabic taught in schools throughout the Arabic-speaking world.

Native speakers typically use different combinations of MSA and colloquial dialects when speaking, depending upon whether the setting is formal or familiar, public or private. The student who masters MSA will acquire a solid base for communication in many settings. However, in order to speak fluently and naturally, the student should be prepared to expand his or her learning to include colloquial dialects.

Modern Standard Arabic evolved from and is similar to the classical Arabic found in the Koran. The differences between the two are primarily in vocabulary – the syntax is essentially the same. Students of the Koran who are not native speakers of Arabic will therefore find "The Rosetta Stone" helpful in improving their reading comprehension.

This version of the Rosetta Stone offers the student two ways of learning Arabic. Selecting عربي (Arabic) from the lesson selection screen will present Arabic text in the typical way in which the short vowels are not displayed although they must be pronounced. This is how you usually will see MSA written in contemporary Arabic countries. However, we also offer the student the option of عَرَبِي (Arabic with vowels). In this option, the same text displays the vowels when they are articulated. These marks guide a learner to understand distinct sounds that influence both the pronunciation and meaning of a word. The Rosetta Stone's Arabic with vowels is an effective tool the student can use to become familiar with hearing and understanding Arabic.

Árabe estándar moderno

Cálculos recientes muestran que el árabe es la lengua materna de más de 200 millones de personas; esto lo pone a la par con los idiomas más hablados del mundo. Por supuesto, no todo el árabe hablado es igual. El árabe hablado en el Líbano es muy diferente de aquel hablado en Marruecos o Arabia Saudita. El dialecto coloquial refleja diferencias regionales y socio-económicas.

Este programa enseña "Modern Standard Arabic" (MSA), el cual es lo más cercano a una forma universal del árabe usado hoy en día. MSA es el lenguaje preferido por los medios de comunicación, en los negocios, y en el gobierno. En su forma escrita es el medio más usado por casi todas las publicaciones. MSA es también la forma standard de árabe que se enseña en las escuelas de todo el mundo árabe.

Los hablantes nativos usan diferentes combinaciones de MSA y dialectos coloquiales dependiendo de las circunstancias, si es una situación formal o familiar, en público o en privado. El estudiante que domina MSA tendrá una sólida base de comunicación para muchas situaciones diferentes. Sin embargo, para hablar en forma fluída y natural, el estudiante debe expandir su conocimiento del idioma e incluir dialectos regionales.

El MSA se desarrolló del árabe clásico del Korán, y es similar a éste. Las diferencias entre ambos se deben principalmente a diferencias en el vocabulario – la sintaxis es esencialmente la misma. Por ello, los estudiantes del Korán que no son hablantes nativos de árabe, se podrán beneficiar mucho y mejorar su comprensión de lectura del idioma usando el sistema "The Rosetta Stone".

Esta versión del Rosetta Stone ofrece al estudiante dos formas para aprender árabe. Al seleccionar عربي (Arabic) en el menú principal el programa mostrará el texto árabe en la forma típica en el que las vocales no son mostradas aún cuando deben ser pronunciadas. Así es como usualmente usted verá el árabe estándar moderno (Modern Standard Arabic–MSA) escrito en países árabes contemporáneos. Sin embargo, también ofrecemos al estudiante la opción del árabe vocalizado. Al seleccionar عَرَبِي (Arabic with vowels), el mismo texto muestra las vocales cuando éstas son articuladas. Estas señas guían al estudiante a entender distintos sonidos que influencian ambos, la pronunciación y el significado de una palabra. El árabe vocalizado del Rosetta Stone es una herramienta adicional efectiva que el estudiante puede usar para familiarizarse con escuchar y entender el árabe.

L’arabe moderne

Des chiffres récents indiquent que l’arabe est la langue maternelle de plus de 200 millions de personnes, ce qui place cette langue parmi les plus pratiquées dans le monde. D’autre part, l’arabe comporte des variations d’un pays à un autre. L’arabe parlé au Liban n’est pas le même que l’arabe parlé au Maroc ou en Arabie Saoudite. Les dialectes reflètent des particularités régionales et socioéconomiques.

Le présent programme enseigne “Modern Standard Arabic” (MSA), la forme la plus proche d’une langue arabe universelle utilisée de nos jours. MSA est utilisé dans les media, les affaires, et l’administration. Sa forme écrite apparaît dans presque toutes les publications. MSA est également la langue généralement enseignée dans les écoles dans les pays de langue arabe.

Une personne parlant arabe pourra utiliser aussi bien MSA qu’un dialecte local, suivant les circonstances et les interlocuteurs. L’étudiant ayant assimilé MSA aura acquis une base solide lui permettant de communiquer dans des circonstances variées. Mais pour s’exprimer de façon naturelle et versatile, l’étudiant devra être prêt à étendre son apprentissage à des dialectes locaux.

MSA s’est développé à partir de l’arabe classique, dont il est proche, et dans lequel est écrit le Coran. Entre les langues classique et moderne, il y a surtout des différences de vocabulaire; la syntaxe est essentiellement la même. Les lecteurs du Coran dont la langue maternelle n’est pas l’arabe pourront donc trouver la compréhension de leur lecture facilitée par “The Rosetta Stone”.

Cette version de Rosetta Stone offre à l’apprenant deux options pour apprendre la langue arabe. En selectionnant عربي (Arabic) du menu principal, le texte se présentera dans sa version typique où les voyelles courtes ne sont pas représentées alors que leur articulation est rigoureusement maintenue. C’est dans cette forme que se présente normalement l’arabe écrit dans les pays arabes contemporains. Par ailleurs, nous offrons à l’apprenant l’option du texte avec les voyelles. En selectionnant عَرَبِي (Arabic with vowels), le même texte est représenté avec des voyelles courtes quand elles sont articulées. Ces marques guident l’apprenant dans la distinction des sons qui influencent et la prononciation et le sens d’un mot. L’arabe avec des voyelles courtes de Rosetta Stone est un outil additionnel que l’apprenant peut utiliser afin de comprendre et se familiariser avec les sonorités de la langue arabe.

Das moderne Standard-Arabisch

Neueren Schätzungen zufolge ist Arabisch die Muttersprache von mehr als 200 Millionen Menschen und damit eine der wichtigsten Sprachen der Erde. Allerdings gibt es unterschiedliche Ausprägungen der arabischen Sprache. Arabisch, das im Libanon gesprochen wird, unterscheidet sich erheblich von dem Arabisch, das in Marokko oder in Saudi-Arabien gesprochen wird. Umgangssprachliche Dialekte geben regionale und sozioökonomische Unterschiede wieder.

Dieses Programm lehrt „Modern Standard Arabic" (MSA), das moderne Standard-Arabisch, das der heute am weitesten verbreiteten Variante des Arabischen am nächsten kommt. MSA ist die Sprache der Nachrichtenmedien, der Wirtschaft und der Regierung. Die Schriftform verwenden fast alle Publikationen. MSA ist auch die Standardsprache, die in den Schulen der arabischen Welt gelehrt wird.

Arabisch als Muttersprache benutzt unterschiedliche Kombinationen aus MSA und umgangssprachlichen Dialekten, die von dem formellen oder familiären, dem öffentlichen oder privaten Umfeld abhängig sind. Der Lernende, der MSA beherrscht, wird eine solide Basis für die Kommunikation in vielen Situationen erwerben. Trotzdem, um fließend und natürlich sprechen zu können, sollten Studenten bereit sein, auch Dialekte zu erlernen.

MSA hat sich aus dem klassischen Arabisch des Koran entwickelt und ist diesem ähnlich. Die Unterschiede liegen hauptsächlich im Wortschatz, der Satzbau ist weitgehend identisch. Für diejenigen, die sich mit dem Koran beschäftigen und deren Muttersprache nicht Arabisch ist, wird daher „The Rosetta Stone" für die Verbesserung ihres Leseverständnisses sehr hilfreich sein.

Diese Version von Rosetta Stone bietet dem Benutzer zwei Lernmethoden an. Wenn man عربي (Arabic) vom Hauptmenü aus aufruft, wird der arabische Text in der üblichen Weise dargestellt, in der die kurzen Vokale nicht geschrieben werden, obwohl sie gesprochen werden müssen. Dies ist heutzutage die übliche Schreibweise von MSA in den arabischen Staaten. Jedoch bieten wir auch die Schreibweise mit den Vokalen an. Bei dieser Option عَرَبِي (Arabic with vowels) wird derselbe Text mit den Vokalen angezeigt. Dies soll dem Lernenden helfen, einzelne Laute zu verstehen, die die Aussprache und die Bedeutung eines Wortes beeinflussen. Die Version der arabischen Standardsprache mit den Vokalen ist ein effektives, zusätzliches Werkzeug, das der Lernende benutzen kann, um sich mit der arabischen Sprache in Hinblick auf das Hörverständnis und das Sprachverständnis vertraut zu machen.

النصوص

1-01 الأسماء والحروف.

01 بنت
ولد
كلب
قطة

02 رجل
إمرأة
سيارة
طائرة

03 كرة
حصان
طائرة
فيل

04 قطة وسيارة
بنت وإمرأة
رجل وإمرأة
رجل وولد

05 ولد وكلب
ولد وطائرة
شابة وحصان
بنت وكلب

06 شابة على حصان
رجل على حصان
كرة على ولد
ولد على حصان

07 ولد تحت طائرة
ولد تحت كرة
ولد تحت مائدة
ولد وكلب

08 ولد على طائرة
ولد تحت طائرة
ولد على مائدة
ولد تحت مائدة

09 بنت في سيارة
إمرأة في سيارة
ولد في سيارة
ولد وبنت في قارب

10 ولد وكلب
ولد على طائرة
ولد تحت طائرة
ولد في طائرة

1-01 الأَسْمَاء والحُرُوف.

01 بِنْت
وَلَد
كَلْب
قِطَّة

02 رَجُل
إِمْرَأَة
سَيَّارَة
طَائِرَة

03 كُرَة
حِصَان
طَائِرَة
فِيل

04 قِطَّة وَسَيَّارَة
بِنْت وَإِمْرَأَة
رَجُل وَإِمْرَأَة
رَجُل وَوَلَد

05 وَلَد وَكَلْب
وَلَد وَطَائِرَة
شَابَّة وَحِصَان
بِنْت وَكَلْب

06 شَابَّة عَلَى حِصَان
رَجُل عَلَى حِصَان
كُرَة عَلَى وَلَد
وَلَد عَلَى حِصَان

07 وَلَد تَحْتَ طَائِرَة
وَلَد تَحْتَ كُرَة
وَلَد تَحْتَ مَائِدَة
وَلَد وَكَلْب

08 وَلَد عَلَى طَائِرَة
وَلَد تَحْتَ طَائِرَة
وَلَد عَلَى مَائِدَة
وَلَد تَحْتَ مَائِدَة

09 بِنْت فِي سَيَّارَة
إِمْرَأَة فِي سَيَّارَة
وَلَد فِي سَيَّارَة
وَلَد وَبِنْت فِي قَارِب

10 وَلَد وَكَلْب
وَلَد عَلَى طَائِرَة
وَلَد تَحْتَ طَائِرَة
وَلَد فِي طَائِرَة

1-02 الأفعال: الفعل الْمضارع.

01 الولد يقفز.
الْحصان يقفز.
البنت تقفز.
الكلب يقفز.

02 الولد يجري.
الْمرأة تجري.
البنت تجري.
الْحصان يجري.

03 الْمرأة تجري.
الْمرأة تقفز.
البنات يجرين.
البنات يقفزن.

04 البنات يَمشين.
البنات يجرين.
الولد يقفز.
الولد يَمشي.

05 الرجل والْمرأة يَمشيان.
الرجل والْمرأة يرقصان.
الْمرأة تَمشي.
الْمرأة ترقص.

06 الرجل يقرأ.
الْمرأة تقرأ.
الرجل يرقص.
الْمرأة تقفز.

07 الرجل يجري خلف الولد.
الرجل يسقط.
الولد يسقط.
البنات يجرين خلف الولد.

08 الطائرة تطير.
الرجل يجري.
الرجل يقفز.
الرجل يسقط.

09 الْمرأة تسبح.
الرجل يسقط.
الولد يسقط.
الولد يسبح.

10 السمكة تسبح.
الطائر يطير.
الثور يجري.
الطائر يسبح.

1-02 الأَفْعَال : الْفِعْل الْمُضَارِع

01 الْوَلَد يَقْفِز.
الْحِصَان يَقْفِز.
الْبِنْت تَقْفِز.
الْكَلْب يَقْفِز.

02 الْوَلَد يَجْرِي.
الْمَرْأَة تَجْرِي.
الْبِنْت تَجْرِي.
الْحِصَان يَجْرِي.

03 الْمَرْأَة تَجْرِي.
الْمَرْأَة تَقْفِز.
الْبَنَات يَجْرِين.
الْبَنَات يَقْفِزْنَ.

04 الْبَنَات يَمْشِين.
الْبَنَات يَجْرِين.
الْوَلَد يَقْفِز.
الْوَلَد يَمْشِي.

05 الرَّجُل وَالْمَرْأَة يَمْشِيَان.
الرَّجُل وَالْمَرْأَة يَرْقُصَان.
الْمَرْأَة تَمْشِي.
الْمَرْأَة تَرْقُص.

06 الرَّجُل يَقْرَأ.
الْمَرْأَة تَقْرَأ.
الرَّجُل يَرْقُص.
الْمَرْأَة تَقْفِز.

07 الرَّجُل يَجْرِي خَلْفَ الْوَلَد.
الرَّجُل يَسْقُط.
الْوَلَد يَسْقُط.
الْبَنَات يَجْرِينَ خَلْفَ الْوَلَد.

08 الطَّائِرَة تَطِير.
الرَّجُل يَجْرِي.
الرَّجُل يَقْفِز.
الرَّجُل يَسْقُط.

09 الْمَرْأَة تَسْبَح.
الرَّجُل يَسْقُط.
الْوَلَد يَسْقُط.
الْوَلَد يَسْبَح.

10 السَّمَكَة تَسْبَح.
الطَّائِر يَطِير.
الثَّوْر يَجْرِي.
الطَّائِر يَسْبَح.

1-03 الصفة.

01 السمكة بيضاء.
السيارة بيضاء.
السيارة حمراء.
الطائر أحمر.

02 الطائرة بيضاء.
الطائرة صفراء.
السيارة بيضاء.
السيارة صفراء.

03 السيارة حمراء.
السيارة صفراء.
السيارة بيضاء.
السيارة زرقاء.

04 السيارة زرقاء.
السيارة صفراء.
القطة سوداء.
السيارة سوداء.

05 السيارة الصفراء قديمة.
السيارة الوردية قديمة.
السيارة الزرقاء جديدة.
السيارة الحمراء جديدة.

06 سيارة قديمة
سيارة جديدة
منزل قديم
منزل جديد

07 إمرأة عجوز
شابة
منزل قديم
منزل جديد

08 إمرأة عجوز
شابة
رجل عجوز
شاب

09 شعر الْمرأة العجوز أبيض.
شعر البنت أسود.
شعر الرجل أزرق.
شعر الرجل أحمر.

10 شعر الْمرأة طويل.
شعر الرجل طويل.
شعر الْمرأة قصير.
شعر الرجل قصير جدا.

1-03 الصِّفَة.

01 السَّمَكَة بَيْضَاء.
السَّيَّارَة بَيْضَاء.
السَّيَّارَة حَمْرَاء.
الطَّائِر أَحْمَر.

02 الطَّائِرَة بَيْضَاء.
الطَّائِرَة صَفْرَاء.
السَّيَّارَة بَيْضَاء.
السَّيَّارَة صَفْرَاء.

03 السَّيَّارَة حَمْرَاء.
السَّيَّارَة صَفْرَاء.
السَّيَّارَة بَيْضَاء.
السَّيَّارَة زَرْقَاء.

04 السَّيَّارَة زَرْقَاء.
السَّيَّارَة صَفْرَاء.
الْقِطَّة سَوْدَاء.
السَّيَّارَة سَوْدَاء.

05 السَّيَّارَة الصَّفْرَاء قَدِيمَة.
السَّيَّارَة الْوَرْدِيَّة قَدِيمَة.
السَّيَّارَة الزَّرْقَاء جَدِيدَة.
السَّيَّارَة الْحَمْرَاء جَدِيدَة.

06 سَيَّارَة قَدِيمَة
سَيَّارَة جَدِيدَة
مَنْزِل قَدِيم
مَنْزِل جَدِيد

07 إمْرَأَة عَجُوز
شَابَّة
مَنْزِل قَدِيم
مَنْزِل جَدِيد

08 إمْرَأَة عَجُوز
شَابَّة
رَجُل عَجُوز
شَابّ

09 شَعْرُ الْمَرْأَة الْعَجُوز أَبْيَض.
شَعْرُ الْبِنْت أَسْوَد.
شَعْرُ الرَّجُل أَزْرَق.
شَعْرُ الرَّجُل أَحْمَر.

10 شَعْرُ الْمَرْأَة طَوِيل.
شَعْرُ الرَّجُل طَوِيل.
شَعْرُ الْمَرْأَة قَصِير.
شَعْرُ الرَّجُل قَصِير جِدًا.

1-04 الأرقام: من واحد إلى عشرة.

01 ثلاثة
إثنان
ستة
خمسة

02 أربعة
خمسة وستة
ثلاثة
إثنان

03 خمسة وستة
ثلاثة وأربعة
أربعة وخمسة
خمسة وخمسة

04 أربعة وأربعة
ثلاثة، ثلاثة، ثلاثة
خمسة وخمسة
أربعة، خمسة، ستة

05 أربعة، خمسة، ستة
خمسة، ستة، سبعة
ستة، سبعة، ثمانية
واحد، إثنان، ثلاثة

06 واحد، إثنان، ثلاثة
واحد، إثنان، ثلاثة، أربعة
واحد، إثنان، ثلاثة، أربعة، خمسة
واحد، إثنان، ثلاثة، أربعة، خمسة، ستة

07 واحد، إثنان، ثلاثة
واحد، إثنان، ثلاثة، أربعة، خمسة
واحد، إثنان، ثلاثة، أربعة، خمسة، ستة، سبعة
واحد، إثنان، ثلاثة، أربعة، خمسة، ستة، سبعة، ثمانية

08 إثنان
واحد، إثنان، ثلاثة، أربعة، خمسة، ستة، سبعة، ثمانية، تسعة، صفر
ثلاثة
خمسة

09 تسعة
خمسة
عشرة
ثلاثة

10 عشرة
ستة
سبعة
واحد

1-04 الأَرْقَام: مِن وَاحِدِ إِلَى عَشَرة.

01 ثَلاَثَة
إِثْنَان
سِتَّة
خَمْسَة

02 أَرْبَعَة
خَمْسَة وَسِتَّة
ثَلاَثَة
إِثْنَان

03 خَمْسَة وَسِتَّة
ثَلاَثَة وَأَرْبَعَة
أَرْبَعَة وَخَمْسَة
خَمْسَة وَخَمْسَة

04 أَرْبَعَة وَأَرْبَعَة
ثَلاَثَة، ثَلاَثَة، ثَلاَثَة
خَمْسَة وَخَمْسَة
أَرْبَعَة، خَمْسَة، سِتَّة

05 أَرْبَعَة، خَمْسَة، سِتَّة
خَمْسَة، سِتَّة، سَبْعَة
سِتَّة، سَبْعَة، ثَمَانِيَة
وَاحِد، إِثْنَان، ثَلاَثَة

06 وَاحِد، إِثْنَان، ثَلاَثَة
وَاحِد، إِثْنَان، ثَلاَثَة، أَرْبَعَة
وَاحِد، إِثْنَان، ثَلاَثَة، أَرْبَعَة، خَمْسَة
وَاحِد، إِثْنَان، ثَلاَثَة، أَرْبَعَة، خَمْسَة، سِتَّة

07 وَاحِد، إِثْنَان، ثَلاَثَة
وَاحِد، إِثْنَان، ثَلاَثَة، أَرْبَعَة، خَمْسَة
وَاحِد، إِثْنَان، ثَلاَثَة، أَرْبَعَة، خَمْسَة، سِتَّة، سَبْعَة
وَاحِد، إِثْنَان، ثَلاَثَة، أَرْبَعَة، خَمْسَة، سِتَّة، سَبْعَة، ثَمَانِيَة

08 إِثْنَان
وَاحِد، إِثْنَان، ثَلاَثَة، أَرْبَعَة، خَمْسَة، سِتَّة، سَبْعَة، ثَمَانِيَة، تِسْعَة، صِفْر
ثَلاَثَة
خَمْسَة

09 تِسْعَة
خَمْسَة
عَشرَة
ثَلاَثَة

10 عَشرَة
سِتَّة
سَبْعَة
وَاحِد

1-05 الْمفرد والجمع: الأسماء وتصريف الفعل مع الجمع.

01 بنت
بنات
ولد
أولاد

02 زهرة
زهور
عين
عيون

03 إمرأة
نساء
رجل
رجال

04 طفل
أطفال
كلب
كلاب

05 رضيع
رضعاء
بيضة
بيض

06 ولد يقفز.
أولاد يقفزون.
بنت تَجري.
بنات يجرين.

07 رجل يرقص.
رجال يرقصون.
إمرأة تغني.
نساء يغنين.

08 ولد على دراجة.
رجال على دراجات.
طائر يطير.
طيور تطير.

09 الطفلة تجلس.
الأطفال يجلسون.
دراجة
دراجات

10 الْحصان يَمشي.
الْخيول تَمشي.
السيارة بيضاء.
السيارات بيضاء.

1-05 الْمُفرَد وَالجَمْع: الأَسْمَاء وَتَصْرِيف الْفِعْل مَعَ الْجَمْع.

01 بِنْت
بَنَات
وَلَد
أَوْلاَد

02 زَهْرَة
زُهُور
عَيْن
عُيُون

03 إِمْرَأَة
نِسَاء
رَجُل
رِجَال

04 طِفْل
أَطْفَال
كَلْب
كِلاَب

05 رَضِيع
رُضَعَاء
بَيْضَة
بَيْض

06 وَلَد يَقْفِز.
أَوْلاَد يَقْفِزُون.
بِنْت تَجْرِي.
بَنَات يَجْرِين.

07 رَجُل يَرْقُص.
رِجَال يَرْقُصُون.
إِمْرَأَة تُغَنِّي.
نِسَاء يُغَنِّين.

08 وَلَد عَلَى دَرَّاجَة.
رِجَال عَلَى دَرَّاجَات.
طَائِر يَطِير.
طُيُور تَطِير.

09 الطِّفْلَة تَجْلِس.
الأَطْفَال يَجْلِسُون.
دَرَّاجَة
دَرَّاجَات

10 الْحِصَان يَمْشِي.
الْخُيُول تَمْشِي.
السَّيَّارَة بَيْضَاء.
السَّيَّارَات بَيْضَاء.

1-06 الأرقام والوقت.

01 شابة تركب حصانا.
رجلان يركبان حصانين.
رجل يركب دراجة نارية.
ولدان يقفزان.

02 بنت تقفز.
بنتان تقفزان.
أربعة أطفال
أربع كرات

03 هذا الرقم ثلاثة.
هذا الرقم أربعة.
هذا الرقم واحد.
هذا الرقم اثنان.

04 هذا الرقم اثنان.
هذا الرقم أربعة.
هذا الرقم خمسة.
هذا الرقم ستة.

05 الوقت الآن الساعة الثانية.
الوقت الآن الساعة الرابعة.
الوقت الآن الساعة السادسة.
الوقت الآن الساعة الثالثة.

06 نافذة
ثلاث نوافذ
أربع نوافذ
خمس نوافذ

07 طبق أزرق
طبق أصفر
هناك طبقان: طبق أصفر وطبق أزرق.
هناك ثلاثة أطباق: طبق برتقالي، وطبق أزرق وطبق أصفر.

08 طبق واحد
طبقان
ثلاثة أطباق
عشرة أطباق

09 عشرة أصابع
خمسة عشر إصبعا
عشرون إصبعا
ثلاثون إصبعا

10 الوقت الآن الساعة الرابعة.
الوقت الآن الساعة الخامسة.
الوقت الآن الساعة السادسة.
الوقت الآن الساعة السابعة.

1-06 الأَرْقَام وَالْوَقْت.

01 شَابَّة تَرْكَبُ حِصَانًا.
رَجُلَان يَرْكَبَان حِصَانَيْن.
رَجُلٌ يَرْكَبُ دَرَّاجَة نَارِيَّة.
وَلَدَان يَقْفِزَان.

02 بِنْت تَقْفِز.
بِنْتَان تَقْفِزَان.
أَرْبَعَة أَطْفَال
أَرْبَع كُرَات

03 هَذَا الرَّقْم ثَلاَثَة.
هَذَا الرَّقْم أَرْبَعَة.
هَذَا الرَّقْم وَاحِد.
هَذَا الرَّقْم إِثْنَان.

04 هَذَا الرَّقْم إِثْنَان.
هَذَا الرَّقْم أَرْبَعَة.
هَذَا الرَّقْم خَمْسَة.
هَذَا الرَّقْم سِتَّة.

05 الوَقْتُ الآن السَّاعَة الثَّانِيَة.
الوَقْتُ الآن السَّاعَة الرَّابِعَة.
الوَقْتُ الآن السَّاعَة السَّادِسَة.
الوَقْتُ الآن السَّاعَة الثَّالِثَة.

06 نَافِذَة
ثَلاَث نَوَافِذ
أَرْبَع نَوَافِذ
خَمْس نَوَافِذ

07 طَبَق أَزْرَق
طَبَق أَصْفَر
هُنَاكَ طَبَقَان: طَبَق أَصْفَر وَطَبَق أَزْرَق.
هُنَاكَ ثَلاَثَة أَطْبَاق: طَبَق بُرْتُقَالِي، وَطَبَق أَزْرَق وَطَبَق أَصْفَر.

08 طَبَقٌ وَاحِد
طَبَقَان
ثَلاَثَة أَطْبَاق
عَشرَة أَطْبَاق

09 عَشْرَة أَصَابِع
خَمْسَةَ عَشَرَ إِصْبَعًا
عِشْرُونَ إِصْبَعًا
ثَلاَثُونَ إِصْبَعًا

10 الْوَقْتُ الآن السَّاعَة الرَّابِعَة.
الْوَقْتُ الآن السَّاعَة الخَامِسَة.
الْوَقْتُ الآن السَّاعَة السَّادِسَة.
الْوَقْتُ الآن السَّاعَة السَّابِعَة.

1-07 الضمائر: السؤال والجواب.

01 هل السمكة بيضاء؟
نعم، هي بيضاء.

هل السيارة بيضاء؟
نعم، هي بيضاء.

هل السيارة حمراء؟
نعم، هي حمراء.

هل الطائر أحمر؟
نعم، هو أحمر.

02 هل الطائرة بيضاء؟
نعم، هي بيضاء.

هل الطائرة بيضاء؟
لا، هي صفراء.

هل السيارة صفراء؟
لا، هي بيضاء.

هل السيارة صفراء؟
نعم، هي صفراء.

03 هل السيارة حمراء؟
نعم، هي حمراء.

هل السيارة حمراء؟
لا، السيارة ليست حمراء. السيارة صفراء.

هل السيارة بيضاء؟
نعم، هي بيضاء.

هل السيارة بيضاء؟
لا، السيارة ليست بيضاء. السيارة زرقاء.

04 هل السيارة زرقاء؟
نعم، هي زرقاء.

هل السيارة زرقاء؟
لا، هي ليست زرقاء. إنها صفراء.

هل القطة بيضاء؟
لا، هي ليست بيضاء. إنها سوداء.

هل السيارة سوداء؟
لا، السيارة ليست سوداء. السيارة وردية.

05 هل السيارة الخضراء قديمة؟
نعم، السيارة الخضراء قديمة.

هل السيارة الوردية جديدة؟
لا، ليست جديدة.

هل السيارة السوداء قديمة؟
لا، ليست قديمة. إنها جديدة.

هل السيارة الحمراء قديمة؟
لا، ليست قديمة.

06 هل السيارة قديمة؟
نعم، هي قديمة.

هل السيارة قديمة؟
لا، السيارة ليست قديمة.

هل هناك رجل فوق هذا البيت؟
نعم، هناك رجل.

هل هناك رجل فوق هذا البيت؟
لا، ليس هناك رجل.

1-07 الضَّمَائِر: السُّؤَال وَالْجَوَاب.

01 هَلْ السَّمَكَة بَيْضَاء؟
نَعَم، هِيَ بَيْضَاء.

هَلْ السَّيَّارَة بَيْضَاء؟
نَعَم، هِيَ بَيْضَاء.

هَلْ السَّيَّارَة حَمْرَاء؟
نَعَم، هِيَ حَمْرَاء.

هَلْ الطَّائر أَحْمَر؟
نَعَم، هُوَ أَحْمَر.

02 هَلْ الطَّائِرَة بَيْضَاء؟
نَعَم، هِيَ بَيْضَاء.

هَلْ الطَّائِرَة بَيْضَاء؟
لاَ، هِيَ صَفْرَاء.

هَلْ السَّيَّارَة صَفْرَاء؟
لاَ، هِيَ بَيْضَاء.

هَلْ السَّيَّارَة صَفْرَاء؟
نَعَم، هِيَ صَفْرَاء.

03 هَلْ السَّيَّارَة حَمْرَاء؟
نَعَم، هِيَ حَمْرَاء.

هَلْ السَّيَّارَة حَمْرَاء؟
لاَ، السَّيَّارَة لَيْسَتْ حَمْرَاء. السَّيَّارَة صَفْرَاء.

هَلْ السَّيَّارَة بَيْضَاء؟
نَعَم، هِيَ بَيْضَاء.

هَلْ السَّيَّارَة بَيْضَاء؟
لاَ، السَّيَّارَة لَيْسَتْ بَيْضَاء. السَّيَّارَة زَرْقَاء.

04 هَلْ السَّيَّارَة زَرْقَاء؟
نَعَم، هِيَ زَرْقَاء.

هَلْ السَّيَّارَة زَرْقَاء؟
لاَ، هِيَ لَيْسَتْ زَرْقَاء. إِنَّهَا صَفْرَاء.

هَلْ الْقِطَّة بَيْضَاء؟
لاَ، هِيَ لَيْسَتْ بَيْضَاء. إِنَّهَا سَوْدَاء.

هَلْ السَّيَّارَة سَوْدَاء؟
لاَ، السَّيَّارَة لَيْسَتْ سَوْدَاء. السَّيَّارَة وَرْدِيَّة.

05 هَلْ السَّيَّارَة الْخَضْرَاء قَدِيمَة؟
نَعَم، السَّيَّارَة الْخَضْرَاء قَدِيمَة.

هَلْ السَّيَّارَة الْوَرْدِيَّة جَدِيدَة؟
لاَ، لَيْسَتْ جَدِيدَة.

هَلْ السَّيَّارَة السَّوْدَاء قَدِيمَة؟
لاَ، لَيْسَتْ قَدِيمَة. إِنَّهَا جَدِيدَة.

هَلْ السَّيَّارَة الْحَمْرَاء قَدِيمَة؟
لاَ، لَيْسَتْ قَدِيمَة.

06 هَلْ السَّيَّارَة قَدِيمَة؟
نَعَم، هِيَ قَدِيمَة.

هَلْ السَّيَّارَة قَدِيمَة؟
لاَ، السَّيَّارَة لَيْسَتْ قَدِيمَة.

هَلْ هُنَاكَ رَجُل فَوْقَ هَذَا الْبَيْت؟
نَعَم، هُنَاكَ رَجُل.

هَلْ هُنَاكَ رَجُل فَوْقَ هَذَا الْبَيْت؟
لاَ، لَيْسَ هُنَاكَ رَجُل.

1-07 تابع ما قبله

07 هل تَجري الْمرأة؟
نعم، هي تَجري.

هل تجري الْمرأة؟
لا، هي لا تَجري.

هل تَجري النساء؟
نعم، هن يجرين.

هل تَجري النساء؟
لا، هن لا يجرين.

08 هل يقفز الولد؟
نعم، هو يقفز.

هل يقفز الأولاد؟
نعم، هم يقفزون.

هل يقفز الولد؟
لا، هو لا يقفز.

هل يقفز الأولاد؟
لا، هم لا يقفزون.

09 هل تَجلس الْمرأة؟
نعم، هي تجلس.

هل تجلس النساء؟
لا، هن لا يجلسن.

هل تجلس النساء؟
نعم، هن يجلسن.

هل تجلس الْمرأة؟
لا، هي لا تجلس.

10 هل هو يأكل؟
نعم، هو يأكل.

هل هي تأكل؟
نعم، هي تأكل.

هل هو يأكل؟
لا، هو لا يأكل.

هل هي تأكل؟
لا، هي لا تأكل.

1-07 تابع ما قبله

07 هَلْ تَجْرِي الْمَرْأَة؟
نَعَم، هِيَ تَجْرِي.

هَلْ تَجْرِي الْمَرْأَة؟
لاَ، هِيَ لاَ تَجْرِي.

هَلْ تَجْرِي النِّسَاء؟
نَعَم، هُنَّ يَجْرِين.

هَلْ تَجْرِي النِّسَاء؟
لاَ، هُنَّ لاَ يَجْرِين.

08 هَلْ يَقْفِزُ الْوَلَد؟
نَعَم، هُوَ يَقْفِز.

هَلْ يَقْفِزُ الأَوْلاَد؟
نَعَم، هُمْ يَقْفِزُون.

هَلْ يَقْفِزُ الْوَلَد؟
لاَ، هُوَ لاَ يَقْفِز.

هَلْ يَقْفِزُ الأَوْلاَد؟
لاَ، هُمْ لاَ يَقْفِزُون.

09 هَلْ تَجْلِس الْمَرْأَة؟
نَعَم، هِيَ تَجْلِس.

هَلْ تَجْلِس النِّسَاء؟
لاَ، هُنَّ لاَ يَجْلِسْنَ.

هَلْ تَجْلِس النِّسَاء؟
نَعَم، هُنَّ يَجْلِسْنَ.

هَلْ تَجْلِس الْمَرْأَة؟
لاَ، هِيَ لاَ تَجْلِس.

10 هَلْ هُوَ يَأْكُل؟
نَعَم، هُوَ يَأْكُل.

هَلْ هِيَ تَأْكُل؟
نَعَم، هِيَ تَأْكُل.

هَلْ هُوَ يَأْكُل؟
لاَ، هُوَ لاَ يَأْكُل.

هَلْ هِيَ تَأْكُل؟
لاَ، هِيَ لاَ تَأْكُل.

1-08 الطعام: الْمفعول.

01 فاكهة
لبن
لَحم
خبز

02 الرجل يأكل.
الرجل يشرب.
الْمرأة تأكل.
الْمرأة تشرب.

03 الْمرأة والبنت تشربان اللبن.
الرجل يشرب الْماء.
البنت تشرب اللبن.
الْمرأة تشرب اللبن.

04 الولد يأكل الخبز.
الْحصان يأكل الجزرة.
الرجل يأكل.
الرجل يشرب.

05 الرجل يشرب عصير البرتقال.
الرجل يشرب اللبن.
الرجل يشرب الْماء.
الولد يأكل الخبز والبنت تشرب اللبن.

06 موز أصفر
تفاح أخضر وتفاح أحمر
طماطم حمراء
جبن أصفر

07 فراولة حمراء
عنب أحمر
كمثرى خضراء
تفاح أصفر

08 الفراولة طعام.
الخبز طعام.
الكرات ليست طعاما.
القبعة ليست طعاما.

09 موز في سلة
خبز في أكياس
تفاح في صناديق
طماطم في سلة

10 مائدة عليها طعام
مائدة ليس عليها طعام
طبق فيه طعام
طبق ليس فيه طعام

1-08 الطَّعَام: الْمَفْعُول.

01 فَاكِهَة
لَبَن
لَحْم
خُبْز

02 الرَّجُل يَأْكُل.
الرَّجُل يَشْرَب.
الْمَرْأَة تَأْكُل.
الْمَرْأَة تَشْرَب.

03 الْمَرْأَة وَالْبِنْت تَشْرَبَانِ اللَّبَن.
الرَّجُل يَشْرَبُ الْمَاء.
الْبِنْت تَشْرَبُ اللَّبَن.
الْمَرْأَة تَشْرَبُ اللَّبَن.

04 الْوَلَد يَأْكُلُ الْخُبْز.
الْحِصَان يَأْكُلُ الْجَزَرَة.
الرَّجُل يَأْكُل.
الرَّجُل يَشْرَب.

05 الرَّجُل يَشْرَب عَصِيرَ الْبُرْتُقَال.
الرَّجُل يَشْرَب اللَّبَن.
الرَّجُل يَشْرَب الْمَاء.
الْوَلَد يَأْكُلُ الْخُبْز وَالْبِنْت تَشْرَبُ اللَّبَن.

06 مَوْز أَصْفَر
تُفَّاح أَخْضَر وَتُفَّاح أَحْمَر
طَمَاطِم حَمْرَاء
جُبْن أَصْفَر

07 فَرَاوْلَة حَمْرَاء
عِنَب أَحْمَر
كُمَّثْرَى خَضْرَاء
تُفَّاح أَصْفَر

08 الْفَرَاوْلَة طَعَام.
الْخُبْز طَعَام.
الْكُرَات لَيْسَتْ طَعَامًا.
الْقُبَّعَة لَيْسَتْ طَعَامًا.

09 مَوْز فِي سَلَّة
خُبْز فِي أَكْيَاس
تُفَّاح فِي صَنَادِيق
طَمَاطِم فِي سَلَّة

10 مَائِدَة عَلَيْهَا طَعَام
مَائِدَة لَيْسَ عَلَيْهَا طَعَام
طَبَق فِيهِ طَعَام
طَبَق لَيْسَ فِيهِ طَعَام

1-09 اللبس والْملابس: النفي والإثبات.

01 قبعة بيضاء
قبعة سوداء
قبعات سوداء
قبعات بيضاء

02 قبعة سوداء وقبعة بنية
قبعات رمادية
قبعة بنفسجية
قبعة بيضاء

03 تلبس البنت قميصا أبيض.
تلبس الْمرأة قميصا أزرق.
تلبس الْمرأة قميصا أبيض.
تلبس الْمرأة قبعة سوداء.

04 يلبس الولد سروالا أبيض.
يلبس الرجال الجينز الأزرق.
يلبس الرجال قمصانا داكنة وسراويل داكنة.
تلبس الْمرأة قميصا أبيض وجينز أزرق.

05 لا تلبس الْمرأة معطفا.
إمرأة تلبس معطفا أحمر وإمرأة تلبس معطفا بنفسجيا.
إمرأة تلبس معطفا أصفر وإمرأة تلبس معطفا أزرق.
تلبس الْمرأة معطفا أسود.

06 يلبس ولد قميصا أزرق ويلبس ولد قميصا أحمر.
كلتا الْمرأتين تلبس قميصا أزرق.
تلبس الْمرأة قميصا أبيض وتنورة سوداء.
تلبس الْمرأة قميصا أبيض وجينز أزرق.

07 الرجل والْمرأة يلبسان ملابس السباحة.
الرجل والْمرأة لا يلبسان ملابس السباحة.
تلبس الْمرأة نظارات.
لا تلبس الْمرأة نظارات.

08 تلبس البنت حذاءا واحدا.
تلبس البنت حذائين.
يلبس الولد قبعة واحدة.
يلبس الولد قبعتين.

09 تلبس البنات قمصانا بيضاء وتنورات سوداء.
بنت تلبس فستانا أبيض وبنت تلبس فستانا أحمر بأبيض.
تلبس البنات فساتين وقبعات.
تلبس البنات سراويل سوداء.

10 لا تلبس البنت جوارب.
تلبس البنت جوارب بيضاء.
لا يلبس الولد حذاءا.
يلبس الولد حذاءا.

1-09 اللِّبْس والْمَلاَبِس: النَّفْي وَالإِثْبَات.

01 قُبَّعَة بَيْضَاء
قُبَّعَة سَوْدَاء
قُبَّعَات سَوْدَاء
قُبَّعَات بَيْضَاء

02 قُبَّعَة سَوْدَاء وَقُبَّعَة بُنِّيَّة
قُبَّعَات رَمَادِيَّة
قُبَّعَة بَنَفْسَجِيَّة
قُبَّعَة بَيْضَاء

03 تَلْبَسُ الْبِنْت قَمِيصًا أَبْيَض.
تَلْبَسُ الْمَرْأَة قَمِيصًا أَزْرَق.
تَلْبَسُ الْمَرْأَة قَمِيصًا أَبْيَض.
تَلْبَسُ الْمَرْأَة قُبَّعَة سَوْدَاء.

04 يَلْبَسُ الْوَلَد سِرْوَالاً أَبْيَض.
يَلْبَسُ الرِّجَال اَلْجِينْز الأَزْرَق.
يَلْبَسُ الرِّجَال قِمْصَانًا دَاكِنَة وَسَرَاوِيل دَاكِنَة.
تَلْبَسُ الْمَرْأَة قَمِيصًا أَبْيَض وَجِينْز أَزْرَق.

05 لاَ تَلْبَسُ الْمَرْأَة مِعْطَفًا.
إِمْرَأَة تَلْبَس مِعْطَفًا أَحْمَر وَامْرَأَة تَلْبَس مِعْطَفًا بَنَفْسَجِيًّا.
إِمْرَأَة تَلْبَس مِعْطَفًا أصفَر وَإِمْرَأَة تَلْبَس مِعْطَفًا أَزْرَق.
تَلْبَسُ الْمَرْأَة مِعْطَفًا أَسْوَد.

06 يَلْبَسُ وَلَد قَمِيصًا أَزْرَق وِيَلْبَسُ وَلَد قَمِيصًا أَحْمَر.
كِلْتَا الْمَرْأَتَيْن تَلْبَسُ قَمِيصًا أَزْرَق.
تَلْبَسُ الْمَرْأَة قَمِيصًا أَبْيَض وَتَنُّورَة سَوْدَاء.
تَلْبَسُ الْمَرْأَة قَمِيصًا أَبْيَض وَجِينز أَزْرَق.

07 الرَّجُل وَالْمَرْأَة يَلْبَسَان مَلاَبِس السِّبَاحَة.
الرَّجُل وَالْمَرْأَة لاَ يَلْبَسَان مَلاَبِس السِّبَاحَة.
تَلْبَسُ الْمَرْأَة نَظَّارَات.
لاَ تَلْبَسُ الْمَرْأَة نَظَّارَات.

08 تَلْبَسُ الْبِنْت حِذَاءًا وَاحِدًا.
تَلْبَسُ الْبِنْت حِذَائَين.
يَلْبَسُ الْوَلَد قُبَّعَة وَاحِدَة.
يَلْبَسُ الْوَلَد قُبَّعَتَيْن.

09 تَلْبَسُ الْبَنَات قِمْصَانًا بَيْضَاء وَتَنُّورَات سَوْدَاء.
بِنْت تَلْبَس فُسْتَانًا أَبْيَض وَبِنْت تَلْبَس فُسْتَانًا أحْمَر بِأَبْيَض.
تَلْبَسُ الْبَنَات فَسَاتِين وَقُبَّعَات.
تَلْبَسُ الْبَنَات سَرَاوِيل سَوْدَاء.

10 لاَ تَلْبَسُ الْبِنْت جَوَارِب.
تَلْبَسُ الْبِنْت جَوَارِب بَيْضَاء.
لاَ يَلْبَسُ الْوَلَد حِذَاءًا.
يَلْبَسُ الْوَلَد حِذَاءًا.

1-10 تابع ما قبله

05 أين الولد؟
الولد تحت الْمائدة.

أين الولد؟
الولد فوق الْمائدة.

أين الرجل؟
الرجل فوق البيت القديم.

أين الرجل؟
الرجل على الدراجة.

06 ما لون هذه السيارة؟
هذه السيارة حمراء.

ما لون هذه السيارة؟
هذه السيارة صفراء.

أين السيارة الزرقاء؟
هنا السيارة الزرقاء.

أين السيارة البيضاء؟
هنا السيارة البيضاء.

07 أين الْموز؟

أين الجبن؟

أي حصان يجري؟
هذا الحصان يجري.

أي حصان يقفز؟
هذا الحصان يقفز.

08 أي سيارة زرقاء؟

أي سيارة حمراء؟

أي امرأة تلبس قميصا أزرق؟
كلتا الْمرأتين تلبس قميصا أزرق.

أي طفل يشرب اللبن؟
الطفلة تشرب اللبن.

09 من له شعر طويل؟
الرجل له شعر طويل.

ماذا يفعل الولد؟
الولد يسبح.

أين الولد؟
الولد على الحصان.

أي طفل يأكل الخبز؟
الولد يأكل الخبز.

10 ماذا تفعل الْمرأة والبنت؟
إنهما تشربان لبنا.

أين الطفلان؟
إنهما في القارب.

أي رجل له شعر أزرق؟

من له شعر أحمر؟

1-10 تابع ما قبله

05 أَيْنَ الْوَلَد؟
الْوَلَد تَحْتَ الْمَائِدَة.

أَيْنَ الْوَلَد؟
الْوَلَد فَوْقَ الْمَائِدَة.

أَيْنَ الرَّجُل؟
الرَّجُل فَوْقَ الْبَيْت الْقَدِيم.

أَيْنَ الرَّجُل؟
الرَّجُل عَلَى الدَّرَّاجَة.

06 مَا لَوْن هَذِهِ السَّيَّارَة؟
هَذِهِ السَّيَّارَة حَمْرَاء.

مَا لَوْن هَذِهِ السَّيَّارَة؟
هَذِهِ السَّيَّارَة صَفْرَاء.

أَيْنَ السَّيَّارَة الزَّرْقَاء؟
هُنَا السَّيَّارَة الزَّرْقَاء.

أَيْنَ السَّيَّارَة الْبَيْضَاء؟
هُنَا السَّيَّارَة الْبَيْضَاء.

07 أَيْنَ الْمَوْز؟

أَيْنَ الْجُبْن؟

أَيُّ حِصَانٍ يَجْرِي؟
هَذَا الْحِصَان يَجْرِي.

أَيُّ حِصَانٍ يَقْفِز؟
هَذَا الْحِصَان يَقْفِز.

08 أَيُّ سَيَّارَةٍ زَرْقَاء؟

أَيُّ سَيَّارَةٍ حَمْرَاء؟

أَيُّ امْرَأَة تَلْبَس قَمِيصًا أَزْرَق؟
كِلْتَا الْمَرْأَتَيْن تَلْبَسُ قَمِيصًا أَزْرَق.

أَيُّ طِفْل يَشْرَبُ اللَّبَن؟
الطِّفْلَة تَشْرَبُ اللَّبَن.

09 مَنْ لَهُ شَعْرٌ طَوِيل؟
الرَّجُلُ لَهُ شَعْرٌ طَوِيل.

مَاذَا يَفْعَلُ الْوَلَد؟
الْوَلَدُ يَسْبَح.

أَيْنَ الْوَلَد؟
الْوَلَد عَلَى الْحِصَان.

أَيُّ طِفْل يَأْكُلُ الْخُبْز؟
الْوَلَد يَأْكُلُ الْخُبْز.

10 مَاذَا تَفْعَل الْمَرْأَة وَالْبِنْت؟
إِنَّهُمَا تَشْرَبَانِ لَبَنًا.

أَيْنَ الطِّفْلان؟
إِنَّهُمَا فِي الْقَارِب.

أَيُّ رَجُلٍ لَهُ شَعْرٌ أَزْرَق؟

مَنْ لَهُ شَعْرٌ أَحْمَر؟

1-11 مراجعة الوحدة الأولى.

01 ولد على طائرة
ولد تحت طائرة
ولد على مائدة
ولد تحت مائدة

02 البنات يَمشين.
البنات يجرين.
الولد يقفز.
الولد يَمشي.

03 شعر الْمرأة طويل.
شعر الرجل طويل.
شعر الْمرأة قصير.
شعر الرجل قصير جدا.

04 أربعة، خمسة، ستة
خمسة، ستة، سبعة
ستة، سبعة، ثمانية
واحد، إثنان، ثلاثة

05 الْحصان يَمشي.
الْخيول تَمشي.
السيارة بيضاء.
السيارات بيضاء.

06 الوقت الآن الساعة الثانية.
الوقت الآن الساعة الرابعة.
الوقت الآن الساعة السادسة.
الوقت الآن الساعة الثالثة.

07 هل السيارة الخضراء قديمة؟
نعم، السيارة الخضراء قديمة.

هل السيارة الوردية جديدة؟
لا، ليست جديدة.

هل السيارة السوداء قديمة؟
لا، ليست قديمة. إنها جديدة.

هل السيارة الحمراء قديمة؟
لا، ليست قديمة.

08 موز في سلة
خبز في أكياس
تفاح في صناديق
طماطم في سلة

09 تلبس البنات قمصانا بيضاء وتنورات سوداء.
بنت تلبس فستانا أبيض وبنت تلبس فستانا أحمر بأبيض.
تلبس البنات فساتين وقبعات.
تلبس البنات سراويل سوداء.

10 ماذا تلبس المرأتان؟
تلبسان قميصان ازرقان.

ماذا تلبس المرأتان؟
تلبسان قميصان ابيضان.

ما هذا الطعام؟
هذه فراولة.

ما هذا الطعام؟
هذا خبز.

1-11 مُرَاجَعَة الْوِحْدَة الأُولَى.

01 وَلَد عَلَى طَائِرَة
وَلَد تَحْتَ طَائِرَة
وَلَد عَلَى مَائِدَة
وَلَد تَحْتَ مَائِدَة

02 الْبَنَات يَمْشِين.
الْبَنَات يَجْرِين.
الْوَلَد يَقْفِز.
الْوَلَد يَمْشِي.

03 شَعْرُ الْمَرْأَة طَوِيل.
شَعْرُ الرَّجُل طَوِيل.
شَعْرُ الْمَرْأَة قَصِير.
شَعْرُ الرَّجُل قَصِير جِدّا.

04 أَرْبَعَة، خَمْسَة، سِتَّة
خَمْسَة، سِتَّة، سَبْعَة
سِتَّة، سَبْعَة، ثَمَانِيَة
وَاحِد، إِثْنَان، ثَلاَثَة

05 الْحِصَان يَمْشِي.
الْخُيُول تَمْشِي.
السَّيَّارَة بَيْضَاء.
السَّيَّارَات بَيْضَاء.

06 الوَقْتُ الآن السَّاعَة الثَّانِيَة.
الوَقْتُ الآن السَّاعَة الرَّابِعَة.
الوَقْتُ الآن السَّاعَة السَّادِسَة.
الوَقْتُ الآن السَّاعَة الثَّالِثَة.

07 هَلْ السَّيَّارَة الْخَضْرَاء قَدِيمَة؟
نَعَم، السَّيَّارَة الْخَضْرَاء قَدِيمَة.

هَلْ السَّيَّارَة الْوَرْدِيَّة جَدِيدَة؟
لاَ، لَيْسَتْ جَدِيدَة.

هَلْ السَّيَّارَة السَّوْدَاء قَدِيمَة؟
لاَ، لَيْسَتْ قَدِيمَة. إِنَّهَا جَدِيدَة.

هَلْ السَّيَّارَة الْحَمْرَاء قَدِيمَة؟
لاَ، لَيْسَتْ قَدِيمَة.

08 مَوْز فِي سَلَّة
خُبْز فِي أَكْيَاس
تُفَّاح فِي صَنَادِيق
طَمَاطِم فِي سَلَّة

09 تَلْبَسُ الْبَنَات قمْصَانًا بَيْضَاء وَتَنُّورَات سَوْدَاء.
بِنْت تَلْبَس فُسْتَانًا أَبْيَض وَبِنْت تَلْبَس فُسْتَانًا أحْمَر بِأَبْيَض.
تَلْبَسُ الْبَنَات فَسَاتِين وَقُبَّعَات.
تَلْبَسُ الْبَنَات سَرَاوِيل سَوْدَاء.

10 مَاذَا تَلْبَسُ الْمَرْأَتَان؟
تَلْبَسَان قَمِيصَان أَزْرَقَان.

مَاذَا تَلْبَسُ الْمَرْأَتَان؟
تَلْبَسَان قَمِيصَان أَبْيَضَان.

مَا هَذَا الطَّعَام؟
هَذِهِ فَرَاوْلَة.

مَا هَذَا الطَّعَام؟
هَذَا خُبْز.

2-01 الأفعال: الفعل الْمضارع.

01 الولد يرمي الكرة.
الْمرأة ترمي الكرة.
الرجل يرمي الكرة.
الرجل يرمي الولد.

02 الْمرأة تُمسك الكرة الصفراء.
الرجل يرمي الكرة.
الْمرأة تُمسك الكرة البيضاء.
الولد يُمسك الشوكة.

03 الولد يرمي الكرة.
الولد يُمسك الكرة.
الولد ذو الْملابس البيضاء يركل الكرة.
الولد ذو الْملابس الحمراء يركل الكرة.

04 البنت تركب الحصان.
الولد يركب الدراجة.
البنت تقفز.
الولد يجري.

05 الولد يبتسم.
الولد يشرب.
الْمرأة تجلس.
الْمرأة تجري.

06 الْمرأة تبتسم.
الْمرأة تشير بيدها.
الْمرأة تقرأ.
الْمرأة تتكلم في الهاتف.

07 البنت الصغيرة تضحك.
الرجل يضحك.
البنت تكتب.
الرجل يركب الدراجة.

08 الولد يركل.
الثور يركل.
الولد يبتسم.
الثور يجري.

09 البنت ترقد.
البنت تجري.
البنت تضحك.
البنت تبتسم.

10 الطيور تطير.
الطائران يسبحان.
الطيور تَمشي.
الطائر يطير.

2-01 الأَفْعَال: الْفِعْل الْمُضَارِع.

01 الْوَلَد يَرْمِي الْكُرَة.
الْمَرْأَة تَرْمِي الْكُرَة.
الرَّجُل يَرْمِي الْكُرَة.
الرَّجُل يَرْمِي الْوَلَد.

02 الْمَرْأَة تُمْسِكُ الْكُرَةَ الصَّفْرَاء.
الرَّجُل يَرْمِي الْكُرَة.
الْمَرْأَة تُمْسِكُ الْكُرَة الْبَيْضَاء.
الْوَلَد يُمْسِكُ الشَّوْكَة.

03 الْوَلَد يَرْمِي الْكُرَة.
الْوَلَد يُمْسِكُ الْكُرَة.
الْوَلَد ذُو الْمَلاَبِسِ الْبَيْضَاء يَرْكُلُ الْكُرَة.
الْوَلَد ذُو الْمَلاَبِسِ الْحَمْرَاء يَرْكُلُ الْكُرَة.

04 الْبِنْت تَرْكَبُ الْحِصَان.
الْوَلَد يَرْكَبُ الدَّرَّاجَة.
الْبِنْت تَقْفِز.
الْوَلَد يَجْرِي.

05 الْوَلَد يَبْتَسِم.
الْوَلَد يَشْرَب.
الْمَرْأَة تَجْلِس.
الْمَرْأَة تَجْرِي.

06 الْمَرْأَة تَبْتَسِم.
الْمَرْأَة تُشِيرُ بِيَدِهَا.
الْمَرْأَة تَقْرَأ.
الْمَرْأَة تَتَكَلَّم فِي الْهَاتِف.

07 الْبِنْت الصَّغِيرَة تَضْحَك.
الرَّجُل يَضْحَك.
الْبِنْت تَكْتُب.
الرَّجُل يَرْكَبُ الدَّرَّاجَة.

08 الْوَلَد يَرْكُل.
الثَّوْر يَرْكُل.
الْوَلَد يَبْتَسِم.
الثَّوْر يَجْرِي.

09 الْبِنْت تَرْقُد.
الْبِنْت تَجْرِي.
الْبِنْت تَضْحَك.
الْبِنْت تَبْتَسِم.

10 الطُّيُور تَطِير.
الطَّائِرَان يَسْبَحَان.
الطُّيُور تَمْشِي.
الطَّائِر يَطِير.

2-02 الناس والحيوان.

01 هو ولد.
هي بنت.
هو رجل.
هي إمرأة.

02 الولد طفل.
البنت طفلة.
الرجل راشد.
الْمرأة راشدة.

03 راشدتان
راشد وطفل
طفلان
ثلاثة أطفال

04 راشدة وطفلان
راشدان
ثلاثة راشدين
طفلان

05 الكلب حيوان.
السمكة حيوان.
البنت إنسان.
الْمرأة إنسان.

06 الكلب ليس إنسانا. الكلب حيوان.
السمكة ليست إنسانا. السمكة حيوان.
البنت ليست راشدة. البنت طفلة.
الْمرأة ليست طفلا. الْمرأة راشدة.

07 طفل واحد وحيوان واحد
راشدان وطفل
راشدان وحيوانان
حيوان واحد

08 شخص واحد وحيوان واحد
ثلاثة أشخاص
شخصان وحيوانان
حيوان واحد

09 شخص ليس رجلا
شخص ليس امرأة
حيوان ليس حصانا
حيوان ليس فيلا

10 شخص ليس طفلا
شخص ليس راشدا
حيوان ليس قطا
حيوان ليس كلبا

2-02 النَّاس وَالْحَيَوَان.

01 هُوَ وَلَد.
هِيَ بِنْت.
هُوَ رَجُل.
هِيَ إِمْرَأَة.

02 الْوَلَد طِفْل.
الْبِنْت طِفْلَة.
الرَّجُل رَاشِد.
الْمَرْأَة رَاشِدَة.

03 رَاشِدَتَان
رَاشِدٌ وَطِفْل
طِفْلاَن
ثَلاَثَة أَطْفَال

04 رَاشِدَة وَطِفْلاَن
رَاشِدَان
ثَلاَثَة رَاشِدِين
طِفْلاَن

05 الْكَلْبُ حَيَوَان.
السَّمَكَة حَيَوَان.
الْبِنْت إِنْسَان.
الْمَرْأَة إِنْسَان.

06 الْكَلْبُ لَيْسَ إِنْسَانًا. الْكَلْبُ حَيَوَان.
السَّمَكَة لَيْسَت إِنْسَانًا. السَّمَكَة حَيَوَان.
الْبِنْت لَيْسَت رَاشِدَة. الْبِنْت طِفْلَة.
الْمَرْأَة لَيْسَت طِفْلاً. الْمَرْأَة رَاشِدَة.

07 طِفْل وَاحِد وَحَيَوَان وَاحِد
رَاشِدَان وَطِفْل
رَاشِدَان وَحَيَوَانَان
حَيَوَان وَاحِد

08 شَخْص وَاحِد وَحَيَوَان وَاحِد
ثَلاَثَة أَشْخَاص
شَخْصَان وَحَيَوَانَان
حَيَوَان وَاحِد

09 شَخْص لَيْسَ رَجُلاً
شَخْص لَيْسَ امْرَأَة
حَيَوَان لَيْسَ حِصَانًا
حَيَوَان لَيْسَ فِيلاً

10 شَخْص لَيْسَ طِفْلاً
شَخْص لَيْسَ رَاشِدًا
حَيَوَان لَيْسَ قِطًّا
حَيَوَان لَيْسَ كَلْبًا

2-03 الأسماء والصفات: كبير وصغير.

01 سيارة كبيرة
رجل وسمكة كبيرة
رجل بقبعة كبيرة
رجل وأداة كبيرة

02 سيارة صغيرة
حصان صغير
خيمة صغيرة
كرة كبيرة وكرة صغيرة

03 رقم إثنين كبير
رقم إثنين صغير
رقم واحد كبير
رقم واحد صغير

04 حصان كبير
حصان صغير
مظلة كبيرة
مظلة صغيرة

05 حيوان صغير
حيوان كبير
شخص صغير
شخص كبير

06 صندوق كبير
سفينة كبيرة
صندوق صغير
سفينة صغيرة

07 تلفزيون كبير
شاحنة كبيرة
قبعة صغيرة
قبعة كبيرة

08 أريكة كبيرة
أريكة صغيرة
سيارة صغيرة
سيارة كبيرة

09 كرة كبيرة
عجلة كبيرة وعجلة صغيرة
عجلة كبيرة
كرة صغيرة

10 عجلة كبيرة بيضاء
عجلة كبيرة سوداء
عجلة كبيرة زرقاء
عجلة كبيرة وعجلة صغيرة

2-03 الأَسْمَاء والصِّفَات: كَبِير وَصَغِير.

01 سَيَّارَة كَبِيرَة
رَجُل وَسَمَكَة كَبِيرَة
رَجُل بِقُبَّعَة كَبِيرَة
رَجُل وَأَدَاة كَبِيرَة

02 سَيَّارَة صَغِيرَة
حِصَان صَغِير
خَيْمَة صَغِيرَة
كُرَة كَبِيرَة وَكُرَة صَغِيرَة

03 رَقم إِثْنَيْن كَبِير
رَقم إِثْنَيْن صَغِير
رَقم وَاحِد كَبِير
رَقم وَاحِد صَغِير

04 حِصَان كَبِير
حِصَان صَغِير
مِظَلَّة كَبِيرَة
مِظَلَّة صَغِيرَة

05 حَيَوَان صَغِير
حَيَوَان كَبِير
شَخْص صَغِير
شَخْص كَبِير

06 صُنْدُوق كَبِير
سَفِينَة كَبِيرَة
صُنْدُوق صَغِير
سَفِينَة صَغِيرَة

07 تِلفِزيون كَبِير
شَاحِنَة كَبِيرَة
قُبَّعَة صَغِيرَة
قُبَّعَة كَبِيرَة

08 أَرِيكَة كَبِيرَة
أَرِيكَة صَغِيرَة
سَيَّارَة صَغِيرَة
سَيَّارَة كَبِيرَة

09 كُرَة كَبِيرَة
عَجَلَة كَبِيرَة وَعَجَلَة صَغِيرَة
عَجَلَة كَبِيرَة
كُرَة صَغِيرَة

10 عَجَلَة كَبِيرَة بَيضَاء
عَجَلَة كَبِيرَة سَودَاء
عَجَلَة كَبِيرَة زَرْقَاء
عَجَلَة كَبِيرَة وَعَجَلَة صَغِيرَة

2-04 الأشكال والألوان: الصفات وأسماء التفضيل.

01 دائرة كبيرة
دائرة صغيرة
مربع كبير
مربع صغير

02 الدائرة الحمراء أكبر من الدائرة الزرقاء.
الدائرة الزرقاء أكبر من الدائرة الحمراء.
الْمربع أكبر من الدائرة.
الدائرة أكبر من الْمربع.

03 الدائرة الزرقاء أصغر من الدائرة الحمراء.
الدائرة الحمراء أصغر من الدائرة الزرقاء.
الدائرة أصغر من الْمربع.
الْمربع أصغر من الدائرة.

04 الدائرة الأكبر هي الحمراء.
الدائرة الأكبر هي الزرقاء.
الدائرة الأكبر هي الصفراء.
الدائرة الأكبر هي السوداء.

05 الْمربع الأصغر هو الأحمر.
الْمربع الأصغر هو الأزرق.
الْمربع الأصغر هو الأصفر.
الْمربع الأصغر هو الأبيض.

06 مستطيل أزرق
مستطيل أحمر
مستطيل أصفر
مستطيل أبيض

07 مستطيل كبير
مستطيل صغير
دائرة حمراء
دائرة خضراء

08 مستطيل طويل
مستطيل قصير
إمرأة طويلة الشعر
إمرأة قصيرة الشعر

09 الْمستطيل الأخضر أطول من الْمستطيل الأصفر.
الْمستطيل الأصفر أطول من الْمستطيل الأخضر.
الدائرة الحمراء أكبر من الْمربع الأحمر.
الْمربع الأحمر أكبر من الدائرة الحمراء.

10 الْمستطيل الأصفر أقصر من الْمستطيل الأخضر.
الْمستطيل الأخضر أقصر من الْمستطيل الأصفر.
الْمثلث الأصفر أصغر من الْمثلث الأخضر.
الْمثلث الأخضر أصغر من الْمثلث الأصفر.

2-04 الأَشْكَال والأَلْوَان: الصِّفَات وَأَسْمَاء التَّفْضِيل.

01 دَائِرَة كَبِيرَة
دَائِرَة صَغِيرَة
مُرَبَّع كَبِير
مُرَبَّع صَغِير

02 الدَّائِرَة الحَمْرَاء أَكْبَر مِنَ الدَائِرَة الزَّرْقَاء.
الدَّائِرَة الزَّرْقَاء أَكْبَر مِنَ الدَّائِرَةِ الْحَمْرَاء.
الْمُرَبَّع أَكْبَر مِنَ الدَّائِرَة.
الدَّائِرَة أَكْبَر مِنَ الْمُرَبَّع.

03 الدَّائِرَة الزَّرْقَاء أَصْغَر مِنَ الدَّائِرَة الْحَمْرَاء.
الدَّائِرَة الْحَمْرَاء أَصْغَر مِنَ الدَّائِرَة الزَّرْقَاء.
الدَّائِرَة أَصْغَر مِنْ الْمُرَبَّع.
الْمُرَبَّع أَصْغَر مِنَ الدَّائِرَة.

04 الدَّائِرَة الأَكْبَر هِيَ الْحَمْرَاء.
الدَّائِرَة الأَكْبَر هِيَ الزَّرْقَاء.
الدَّائِرَة الأَكْبَر هِيَ الصَّفْرَاء.
الدَّائِرَة الأَكْبَر هِيَ السَّوْدَاء.

05 الْمُرَبَّع الأَصْغَر هُوَ الأَحْمَر.
الْمُرَبَّع الأَصْغَر هُوَ الأَزْرَق.
الْمُرَبَّع الأَصْغَر هُوَ الأَصْفَر.
الْمُرَبَّع الأَصْغَر هُوَ الأَبْيَض.

06 مُسْتَطِيل أَزْرَق
مُسْتَطِيل أَحْمَر
مُسْتَطِيل أَصْفَر
مُسْتَطِيل أَبْيَض

07 مُسْتَطِيل كَبِير
مُسْتَطِيل صَغِير
دَائِرَة حَمْرَاء
دَائِرَة خَضْرَاء

08 مُسْتَطِيل طَوِيل
مُسْتَطِيل قَصِير
إِمْرَأَة طَوِيلَة الشَّعْر
إِمْرَأَة قَصِيرَة الشَّعْر

09 الْمُسْتَطِيل الأَخْضَر أَطْوَل مِنَ الْمُسْتَطِيل الأَصْفَر.
الْمُسْتَطِيل الأَصْفَر أَطْوَل مِنْ الْمُسْتَطِيل الأَخْضَر.
الدَّائِرَة الْحَمْرَاء أَكْبَر مِنَ الْمُرَبَّع الأَحْمَر.
الْمُرَبَّع الأَحْمَر أَكْبَر مِنَ الدَّائِرَة الْحَمْرَاء.

10 الْمُسْتَطِيل الأَصْفَر أَقْصَر مِنَ الْمُسْتَطِيل الأَخْضَر.
الْمُسْتَطِيل الأَخْضَر أَقْصَر مِنَ الْمُسْتَطِيل الأَصْفَر.
الْمُثَلَّث الأَصْفَر أَصْغَر مِنَ الْمُثَلَّث الأَخْضَر.
الْمُثَلَّث الأَخْضَر أَصْغَر مِنَ الْمُثَلَّث الأَصْفَر.

2-05 اليمين واليسار

01 في يدها اليمنى كرتان صفراوان.
في يدها اليسرى كرة صفراء.
في يدها اليمنى كرة صفراء.
في يدها اليسرى كرتان صفراوان.

02 الكأس في يد الْمرأة اليمنى.
القلم في يد الْمرأة اليمنى. الورق في يدها اليسرى.
مع الْمرأة كرتان في يدها اليسرى وكرتان في يدها اليمنى
الكرة في يد الْمرأة اليمنى.

03 أين الكرة؟ الكرة في يدها اليسرى.
أين الكرة؟ الكرة في يدها اليمنى.
أين القبعة؟ البنت تُمسك القبعة بيدها اليمنى.
أين القبعة؟ البنت تُمسك القبعة بيدها اليسرى.

04 الْمرأة تُمسك الهاتف بيدها اليسرى.
الْمرأة تُمسك الهاتف بيدها اليمنى.
مع البنت شيء بيدها اليمنى.
مع البنت شيء بيدها اليسرى.

05 إحدى الْمرأتين تشير. إنها تشير بيدها اليمنى.
إحدى الْمرأتين تشير. إنها تشير بيدها اليسرى.
كلتا الْمرأتين تشير. واحدة تشير بيدها اليمنى والأخرى بيدها اليسرى.
ولا واحدة من الْمرأتين تشير.

06 مكبر الصوت بيد الْمغني اليمنى.
مكبر الصوت بيد الْمغنية اليسرى.
مع الرجل قيثارة بيده اليمنى وآخرى بيده اليسرى.
يعزف الرجل على القيثارة.

07 لا تنعطف يساراً
لا تنعطف يَميناً
مَمْنوع الوقوف
مَمنوع الإستدارة الكاملة

08 هذه الساعة مستديرة.
هذه الساعة مربعة.
هذه النافذة مربعة.
هذه النافذة مستديرة.

09 هذه اللافتة مستطيلة.
هذه اللافتة مستديرة.
هذه اللافتة مربعة.
هذه اللافتة ليست مستطيلة أو مستديرة أو مربعة.

10 إنتبه! كانغرو
إنتبه! أبقار
إنتبه! أطفال
إنتبه! غزلان

2-05 الْيَمِين وَالْيَسَار

01 فِي يَدِهَا الْيُمْنَى كُرَتَان صَفْرَاوَان.
فِي يَدِهَا الْيُسْرَى كُرَة صَفْرَاء.
فِي يَدِهَا الْيُمْنَى كُرَة صَفْرَاء.
فِي يَدِهَا الْيُسْرَى كُرَتَان صَفْرَاوَان.

02 الْكَأس فِي يَد الْمَرْأَة الْيُمْنَى.
الْقَلَم فِي يَدِ الْمَرْأَة الْيُمْنَى. الْوَرَق فِي يَدِهَا الْيُسْرَى.
مَعَ الْمَرْأَة كُرَتَان فِي يَدِهَا الْيُسْرَى وَكُرَتَان فِي يَدِهَا الْيُمْنَى.
الْكُرَة فِي يَدِ الْمَرْأَة الْيُمْنَى.

03 أَيْنَ الْكُرَة؟ الْكُرَة فِي يَدِهَا الْيُسْرَى.
أَيْنَ الْكُرَة؟ الْكُرَة فِي يَدِهَا الْيُمْنَى.
أَيْنَ الْقُبَّعَة؟ الْبِنْت تُمْسِكُ الْقُبَّعَة بِيَدِهَا الْيُمْنَى.
أَيْنَ الْقُبَّعَة؟ الْبِنْت تُمْسِكُ الْقُبَّعَة بِيَدِهَا الْيُسْرَى.

04 الْمَرْأَة تُمْسِكُ الْهَاتِف بِيَدِهَا الْيُسْرَى.
الْمَرْأَة تُمْسِكُ الْهَاتِف بِيَدِهَا الْيُمْنَى.
مَعَ الْبِنْت شَيْء بِيَدِهَا الْيُمْنَى.
مَعَ الْبِنْت شَيْء بِيَدِهَا الْيُسْرَى.

05 إِحْدَى الْمَرْأَتَيْن تُشِير. إِنَّهَا تُشِير بِيَدِهَا الْيُمْنَى.
إِحْدَى الْمَرْأَتَيْن تُشِير. إِنَّهَا تُشِير بِيَدِهَا الْيُسْرَى.
كِلْتَا الْمَرْأَتَيْن تُشِير. وَاحِدَة تُشِيرُ بِيَدِهَا الْيُمْنَى وَالأُخْرَى بِيَدِهَا الْيُسْرَى.
وَلاَ وَاحِدَة مِنَ الْمَرْأَتَيْن تُشِير.

06 مُكَبِّر الصَّوْت بِيَد الْمُغَنِّي الْيُمْنَى.
مُكَبِّر الصَّوْت بِيَد الْمُغَنِّيَة الْيُسْرَى.
مَعَ الرَّجُل قِيثَارَة بِيَدِهِ الْيُمْنَى وَأُخْرَى بِيَدِهِ الْيُسْرَى.
يَعْزِفُ الرَّجُل عَلَى الْقِيثَارَة.

07 لاَ تَنْعَطِفْ يَسَاراً.
لاَ تَنْعَطِفْ يَمِينًا
مَمْنُوع الْوُقُوف
مَمْنُوع الإِسْتِدَارَة الكَامِلَة.

08 هَذِهِ السَّاعَة مُسْتَدِيرَة.
هَذِهِ السَّاعَة مُرَبَّعَة.
هَذِهِ النَّافِذَة مُرَبَّعَة.
هَذِهِ النَّافِذَة مُسْتَدِيرَة.

09 هَذِهِ اللاَّفِتَة مُسْتَطِيلَة.
هَذِهِ اللاَّفِتَة مُسْتَدِيرَة.
هَذِهِ اللاَّفِتَة مُرَبَّعَة.
هَذِهِ اللاَّفِتَة لَيْسَتْ مُسْتَطِيلَة أَوْ مُسْتَدِيرَة أَوْ مُرَبَّعَة.

10 إِنْتَبِهْ! كَانْغُرو
إِنْتَبِهْ! أَبْقَار
إِنْتَبِهْ! أَطْفَال
إِنْتَبِهْ! غِزْلاَن

2-06 نفي الفعل الْمضارع.

01 تجري الْمرأة.
لا تجري الْمرأة.
هذا الرجل له شعر.
هذا الرجل ليس له شعر.

02 البنت تشرب.
البنت لا تشرب.
هذا الرجل يلبس خوذة.
هذا الرجل لا يلبس خوذة.

03 تلبس هذه الْمرأة قبعة بيضاء.
تلبس هذه الْمرأة قبعة سوداء.
يلبس الولد قبعة بيضاء.
يلبس الولد قبعة سوداء.

04 هذه الْمرأة لا تلبس قبعة سوداء. إنها تلبس قبعة بيضاء.
هذه الْمرأة لا تلبس قبعة بيضاء. إنها تلبس قبعة سوداء.
لا يلبس الولد قبعة سوداء. إنه يلبس قبعة بيضاء.
لا يلبس الولد قبعة بيضاء. إنه يلبس قبعة سوداء.

05 هذه الْمرأة لا تلبس قبعة سوداء.
هذه الْمرأة لا تلبس قبعة بيضاء.
لا يلبس الولد قبعة سوداء.
لا يلبس الولد قبعة بيضاء.

06 هذه الطائرة تطير.
هذه الطائرة لا تطير.
الأولاد يقفزون.
الأولاد لا يقفزون.

07 هذا الولد لا يسبح. إنه يجلس في الطائرة.
هذا الولد لا يجلس في الطائرة. إنه يسبح.
هذه البنت لا تَمشي. إنها تركب الحصان.
هذه البنت لا تركب الحصان. إنها تَمشي.

08 هذا الولد لا يسبح.
هذا الولد لا يجلس في الطائرة.
هذه البنت لا تَمشي.
هذه البنت لا تركب الحصان.

09 تستعمل الْمرأة الهاتف.
تستعمل البنت الهاتف.
تشير الْمرأة بيدها.
لا تستعمل الْمرأة الهاتف ولا تشير بيدها.

10 لا تستعمل الْمرأة الهاتف.
لا تشير الْمرأة بيدها.
الرجل يركب الدراجة.
الرجل لا يركب الدراجة.

2-06 نَفْي الْفِعْل الْمُضَارِع.

01 تَجْرِي الْمَرْأَة.
لاَ تَجْرِي الْمَرْأَة.
هَذَا الرَّجُل لَهُ شَعْر.
هَذَا الرَّجُل لَيْسَ لَهُ شَعْر.

02 الْبِنْتُ تَشْرَب.
الْبِنْتُ لاَ تَشْرَب.
هَذَا الرَّجُل يَلْبَسُ خَوذَة.
هَذَا الرَّجُل لاَ يَلْبَسُ خَوذَة.

03 تَلْبَسُ هَذِهِ الْمَرْأَة قُبَّعَة بَيْضَاء.
تَلْبَسُ هَذِهِ الْمَرْأَة قُبَّعَة سَوْدَاء.
يَلْبَسُ الْوَلَد قُبَّعَة بَيْضَاء.
يَلْبَسُ الْوَلَد قُبَّعَة سَوْدَاء.

04 هَذِه الْمَرْأَة لاَ تَلْبَسُ قُبَّعَة سَوْدَاء. إِنَّهَا تَلْبَسُ قُبَّعَة بَيْضَاء.
هَذِه الْمَرْأَة لاَ تَلْبَسُ قُبَّعَة بَيْضَاء. إِنَّهَا تَلْبَسُ قُبَّعَة سَوْدَاء.
لاَ يَلْبَسُ الْوَلَد قُبَّعَة سَوْدَاء. إِنَّهُ يَلْبَسُ قُبَّعَة بَيْضَاء.
لاَ يَلْبَسُ الْوَلَد قُبَّعَة بَيْضَاء. إِنَّهُ يَلْبَسُ قُبَّعَة سَوْدَاء.

05 هَذِه الْمَرْأَة لاَ تَلْبَسُ قُبَّعَة سَوْدَاء.
هَذِه الْمَرْأَة لاَ تَلْبَسُ قُبَّعَة بَيْضَاء.
لاَ يَلْبَسُ الْوَلَد قُبَّعَة سَوْدَاء.
لاَ يَلْبَسُ الْوَلَد قُبَّعَة بَيْضَاء.

06 هَذِه الطَّائِرَة تَطِير.
هَذِه الطَّائِرَة لاَ تَطِير.
الأَوْلاَد يَقْفِزُون.
الأَوْلاَد لاَ يَقْفِزُون.

07 هَذَا الْوَلَد لاَ يَسْبَح. إِنَّهُ يَجْلِس فِي الطَّائِرَة.
هَذَا الْوَلَد لاَ يَجْلِس فِي الطَّائِرَة. إِنَّهُ يَسْبَح.
هَذِه الْبِنْت لاَ تَمْشِي. إِنَّهَا تَرْكَبُ الْحِصَان.
هَذِه الْبِنْت لاَ تَرْكَبُ الْحِصَان. إِنَّهَا تَمْشِي.

08 هَذَا الْوَلَد لاَ يَسْبَح.
هَذَا الْوَلَد لاَ يَجْلِس فِي الطَّائِرَة.
هَذِه الْبِنْت لاَ تَمْشِي.
هَذِه الْبِنْت لاَ تَرْكَبُ الْحِصَان.

09 تَسْتَعْمِلُ الْمَرْأَة الْهَاتِف.
تَسْتَعْمِلُ الْبِنْت الْهَاتِف.
تُشِيرُ الْمَرْأَة بِيَدِهَا.
لاَ تَسْتَعْمِلُ الْمَرْأَة الْهَاتِف وَلاَ تُشِير بِيَدِهَا.

10 لاَ تَسْتَعْمِلُ الْمَرْأَة الْهَاتِف.
لاَ تُشِيرُ الْمَرْأَة بِيَدِهَا.
الرَّجُل يَرْكَب الدَّرَّاجَة.
الرَّجُل لاَ يَرْكَب الدَّرَّاجَة.

2-08 مزيد من الحروف وظرف الْمكان.

01 الرجل في الشاحنة.
الْموز في السلة.
الرجل والمرأة في القارب.
ليس الرجل والمرأة في القارب.

02 الولد على السياج والرجل على الدراجة.
القبعة على رأس الولد.
الأطفال على الْمائدة.
الكرة على ظهر الولد.

03 الولد على الدراجة.
الولد إلى جانب الدراجة.
هذا الرجل على حصان.
هذا الرجل إلى جانب حصان.

04 الحمار تَحت الرجل.
ليس الحمار تَحت الرجل.
الحلوى تَحت الرف.
الحلوى في يد الرجل.

05 هذا الولد خلف الشجرة.
هذا الولد أمام الشجرة.
هذا الرجل خلف سيارة.
هذا الرجل أمام سيارة.

06 الوعاءان إلى جانب بعضهما.
هذا الفنجان على الطبق.
الرقم خمسة بين الواحد والصفر.
الوعاء الْمتوسط بين الوعاء الكبير والوعاء الصغير.

07 الرجل إلى جانب الْمرأتين.
الرجل بين الْمرأتين.
الكلب بين شخصين.
الكلب إلى جانب الشخصين.

08 شخصان بنظارات.
شخصان بدون نظارات.
ولد بعصا.
ولد بدون عصا.

09 الطائرة على الأرض.
الطائرة فوق الأرض.
الأسماك حول الغطاس.
الكراسي حول الْمائدة.

10 الرجل خلف الدراجة.
الرجل إلى جانب الدراجة.
الدراجة إلى جانب السيارة.
الدراجة خلف السيارة.

2-08 مَزِيد مِن الْحُرُوف وَظَرْف الْمَكَان.

01 الرَّجُل فِي الشَّاحِنَة.
الْمَوْز فِي السَّلَّة.
الرَّجُل وَالْمَرأَة فِي الْقَارِب.
لَيْسَ الرَّجُل وَالْمَرأَة فِي الْقَارِب.

02 الْوَلَد عَلَى السِّيَاج وَالرَّجُل عَلَى الدَّرَّاجَة.
الْقُبَّعَة عَلَى رَأْس الْوَلَد.
الأَطْفَال عَلَى الْمَائِدَة.
الْكُرَة عَلَى ظَهْر الْوَلَد.

03 الْوَلَد عَلَى الدَّرَّاجَة.
الْوَلَد إِلَى جَانِب الدَّرَّاجَة.
هَذَا الرَّجُل عَلَى حِصَان.
هَذَا الرَّجُل إِلَى جَانِب حِصَان.

04 الْحِمَار تَحْتَ الرَّجُل.
لَيْسَ الْحِمَار تَحْتَ الرَّجُل.
الْحَلْوَى تَحْتَ الرَّف.
الْحَلْوَى فِي يَدِ الرَّجُل.

05 هَذَا الْوَلَد خَلْفَ الشَّجَرَة.
هَذَا الْوَلَد أَمَام الشَّجَرَة.
هَذَا الرَّجُل خَلْفَ سَيَّارَة.
هَذَا الرَّجُل أَمَام سَيَّارَة.

06 الْوِعَاءَان إِلَى جَانِب بَعْضِهِمَا.
هَذَا الْفِنْجَان عَلَى الطَّبَق.
الرَّقم خَمْسَة بَيْنَ الْوَاحِد وَالصِّفْر.
الْوِعَاءَ الْمُتَوَسِّط بَيْنَ الْوِعَاءَ الْكَبِير وَالْوِعَاءَ الصَّغِير.

07 الرَّجُل إِلَى جَانِب الْمَرْأَتَيْن.
الرَّجُل بَيْنَ الْمَرْأَتَيْن.
الْكَلْب بَيْنَ شَخْصَيْن.
الْكَلْب إِلَى جَانِب الشَّخْصَيْن.

08 شَخْصَان بِنَظَّارَات.
شَخْصَان بِدُون نَظَّارَات.
وَلَد بِعَصَا.
وَلَد بِدُون عَصَا.

09 الطَّائِرَة عَلَى الأَرْض.
الطَّائِرَة فَوْقَ الأَرْض.
الأَسْمَاك حَوْلَ الْغَطَّاس.
الْكَرَاسِي حَوْلَ الْمَائِدَة.

10 الرَّجُل خَلْفَ الدَّرَّاجَة.
الرَّجُل إِلَى جَانِب الدَّرَّاجَة.
الدَّرَّاجَة إِلَى جَانِب السَّيَّارَة.
الدَّرَّاجَة خَلْفَ السَّيَّارَة.

2-09 الوجه والأيدي والأقدام: ضمائرالْملكية، الْمضاف والْمضاف إليه.

01 عين
أنف
فم
وجه

02 أقدام بشرية
أذن
يلمس الرجل أذن الحصان.
أقدام فيل

03 رأس إمرأة
يد
رأس رجل
يدان وقدمان

04 ثلاثة أيدي
أربع أيدي
أربعة أذرع
ثلاثة أذرع

05 يدا الرجل على ركبتيه.
رأس الرجل بين يديه.
يدا الرجل على الْمائدة.
يد الرجل على وجهه ويده الاخرى على مرفقه.

06 ذراعا الْمرأة على ركبتيها.
يد الرجل على رأسه.
مرفقا الشاب على الْمائدة.
يدا الرجل على الْمائدة.

07 عينان وأنف
أنف وفم
وجه
أذن

08 البنت ترفع الكأس إلى فمها.
الْمرأة ترفع الكأس إلى فمها.
في فم هذا الشاب طعام.
ليس في فم هذا الشاب طعام.

09 هو يلمس أنفه.
هو يلمس فمه.
هي تلمس عينها.
هي تلمس ذقنها.

10 الْمرأة ترتب شعرها بالفرشاة.
الْمرأة ترتب شعر البنت بالفرشاة.
الْمرأة تمشّط شعرها بالمشط.
الْمرأة تمشّط شعر البنت بالمشط.

2-09 الْوَجْه والأَيْدِي وَالأَقْدَام: ضَمَائِر الْمِلْكِيَّة، الْمُضَاف وَالْمُضَاف إِلَيه.

01 عَيْن
أَنْف
فَم
وَجْه

02 أَقْدَام بَشَرِيَّة
أُذُن
يَلْمَس الرَّجُل أُذُن الْحِصَان.
أَقْدَام فِيل

03 رَأْس إِمْرَأَة
يَد
رَأْس رَجُل
يَدَان وَقَدَمَان

04 ثَلاَثَة أَيْدِي
أَرْبَع أَيْدِي
أَرْبَعَة أَذْرُع
ثَلاَثَة أَذْرُع

05 يَدَا الرَّجُل عَلَى رُكْبَتَيْه.
رَأْس الرَّجُل بَيْنَ يَدَيْه.
يَدَا الرَّجُل عَلَى الْمَائدَة.
يَدُ الرَّجُل عَلَى وَجهِهِ وَيَدهُ الأُخْرى عَلَى
مِرْفَقِه.

06 ذِرَاعَا الْمَرْأَة عَلَى رُكْبَتَيْهَا.
يَد الرَّجُل عَلَى رَأْسِه.
مِرْفَقَا الشَّاب عَلَى الْمَائدَة.
يَدَا الرَّجُل عَلَى الْمَائِدَة.

07 عَيْنَان وَأَنْف
أَنْف وَفَم
وَجْه
أُذُن

08 الْبِنْت تَرْفَع الْكَأس إِلَى فَمِهَا.
الْمَرْأَة تَرْفَع الْكَأْس إِلَى فَمِهَا.
فِي فَم هَذَا الشَّاب طَعَام.
لَيْسَ فِي فَم هَذَا الشَّاب طَعَام.

09 هُوَ يَلْمَس أَنْفَه.
هُوَ يَلْمَس فَمَه.
هِيَ تَلْمَس عَيْنَهَا.
هِيَ تَلْمَس ذَقْنَهَا.

10 الْمَرْأَة تُرَتِّبُ شَعْرَهَا بِالْفُرْشَاة.
الْمَرْأَة تُرَتِّبُ شَعْرَ الْبِنْت بِالْفُرْشَاة.
الْمَرْأَةتُمَشِّط شَعْرَهَا بِالْمِشْط.
الْمَرْأَة تُمَشِّط شَعْرَ الْبِنْت بِالْمِشْط.

2-10 الأفعال: الْماضي والْمضارع والْمستقبل.

01 تقفز الْمرأة.
قفزت الْمرأة.
يقفز الحصان.
قفز الحصان.

02 الولد يسقط.
سقط الولد.
يسقط راعي الأبقار.
سقط راعي الأبقار.

03 تقص البنت الورقة.
قصت البنت الورقة.
يقفز الولد في الْماء.
قفز الولد في الْماء.

04 سيقفز الحصان.
سيقفز الطفل.
يقفز الحصان.
قفز الحصان.

05 ستقص البنت الورقة.
تقص البنت الورقة.
قصت البنت الورقة.
هذه البنت تقفز.

06 سيقفز الولد في الما.
يقفز الولد في الْماء.
قفز الولد في الْماء.
يقفز هؤلاء الأولاد في الْماء.

07 ستسقط الراكبة.
الراكبة تسقط.
سقطت الراكبة.
الولد يسقط.

08 سوف لا تقفز البنات. سيقفز الولد.
لا تقفز البنات. الولد يقفز.
لم تقفز البنات. قفز الولد.
الولد والبنات يقفزون.

09 الرجل سيشرب اللبن.
الرجل يشرب اللبن.
الرجل شرب اللبن.
الولد سيأكل الخبز.

10 سيأكل الولد الخبز.
يأكل الولد الخبز.
أكل الولد بعض الخبز.
يلبس الولد قبعة.

2-10 الأَفْعَال: الْمَاضِي وَالْمضَارع وَالْمُسْتَقْبَل.

01 تَقْفِزُ الْمَرْأَة.
قَفَزَت الْمَرْأَة.
يَقْفِزُ الحِصَان.
قَفَزَ الحِصَان.

02 الْوَلَد يَسْقُط.
سَقَطَ الْوَلَد.
يَسْقُط رَاعِي الأَبْقَار.
سَقَطَ رَاعِي الأَبْقَار.

03 تَقُصُّ الْبِنْتُ الْوَرَقَة.
قَصَّت الْبِنْتُ الْوَرَقَة.
يَقْفِزُ الْوَلَدُ فِي الْمَاء.
قَفَزَ الوَلَدُ فِي الْمَاء.

04 سَيَقْفِزُ الْحصَان.
سَيَقْفِزُ الطِّفْل.
يَقْفِزُ الْحِصَان.
قَفَزَ الْحِصَان.

05 سَتَقُصُّ الْبِنْتُ الْوَرَقَة.
تَقُصُّ الْبِنْتُ الْوَرَقَة.
قَصَّتْ الْبِنْت الْوَرَقَة.
هَذِهِ الْبِنْت تَقْفِز.

06 سَيَقْفِزُ الْوَلَد فِي الْمَاء.
يَقْفِزُ الْوَلَد فِي الْمَاء.
قَفَزَ الْوَلَد فِي الْمَاء.
يَقْفِزُ هَؤُلَاءِ الأَوْلَاد فِي الْمَاء.

07 سَتَسْقُط الرَّاكِبَة.
الرَّاكِبَة تَسْقُط.
سَقَطَتْ الرَّاكِبَة.
الْوَلَد يَسْقُط.

08 سَوْفَ لاَ تَقْفِز الْبَنَات. سَيَقْفِز الْوَلَد.
لاَ تَقْفِز الْبَنَات. الْوَلَد يَقْفِز.
لَمْ تَقْفِز الْبَنَات. قَفَزَ الْوَلَد.
الْوَلَد وَالْبَنَات يَقْفِزون.

09 الرَّجُل سَيَشْرَب اللَّبَن.
الرَّجُل يَشْرَب اللَّبَن.
الرَّجُل شَرِبَ اللَّبَن.
الْوَلَد سَيَأْكُل الْخُبْز.

10 سَيَأْكُل الْوَلَد الْخُبْز.
يَأْكُل الْوَلَد الْخُبْز.
أَكَلَ الْوَلَد بَعْضَ الْخُبْز.
يَلْبَسُ الْوَلَد قُبَّعَة.

2-11 مراجعة الوحدة الثانية.

01 الْمرأة تبتسم.
الْمرأة تشير بيدها.
الْمرأة تقرأ.
الْمرأة تتكلم في الهاتف.

02 شخص ليس طفلا
شخص ليس راشدا
حيوان ليس قطا
حيوان ليس كلبا

03 صندوق كبير
سفينة كبيرة
صندوق صغير
سفينة صغيرة

04 الدائرة الزرقاء أصغر من الدائرة الحمراء.
الدائرة الحمراء أصغر من الدائرة الزرقاء.
الدائرة أصغر من الْمربع.
الْمربع أصغر من الدائرة.

05 إحدى الْمرأتين تشير. إنها تشير بيدها اليمنى.
إحدى الْمرأتين تشير. إنها تشير بيدها اليسرى.
كلتا الْمرأتين تشير. واحدة تشير بيدها اليمنى والأخرى بيدها اليسرى.
ولا واحدة من الْمرأتين تشير.

06 تستعمل الْمرأة الهاتف.
تستعمل البنت الهاتف.
تشير الْمرأة بيدها.
لا تستعمل الْمرأة الهاتف ولا تشير بيدها.

07 الرجال والنساء يقفون.
النساء يقفن والرجال يجلسون.
النساء ورجل واحد يقفون ويجلس رجل واحد.
الرجال وإحدى النساء يجلسون وتقف إمرأة.

08 الرجل إلى جانب الْمرأتين.
الرجل بين الْمرأتين.
الكلب بين شخصين.
الكلب إلى جانب الشخصين.

09 هو يلمس أنفه.
هو يلمس فمه.
هي تلمس عينها.
هي تلمس ذقنها.

10 سوف لا تقفز البنات. سيقفز الولد.
لا تقفز البنات. الولد يقفز.
لم تقفز البنات. قفز الولد.
الولد والبنات يقفزون.

2-11 مُرَاجَعَة الْوِحْدَة الثَّانِيَة.

01 الْمَرْأَة تَبْتَسِم.
الْمَرْأَة تُشِيرُ بِيَدِهَا.
الْمَرْأَة تَقْرَأ.
الْمَرْأَة تَتَكَلَّم فِي الْهَاتِف.

02 شَخْص لَيْسَ طِفْلاً
شَخْص لَيْسَ رَاشِدًا
حَيَوَان لَيْسَ قِطًّا
حَيَوَان لَيْسَ كَلْبًا

03 صُنْدُوق كَبِير
سَفِينَة كَبِيرَة
صُنْدُوق صَغِير
سَفِينَة صَغِيرَة

04 الدَّائِرَة الزَّرْقَاء أَصْغَر مِنَ الدَّائِرَة الْحَمْرَاء.
الدَّائِرَة الْحَمْرَاء أَصْغَر مِنَ الدَّائِرَة الزَّرْقَاء.
الدَّائِرَة أَصْغَر مِنْ الْمُرَبَّع.
الْمُرَبَّع أَصْغَر مِنَ الدَّائِرَة.

05 إِحْدَى الْمَرْأَتَيْن تُشِير. إِنَّهَا تُشِير بِيَدِهَا الْيُمْنَى.
إِحْدَى الْمَرْأَتَيْن تُشِير. إِنَّهَا تُشِير بِيَدِهَا الْيُسْرَى.
كِلْتَا الْمَرْأَتَيْن تُشِير. وَاحِدَة تُشِيرُ بِيَدِهَا الْيُمْنَى وَالأُخْرَى بِيَدِهَا الْيُسْرَى.
وَلاَ وَاحِدَة مِنَ الْمَرْأَتَيْن تُشِير.

06 تَسْتَعْمِلُ الْمَرْأَة الْهَاتِف.
تَسْتَعْمِلُ الْبِنْت الْهَاتِف.
تُشِيرُ الْمَرْأَة بِيَدِهَا.
لاَ تَسْتَعْمِلُ الْمَرْأَة الْهَاتِف وَلاَ تُشِير بِيَدِهَا.

07 الرِّجَال وَالنِّسَاء يَقِفُون.
النِّسَاء يَقِفْنَ وَالرِّجَال يَجْلِسُون.
النِّسَاء وَرَجُل واحِد يَقِفُون وَيَجْلِسُ رَجُلُ وَاحِد.
الرِّجَال وَإِحْدَى النِّسَاء يَجْلِسُون وَتَقِفُ إِمْرَأَة.

08 الرَّجُل إِلَى جَانِب الْمَرْأَتَيْن.
الرَّجُل بَيْنَ الْمَرْأَتَيْن.
الْكَلْب بَيْنَ شَخْصَيْن.
الْكَلْب إِلَى جَانِب الشَّخْصَيْن.

09 هُوَ يَلْمَس أَنْفَه.
هُوَ يَلْمَس فَمَه.
هِيَ تَلْمَس عَيْنَهَا.
هِيَ تَلْمَس ذَقْنَهَا.

10 سَوْفَ لاَ تَقْفِز الْبَنَات. سَيَقْفِز الْوَلَد.
لاَ تَقْفِز الْبَنَات. الْوَلَد يَقْفِز.
لَمْ تَقْفِز الْبَنَات. قَفَزَ الْوَلَد.
الْوَلَد وَالْبَنَات يَقْفِزون.

3-01 وصف الناس: الصفات.

01 إمرأة عجوز
شابة
شاب
رجل عجوز

02 مجموعة راقصين
راقصان
مجموعة عدائين
عداءان

03 هذا الشاب له شعر قصير.
هذا الشاب له شعر طويل.
الشابتان لهما شعر طويل.
إحدى الشابتين لها شعر طويل والأخرى لها شعر قصير.

04 من له شعر أسود قصير؟
من له شعر أشقر طويل؟
من له شعر بني طويل؟
من الأصلع؟

05 هذه الشابة لها شعر مجعد.
هذا الشاب له شعر مجعد.
هذه الشابة لها شعر ناعم.
هذا الشاب له شعر ناعم.

06 من له شعر ناعم أسود قصير؟
من له شعر مجعد أسود طويل؟
من له شعر مجعد أسود قصير؟
من له شعر ناعم أسود طويل؟

07 الرجل الذي على اليمين بدين. الرجل الذي على اليسار نحيف.
النساء نحيفات
الْمرأتان بدينتان جدا.
الرجل الذي على اليسار بدين. الرجل الذي على اليمين نحيف.

08 الْمهرج الذي على اليسار قصير. الْمهرج الذي على اليمين طويل.
الْمهرج الذي على اليسار طويل. الْمهرج الذي على اليمين قصير.
الْمرأة ذات الْملابس الحمراء قصيرة.
الْمرأة ذات الْملابس الحمراء طويلة.

09 أي رجل طويل يلبس نظارات؟
أي رجل طويل لا يلبس نظارات؟
أي شخص قصير لا يلبس نظارات؟
أي شخص قصير يلبس نظارات؟

10 شعر الْمرأة أسود.
شعر الْمرأة أشقر وناعم.
شعر الْمرأة مجعد وأشقر.
شعر الْمرأة رمادي.

3-01 وَصْفُ النَّاس: الصِّفَات.

01 إِمْرَأَة عَجُوز
شَابَّة
شَاب
رَجُل عَجُوز

02 مَجْمُوعَة رَاقِصِين
رَاقِصَان
مَجْمُوعَة عَدَّائِين
عَدَّاءَان

03 هَذَا الشَّاب لَهُ شَعْر قَصِير.
هَذَا الشَّاب لَهُ شَعْر طَوِيل.
الشَّابَتَان لَهُمَا شَعْر طَوِيل.
إِحْدَى الشَّابَّتَيْن لَهَا شَعْر طَوِيل وَالأُخْرَى لَهَا شَعْر قَصِير.

04 مَنْ لَهُ شَعْرٌ أَسْوَد قَصِير؟
مَنْ لَهُ شَعْر أَشْقَر طَوِيل؟
مَنْ لَهُ شَعْرٌ بُنِّي طَوِيل؟
مَنْ الأَصْلَع؟

05 هَذه الشَّابَّة لَهَا شَعْر مُجَعَّد.
هَذَا الشَّاب لَهُ شَعْر مُجَعَّد.
هَذه الشَّابَّة لَهَا شَعْر نَاعِم.
هَذَا الشَّاب لَهُ شَعْر نَاعِم.

06 مَنْ لَهُ شَعْر نَاعِم أَسْوَد قَصِير؟
مَنْ لَهُ شَعْر مُجَعَّد أَسْوَد طَوِيل؟
مَنْ لَهُ شَعْر مُجَعَّد أَسْوَد قَصِير؟
مَنْ لَهُ شَعْر نَاعِم أَسْوَد طَوِيل؟

07 الرَّجُل الَّذِي عَلَى الْيَمِين بَدِين. الرَّجُل الَّذِي عَلَى الْيَسَار نَحِيف.
الْنِسَاء نَحِيفَات.
الْمَرْأَتَان بَدِينَتَان جِدّا.
الرَّجُل الَّذِي عَلَى الْيَسَار بَدِين. الرَّجُل الَّذِي عَلَى الْيَمِين نَحِيف.

08 الْمُهَرِّج الَّذِي عَلَى الْيَسَار قَصِير. الْمُهَرِّج الَّذِي عَلَى الْيَمِين طَوِيل.
الْمُهَرِّج الَّذِي عَلَى الْيَسَار طَوِيل. الْمُهَرِّج الَّذِي عَلَى الْيَمِين قَصِير.
الْمَرْأَة ذَات الْمَلاَبِس الْحَمْرَاء قَصِيرَة.
الْمَرْأَة ذَات الْمَلاَبِس الْحَمْرَاء طَوِيلَة.

09 أَيُّ رَجُل طَوِيل يَلْبَسُ نَظَّارَات؟
أَيُّ رَجُلٍ طَوِيل لاَ يَلْبَسُ نَظَّارَات؟
أَيُّ شَخْصٍ قَصِير لاَ يَلْبَسُ نَظَّارَات؟
أَيُّ شَخْصٍ قَصِير يَلْبَسُ نَظَّارَات؟

10 شَعْرُ الْمَرْأَة أَسْوَد.
شَعْرُ الْمَرْأَة أَشْقَر وَنَاعِم.
شَعْرُ الْمَرْأَة مُجَعَّد وَأَشْقَر.
شَعْرُ الْمَرْأَة رَمَادِي.

3-02 التعبير عن الكمية.

01 أولاد كثيرون
ولد واحد
بالونات كثيرة
بالونات قليلة

02 قبعات كثيرة
قبعة واحدة
مظلات كثيرة
مظلة واحدة

03 رغيف واحد من الخبز
أرغفة كثيرة من الخبز
رغيفان من الخبز
لا خبز

04 راعي أبقار مع حصان
راعي أبقار بدون حصان
راعيا أبقار مع عدة خيول
كثير من قبعات رعاة الأبقار ولا رعاة أبقار

05 كم نقودا معدنية هناك؟ هناك كثير من النقود الْمعدنية.
كم بلية هناك؟ هناك بلية واحدة.
كم بلية هناك؟ هناك قليل من البلي.
كم بلية هناك؟ هناك بلي كثيرة.

06 طماطم كثيرة وقليل من الْموز.
تفاح كثير ولا موز
طماطم كثيرة ولا موز
موز كثير ولا تفاح

07 الكراسي أكثر من الْموائد.
الحافلات أكثر من السيارات.
الطماطم أكثر من الْموز.
عدد الرجال كعدد النساء.

08 الناس أكثر من الخيول.
الخيول أكثر من الناس.
عدد الْمظلات كعدد الناس.
الناس أكثر من الْمظلات.

09 الخيول أقل من الناس.
الناس أقل من الخيول.
الْمظلات أقل من الناس.
عدد الناس كعدد الخيول.

10 عدد البنات كعدد الأولاد.
البنات أقل من الأولاد.
البنات أكثر من الأولاد.
لا يوجد بنات ولا أولاد.

3-02 التَّعْبير عَنِ الكَميَّة.

01 أَوْلادٌ كَثيرُون
وَلَد وَاحِد
بَالُونَات كَثِيرَة
بَالُونَات قَلِيلَة

02 قُبَّعَات كَثِيرَة
قُبَّعَة وَاحِدَة
مِظَلاّت كَثِيرَة
مِظَلَّة وَاحِدَة

03 رَغِيفٌ وَاحِد مِنَ الْخُبْز
أَرْغِفَة كَثِيرَة مِنَ الْخُبْز
رَغِيفَان مِنَ الْخُبْز
لاَ خُبْز

04 رَاعِي أَبْقَار مَعَ حِصَان
رَاعِي أَبْقَار بِدُونِ حِصَان
رَاعِيا أَبْقَار مَعَ عِدَّةِ خُيُول
كَثِيرٌ مِنْ قُبَّعَاتِ رُعَاةِ الأَبْقَار وَلاَ رُعَاةَ أَبْقَار.

05 كَمْ نُقودًا مَعْدنيَّة هُنَاك؟ هُنَاكَ كَثِيرٌ مِنَ النُّقُود الْمَعْدنيَّة.
كَمْ بِلْيَة هُنَاك؟ هُنَاكَ بِلْيَة وَاحِدَة.
كَمْ بِلْيَة هُنَاك؟ هُنَاكَ قَلِيلٌ مِنَ الْبِلي.
كَمْ بِلْيَة هُنَاك؟ هُنَاك بِلْي كَثِيرَة.

06 طَمَاطِم كَثِيرَة وَقَلِيلٌ مِنَ الْمَوْز.
تُفَّاحٌ كَثِير وَلاَ مَوْز.
طَمَاطِم كَثِيرَة وَلاَ مَوْز.
مَوْزٌ كَثِير وَلاَ تُفَّاح.

07 الْكَرَاسِي أَكْثَر مِنَ الْمَوَائد.
الْحَافِلاَت أَكْثَر مِنَ السَّيَّارَات.
الطَّمَاطِم أَكْثَر مِنَ الْمَوْز.
عَدَدُ الرِّجَال كَعَدَد النِّسَاء.

08 النَّاس أَكْثَرُ مِنَ الْخُيُول.
الْخُيُول أَكْثَر مِنَ النَّاس.
عَدَدُ الْمظَلاَّت كَعَدَد النَّاس.
النَّاس أَكْثَر مِنَ الْمِظَلاَّت.

09 الْخُيُول أَقَلّ مِنَ النَّاس.
النَّاس أَقَلّ مِنَ الْخُيُول.
الْمِظَلاَّت أَقَلُّ مِنَ النَّاس.
عَدَدُ النَّاس كَعَدَدِ الْخُيُول.

10 عَدَدُ الْبَنَات كَعَدَد الأَوْلاَد.
الْبَنَات أَقَلُّ مِنَ الأَوْلاَد.
الْبَنَات أَكْثَرُ مِنَ الأَوْلاَد.
لاَ يُوجَد بَنَات وَلاَ أَوْلاَد.

3-03 الْملابس.

01 يلبس الرجل كنزة زرقاء.
تلبس البنتان فستانين.
يلبس الولد كنزة حمراء.
تلبس الْمرأة كنزة بنفسجية.

02 تلبس الْمرأة قميصا أسود.
تلبس الْمرأة سروالا أسود.
يلبس الولد قميصا أزرق.
يلبس الولد سروالا أزرق.

03 حذاءان
حذاء واحد
جوربان
جورب واحد

04 هي تلبس كنزة حمراء بأبيض.
هي تلبس بلوزة بنفسجية.
هو يلبس كنزة.
هو لا يلبس كنزة.

05 هي تلبس كنزة حمراء بأبيض وجينز.
تلبس الْمرأة فستانا أحمر.
تلبس الْمرأة معطفا أحمر.
هي تلبس تنورة حمراء.

06 هو يلبس سروالا قصيرا أسود وقميصا أبيض.
شخص يلبس صدارا أصفر ويلبس الشخص الآخر صدارا أحمر.
إمرأة تلبس فستانا أصفر وأخرى تلبس فستانا أحمر.
هي لا تلبس أي شيء.

07 هي تلبس فستانا.
هي تلبس سروالا.
هي تلبس سروالا قصيرا.
هي تلبس تنورة.

08 هو يلبس قميصا أزرق.
هو يلبس سروالا أزرق.
هو يلبس كنزة زرقاء.
هو يلبس سترة زرقاء.

09 هو يشرع في لبس الجورب.
هو يشرع في لبس الحذاء.
هو يشرع في لبس القميص.
هو يشرع في لبس السروال.

10 يلبس الْمهرج سروالا.
يشرع الْمهرج في لبس السروال.
الرجل ذو النظارات يلبس كنزة.
الرجل ذو النظارات يشرع في لبس كنزة.

3-03 الْمَلاَبِس.

01 يَلْبَسُ الرَّجُلُ كَنْزَةً زَرْقَاء.
تَلْبَسُ الْبِنْتَان فُسْتَانَين.
يَلْبَسُ الْوَلَدُ كَنْزَةً حَمْرَاء.
تَلْبَسُ الْمَرْأَةُ كَنْزَةً بَنَفْسَجِيَّة.

02 تَلْبَسُ الْمَرْأَةُ قَمِيصاً أَسْوَد.
تَلْبَسُ الْمَرْأَةُ سِرْوالاً أَسْوَد.
يَلْبَسُ الْوَلَدُ قَمِيصاً أَزْرَق.
يَلْبَسُ الْوَلَدُ سِرْوَالاً أَزْرَق.

03 حِذَاءَان
حِذَاءٌ وَاحِد
جَوْرَبَان
جَوْرَبٌ وَاحِد

04 هِيَ تَلْبَسُ كَنْزَةً حَمْرَاءَ بِأَبْيَض.
هِيَ تَلْبَسُ بُلُوزَةً بَنَفْسَجِيَّة.
هُوَ يَلْبَسُ كَنْزَة.
هُوَ لاَ يَلْبَسُ كَنْزَة.

05 هِيَ تَلْبَسُ كَنْزَةً حَمْرَاءَ بِأَبْيَض وَجِينْز.
تَلْبَسُ الْمَرْأَةُ فُسْتَاناً أَحْمَر.
تَلْبَسُ الْمَرْأَةُ مِعْطَفَاً أَحْمَر.
هِيَ تَلْبَسُ تَنُّورَةً حَمْرَاء.

06 هُوَ يَلْبَسُ سِرْوَالاً قَصِيراً أَسْوَد وَقَمِيصاً أَبْيَض.
شَخْصٌ يَلْبَسُ صِدَاراً أَصْفَر وَيَلْبَسُ الشَّخْصُ الآخَرُ صِدَاراً أَحْمَر.
إِمْرَأَة تَلْبَسُ فُسْتَاناً أَصْفَر وَأُخْرَى تَلْبَسُ فُسْتَاناً أَحْمَر.
هِيَ لاَ تَلْبَسُ أَيَّ شَيْء.

07 هِيَ تَلْبَسُ فُسْتَاناً.
هِيَ تَلْبَسُ سِرْوَالاً.
هِيَ تَلْبَسُ سِرْوَالاً قَصِيراً.
هِيَ تَلْبَسُ تَنُّورَة.

08 هُوَ يَلْبَسُ قَمِيصًا أَزْرَق.
هُوَ يَلْبَسُ سِرْوَالاً أَزْرَق.
هُوَ يَلْبَسُ كَنْزَةً زَرْقَاء.
هُوَ يَلْبَسُ سُتْرَةً زَرْقَاء.

09 هُوَ يَشْرَعُ فِي لِبْسِ الْجَوْرَب.
هُوَ يَشْرَعُ فِي لِبْسِ الْحِذَاء.
هُوَ يَشْرَعُ فِي لِبْسِ الْقَمِيص.
هُوَ يَشرَعُ فِي لِبْسِ السِّرْوَال.

10 يَلْبَسُ الْمُهَرِّجُ سِرْوَالاً.
يَشْرعُ الْمُهَرِّجُ فِي لِبْس السِّرْوَال.
الرَّجُلُ ذُو النَّظَّارَاتِ يَلْبَسُ كَنْزَة.
الرَّجُلُ ذُو النَّظَّارَاتِ يَشْرَعُ فِي لِبْسِ كَنْزَة.

3-04 الداخل والخارج: الحروف.

01 يجلس الولد إلى الْمائدة.
الولد تحت الْمائدة.
يقف الأطفال على الْمائدة.
يلعب الأولاد نط الحبل.

02 من يجري؟ الرجال يجرون.
من يجلس؟ الولد يجلس.
من يجري؟ البنات يجرين.
من يقفز؟ الأطفال يقفزون.

03 كم طفلا يقفز؟ ثلاثة أطفال يَقْفِزون.
كم طفلا يقف؟ ثلاثة أطفال يَقِفُون.
كم طفلا يقفز؟ أربعة أطفال يَقْفِزون.
كم طفلا يقف على الْمائدة؟ بنت واحدة.

04 كم بنتا تلبس قميصا أبيض؟ بنت واحدة.
كم بنتا تلبس قميصا أبيض؟ إثنتان.
كم ولدا يجلس؟ ولد واحد.
كم ولدا يجلس؟ إثنان.

05 البنت فوق الْمائدة. إنها تقفز بالحبل.
ثلاثة أطفال يلعبون. إنهم يلعبون نط الحبل.
الأطفال على الْمائدة. إنهم لا يلعبون نط الحبل.
الولد يجري. إنه لا يلعب نط الحبل.

06 البنت التي على الْمائدة تلعب نط الحبل.
الولد يلف الحبل والبنت تقفز.
يجري الولد الذي لا يقفز بالحبل.
الولد الذي لا يجري يقفز بالحبل.

07 هذه القطة بالخارج.
هذه القطة بالداخل.
هذه الزهور بالخارج.
هذه الزهور بالداخل.

08 هذا هو الْمنزل من الخارج.
هذا هو الْمنزل من الداخل.
هذه هي الكنيسة من الخارج.
هذه هي الكنيسة من الداخل.

09 يرقد الولد في الخارج.
يرقد الولد في الداخل.
هذا هو الْمبنى من الخارج.
هذا هو الْمبنى من الداخل.

10 أي ولد في الداخل؟
أي ولد في الخارج؟
أي الأطفال في الخارج؟
أي طفلين في الداخل؟

3-04 الدَّاخِل وَالْخَارِج: الْحُرُوف.

01 يَجْلِسُ الْوَلَد إِلَى الْمَائِدَة.
الْوَلَد تَحْتَ الْمَائِدَة.
يَقِفُ الأَطْفَال عَلَى الْمَائِدَة.
يَلْعَبُ الأَطْفَال نَطَّ الْحَبْل.

02 مَنْ يَجْرِي؟ الرِّجَال يَجْرُون.
مَنْ يَجْلِس؟ الْوَلَد يَجْلِس.
مَنْ يَجْرِي؟ الْبَنَات يَجْرِين.
مَنْ يَقْفِز؟ الأَطْفَال يَقْفِزُون.

03 كَمْ طِفْلاً يَقْفِز؟ ثَلاَثَةُ أَطْفَال يَقْفِزُون.
كَمْ طِفْلاً يَقِف؟ ثَلاَثَةُ أَطْفَال يَقِفُون.
كَمْ طِفْلاً يَقْفِز؟ أَرْبَعَةُ أَطْفَال يَقْفِزُون.
كَمْ طِفْلاً يَقِفُ عَلَى الْمَائِدَة؟ بِنْتٌ وَاحِدَة.

04 كَمْ بِنْتًا تَلْبِسُ قَمِيصًا أَبْيَض؟ بِنْتٌ وَاحِدَة.
كَمْ بِنْتًا تَلْبِسُ قَمِيصًا أَبْيَض؟ إِثْنَتَان.
كَمْ وَلَدًا يَجْلِس؟ وَلَدٌ وَاحِد.
كَمْ وَلَدًا يَجْلِس؟ إِثْنَان.

05 الْبِنْت فَوْقَ الْمَائِدَة. إِنَّهَا تَقْفِزُ بِالْحَبْل.
ثَلاَثَةُ أَطْفَال يَلْعَبُون. إِنَّهُمْ يَلْعَبُونَ نَطَّ الْحَبْل.
الأَطْفَال عَلَى الْمَائِدَة. إِنَّهُمْ لاَ يَلْعَبُونَ نَطَّ الْحَبْل.
الْوَلَدُ يَجْرِي. إِنَّهُ لاَ يَلْعَبُ نَطَّ الْحَبْل.

06 الْبِنْتُ الَّتِي عَلَى الْمَائِدَة تَلْعَبُ نَطَّ الْحَبْل.
الْوَلَد يَلُفُّ الْحَبْل وَالْبِنْتُ تَقْفِز.
يَجْرِي الْوَلَدُ الَّذِي لاَ يَقْفِزُ بِالْحَبْل.
الْوَلَدُ الَّذِي لاَ يَجْرِي يَقْفِزُ بِالْحَبْل.

07 هَذِهِ الْقِطَّة بِالْخَارِج.
هَذِهِ الْقِطَّة بِالدَّاخِل.
هَذِهِ الزُّهُور بِالْخَارِج.
هَذِهِ الزُّهُور بِالدَّاخِل.

08 هَذَا هُوَ الْمَنْزِل مِنَ الْخَارِج.
هَذَا هُوَ الْمَنْزِل مِنَ الدَّاخِل.
هَذِهِ هِيَ الْكَنِيسَة مِنَ الْخَارِج.
هَذِهِ هِيَ الْكَنِيسَة مِنَ الدَّاخِل.

09 يَرْقُدُ الْوَلَد فِي الْخَارِج.
يَرْقُدُ الْوَلَد فِي الدَّاخِل.
هَذَا هُوَ الْمَبْنَى مِنَ الْخَارِج.
هَذَا هُوَ الْمَبْنَى مِنَ الدَّاخِل.

10 أَيُّ وَلَد فِي الدَّاخِل؟
أَيُّ وَلَد فِي الْخَارِج؟
أَيُّ الأَطْفَال فِي الْخَارِج؟
أَيُّ طِفْلَين فِي الدَّاخِل؟

3-05 الألوان والأعداد.

01 ما لون البيضة؟ إنها زرقاء.
ما لون البيضة؟ إنها صفراء.
ما لون البيضة؟ إنها حمراء.
ما لون البيضة؟ إنها وردية.

02 أي حصان تَمشطه البنت؟ الحصان البني.
أي حصان أبيض؟
أي حصان يأكل؟ الحصان الرمادي يأكل.
أي حصان أسود؟

03 كلب أسود بأبيض
قطة أسود بأبيض
كلب بني
قطة بني بأبيض

04 عشب أخضر وطاقية خضراء
زهور صفراء
قميص أحمر
مبنى أبيض

05 الحصان على خلفية صفراء.
الحصان على خلفية بنفسجية.
الحصان على خلفية زرقاء.
الحصان على خلفية حمراء.

06 مياه زرقاء
برتقالي وأصفر
أصفر وأسود
عشب أخضر

07 زهرتان حمراوان
زهرتان أبيض بأصفر
زهرة صفراء وزهرة حمراء وزهرة وردية
زهور وردية

08 ثلاثة
سبعة
تسعة
أربعة

09 عشرة
تسعة
خمس كرات
ست كرات

10 كرة واحدة
كرتان
ثمانية أصابع
خمسة

3-05 الأَلْوَان وَالأَعْدَاد.

01 مَا لَوْنُ الْبَيْضَة؟ إِنَّهَا زَرْقَاء.
مَا لَوْنُ الْبَيْضَة؟ إِنَّهَا صَفْرَاء.
مَا لَوْنُ الْبَيْضَة؟ إِنَّهَا حَمْرَاء.
مَا لَوْن الْبَيْضَة؟ إِنَّهَا وَرْدِيَّة.

02 أَيُّ حِصَانٍ تَمْشِطهُ الْبِنْت؟ الْحِصَان الْبُنِّي.
أَيُّ حِصَانٍ أَبْيَض؟
أَيُّ حِصَانٍ يَأْكُل؟ الْحِصَان الرَّمَادِي يَأْكُل.
أَيُّ حِصَانٍ أَسْوَد؟

03 كَلْبٌ أَسْوَد بِأَبْيَض
قطَّة أَسَود بِأَبْيَض
كَلْبٌ بُنِّي
قِطَّة بُنِّي بِأَبْيَض

04 عُشْب أَخْضَر وَطَاقِيَة خَضْرَاء
زُهُور صَفْرَاء
قَمِيص أَحْمَر
مَبْنَى أَبْيَض

05 الْحِصَان عَلَى خَلْفِيَّة صَفْرَاء.
الْحِصَان عَلَى خَلْفِيَّة بَنَفْسَجِيَّة.
الْحِصَان عَلَى خَلْفِيَّة زَرْقَاء.
الْحِصَان عَلَى خَلْفِيَّة حَمْرَاء.

06 مِيَاهُ زَرْقَاء
بُرْتُقَالِي وَأَصْفَر
أَصْفَر وَأَسْوَد
عُشْب أَخْضَر

07 زَهْرَتَان حَمْرَاوَان
زَهْرَتَان أَبْيَض بِأَصْفَر
زَهْرَة صَفْرَاء وَزَهْرَة حَمْرَاء وَزَهْرَة وَرْدِيَّة
زُهُور وَرْدِيَّة

08 ثَلاثَة
سَبْعَة
تِسْعَة
أَرْبَعَة

09 عَشرَة
تِسْعَة
خَمْس كُرَات
سِتّ كُرَات

10 كُرَة وَاحِدَة
كُرَتَان
ثَمَانِيَة أَصَابِع
خَمْسَة

3-06 الحيوان: حقيقي وغير حقيقي.

01 سمكتان رماديتان تسبحان.
سمكة رمادية تسبح.
كلب أبيض يَمشي.
قطة تَمشي.

02 كانغرو
قطيع من الْماعز
قطيع من الأبقار
بقرتان تجريان.

03 تقف خراف كثيرة
سلحفاة
أسد
إوزة سوداء

04 إوزة بيضاء
الطائر يجلس.
زرافة
طائر يطير.

05 خنزيران
دب
بقرتان
نَمر

06 خروف
فيل
يقف الجمل على ثلاثة أرجل.
يقف الجمل على أربعة أرجل.

07 هذا الحصان ليس حقيقيا.
هذا الحصان حقيقي.
هذا الطائر ليس حقيقيا.
هذا الطائر حقيقي.

08 البقرتان ليستا حقيقيتين.
البقرتان حقيقيتان.
هذا الحصان حقيقي.
الحصان الهزاز ليس حصانا حقيقيا.

09 أي قطة حقيقية؟
أي قطة ليست حقيقية؟
أي خروف ليس حقيقيا؟
أي خروف حقيقي؟

10 النمر الأبيض يَمشي.
النمر الأبيض يرقد.
النمر الأبيض يتسلق.
تنين

3-06 الْحَيَوَان: حَقِيقِي وَغَيْرُ حَقِيقِي.

01 سَمَكَتَان رَمادِيَّتَان تَسْبَحَان.
سَمَكَة رَمَادِيَّة تَسْبَح.
كَلْبُ أَبْيَض يَمْشِي.
قِطَّة تَمْشِي.

02 كَانْغُرو
قَطِيع مِنَ الْمَاعِز
قَطِيع مِنَ الأَبْقَار
بَقَرَتَان تَجْرِيَان.

03 تَقِفُ خِرَافُ كَثِيرَة
سُلَحْفَاة
أَسَد
إِوزَّة سَوْدَاء

04 إِوزَّة بَيْضَاء
الطَّائِر يَجْلِس.
زَرَافَة
طَائِر يَطِير.

05 خِنْزِيرَان
دُبّ
بَقَرَتَان
نَمِر

06 خَرُوف
فِيل
يَقِفُ الْجَمَل عَلَى ثَلاَثَة أَرْجُل.
يَقِفُ الْجَمَل عَلَى أَرْبَعَةِ أَرْجُل.

07 هَذَا الْحِصَانُ لَيْسَ حَقِيقِيًا.
هَذَا الْحِصَان حَقِيقِي.
هَذَا الطَّائِر لَيس حَقِيقِيًا.
هَذَا الطَّائِر حَقِيقِي.

08 الْبَقَرَتَان لَيْسَتَا حَقِيقِيَّتَيْن.
الْبَقَرَتَان حَقِيقِيَّتَان.
هَذَا الْحِصَان حَقِيقِي.
الْحِصَانُ الْهَزَّاز لَيْسَ حِصَانَاً حَقِيقِيَّاً.

09 أَيُّ قِطَّةٍ حَقِيقِيَّة؟
أَيُّ قِطَّةٍ لَيْسَتْ حَقِيقِيَّة؟
أَيُّ خَرُوفٍ لَيْسَ حَقِيقِيّاً؟
أَيُّ خَروفٍ حَقِيقِي؟

10 النَّمِرُ الأَبْيَض يَمْشِي.
النَّمِرُ الأَبْيَض يَرْقُد.
النَّمِرُ الأَبْيَض يَتَسَلَّق.
تِنِّين

3-07 الإنسان: الصفات.

01 الْمرأة جائعة.
الرجل جائع.
الْمرأة شبعانة.
الرجل شبعان.

02 هما يشعران بالبرد.
هما يشعران بالحر.
هو بردان.
هو حران.

03 هي مرهقة.
هي ليست مرهقة.
هما مرهقان.
هما ليسا مرهقَين.

04 هو قوي.
هو ضعيف.
هما لا يشعران بالإرهاق.
هما يشعران بالحر والإرهاق.

05 الرجل مريض.
الرجل بصحة جيدة.
الطائر جميل.
الطائر قبيح.

06 الرجل ليس شبعانا.
الرجل ليس جائعا.
الْمرأة ليست شبعانة.
الْمرأة ليست جائعة.

07 الولد والكلب سعيدان.
الولد والكلب حزينان.
الرجل سعيد.
الْمرأة حزينة.

08 هما مرهقان.
هي مرهقة. هو ليس مرهقا.
هو مرهق. هما ليسا مرهقين.
هو مرهق. هي ليست مرهقة.

09 هو مريض.
هو عطشان.
هو بردان.
هو غني.

10 أحدهما عطشان.
أحدهما جائع.
هما لا يشعران بالحر.
هما يشعران بالحر والإرهاق.

3-07 الإِنْسَان: الصِّفَات.

01 الْمَرْأَة جَائِعَة.
الرَّجُل جَائِع.
الْمَرْأَة شَبْعَانَة.
الرَّجُل شَبْعَان.

02 هُمَا يَشْعُرَان بِالْبَرْد.
هُمَا يَشْعُرَان بِالْحَرّ.
هُوَ بَرْدَان.
هُوَ حَرَّان.

03 هِيَ مُرْهَقَة.
هِيَ لَيْسَتْ مُرْهَقَة.
هُمَا مُرْهَقَان.
هُمَا لَيْسَا مُرْهَقَين.

04 هُوَ قَوِيّ.
هُوَ ضَعِيف.
هُمَا لاَ يَشْعُرَان بِالإِرْهَاق.
هُمَا يَشْعُرَانِ بِالْحَرِّ وَالإِرْهَاق.

05 الرَّجُل مَرِيض.
الرَّجُل بِصِحَّة جَيِّدَة.
الطَّائِر جَمِيل.
الطَّائِر قَبِيح.

06 الرَّجُل لَيْسَ شَبْعَاناً.
الرَّجُل لَيْسَ جَائعاً.
الْمَرْأَة لَيْسَت شَبْعَانَة.
الْمَرْأَة لَيْسَت جَائِعَة.

07 الْوَلَد وَالْكَلْب سَعِيدَان.
الْوَلَد وَالْكَلْب حَزِينَان.
الرَّجُل سَعِيد.
الْمَرْأَة حَزِينَة.

08 هُمَا مُرْهَقَان.
هِيَ مُرْهَقَة. هُوَ لَيْسَ مَرْهَقًا.
هُوَ مُرْهَق. هُمَا لَيْسَا مُرْهَقَين.
هُوَ مُرْهَق. هِيَ لَيْسَت مُرْهَقَة.

09 هُوَ مَرِيض.
هُوَ عَطْشَان.
هُوَ بَرْدَان.
هُوَ غَنِيّ.

10 أَحَدُهُمَا عَطْشَان.
أَحَدُهُمَا جَائِع.
هُمَا لاَ يَشْعُرَان بِالْحَرّ.
هُمَا يَشْعُرَان بِالْحَرّ وَالإِرْهَاق.

3-08 الْمهن والحالات: الصفات.

01 طبيب
مُمرضة
ميكانيكي
طالبة

02 شرطي
طبيب أسنان
نجار
عالِمة

03 سكرتيرة
طباخ
مدرسة
نادل

04 إنه محرج.
إنه متألم.
إنه خائف.
إنه مريض.

05 ليس الرجل حرانا.
ليس الرجل بردانا.
الرجل خائف.
الرجل طبيب.

06 الرجل فخور بابنه.
الرجل فخور بسيارته.
الرجل نحيف.
الرجل بدين.

07 مصرف
مركز شرطة
هذا الرجل غني.
هذا الرجل يسحب نقودا من الْمصرف.

08 إنه يتألم.
إنه يطبخ.
إنها تطبخ.
إنه يشعر بالحرج.

09 الْممرضة تعتني بالرجل.
الطبيب يعتني بالرجل.
الْميكانيكي يصلح السيارة.
طبيب الأسنان يعالج أسنان الرجل.

10 الخباز يصنع الخبز.
السكرتيرة تطبع على الآلة الكاتبة.
الْمدرسة تدرس التلاميذ.
التلميذان يقرءان.

3-08 الْمِهَن وَالْحَالاَت: الصِّفَات.

01 طَبِيب
مُمَرِّضَة
مِيكَانِيكِي
طَالِبَة

02 شُرْطِي
طَبِيب أَسْنَان
نَجَّار
عَالِمَة

03 سِكْرِتِيرَة
طَبَّاخ
مُدَرِّسَة
نَادِل

04 إِنَّهُ مُحْرَج.
إِنَّهُ مُتَأَلِّم.
إِنَّهُ خَائِف.
إِنَّهُ مَرِيض.

05 لَيْسَ الرَّجُل حَرَّانًا.
لَيْسَ الرَّجُل بَرْدَانًا.
الرَّجُل خَائِف.
الرَّجُل طَبِيب.

06 الرَّجُل فَخُور بِإِبْنِه.
الرَّجُل فَخُور بِسَيَّارَتِه.
الرَّجُل نَحِيف.
الرَّجُل بَدِين.

07 مَصْرِف
مَرْكَز شُرْطَة
هَذَا الرَّجُل غَنِيّ.
هَذَا الرَّجُل يَسْحَب نُقُودًا مِنَ الْمَصْرِف.

08 إِنَّهُ يَتَأَلَّم.
إِنَّهُ يَطْبُخ.
إِنَّهَا تَطْبُخ.
إِنَّهُ يَشْعُر بِالْحَرَج.

09 الْمُمَرِّضَة تَعْتَنِي بِالرَّجُل.
الطَّبِيب يَعْتَنِي بِالرَّجُل.
الْمِيكَانِيكِي يُصْلِح السَّيَّارَة.
طَبِيب الأَسْنَان يُعَالِج أَسْنَان الرَّجُل.

10 الْخَبَّاز يَصْنَع الْخُبْز.
السِّكْرِتِيرَة تَطْبَع عَلَى الآلَة الْكَاتِبَة.
الْمُدَرِّسَة تُدَرِّس التَّلاَمِيذ.
الْتِلْمِيذَان يَقْرَءَان.

3-09 الصور وأعضاء الجسم.

01 ذراع
ذراعان
ثلاثة أذرع
أربعة أذرع

02 هل هناك ستة أصابع؟ لا، هناك أربعة أصابع.
هل هناك ثلاثة أذرع؟ لا، هناك أربعة أذرع.
هل هناك أربعة أرجل؟ نعم، هناك أربعة أرجل.
هل هناك ستة أصابع؟ لا، هناك خمسة.

03 أرجل حصان
أذرع إنسان
أرجل الفيل
أرجل إنسان

04 رأسه بين ذراعيه.
يداها على ركبتيها.
يده على ذراعه.
تغطي عينيها بيديها.

05 القبعة على رأسه.
القبعة على قدمه.
القبعة في يده.
القبعة في فمه.

06 هذه زهور حقيقية.
هذه صورة لزهور.
هذه امرأة حقيقية.
هذه صورة لإمرأة.

07 رجل حقيقي
صورة لرجل
تِمثال لرجل
أرنب حقيقي

08 الصور على الحائط.
الصور على الأرضية.
الصورة على الحائط.
هناك صورة على الأرضية.

09 هناك صورة لقطط على هذا القميص.
هناك صورة دب على هذا القميص.
هناك صورة وجه مبتسم على هذا القميص.
ليس على هذا القميص صور.

10 أي رجل يركب الحصان حقيقي؟
أي رجل يركب الحصان تِمثال؟
أي رأس ليس حقيقيا؟
أي رأس حقيقي؟

3-09 الصُّور وأَعْضاء الْجِسْم.

01 ذِرَاع
ذِرَاعَان
ثَلاَثَة أَذْرُع
أَرْبَعَة أَذْرُع

02 هَلْ هُنَاكَ سِتَّة أَصَابِع؟ لاَ، هُنَاكَ أَرْبَعَة أَصَابِع.
هَلْ هُنَاكَ ثَلاَثَة أَذْرُع؟ لاَ، هُنَاكَ أَرْبَعَة أَذْرُع.
هَلْ هُنَاكَ أَرْبَعَة أَرْجُل؟ نَعَمْ، هُنَاكَ أَرْبَعَة أَرْجُل.
هَلْ هُنَاكَ سِتَّة أَصَابِع؟ لاَ، هُنَاكَ خَمْسَة.

03 أَرْجُل حِصَان
أَذْرُع إِنْسَان
أَرْجُل الْفِيل
أَرْجُل إِنْسَان

04 رَأْسهُ بَيْنَ ذِرَاعَيْه.
يَدَاهَا عَلَى رُكْبَتَيْهَا.
يَدُهُ عَلَى ذِرَاعِه.
تُغَطِّي عَيْنَيْهَا بِيَدَيْهَا.

05 الْقُبَّعَة عَلَى رَأْسِه.
الْقُبَّعَة عَلَى قَدَمِه.
الْقُبَّعَة فِي يَده.
الْقُبَّعَة فِي فَمِه.

06 هَذِهِ زُهُورُ حَقِيقِيَّة.
هَذِهِ صُورَة لِزُهُور.
هَذِهِ إِمْرَأَة حَقِيقِيَّة.
هَذِهِ صُورَة لِإِمْرَأَة.

07 رَجُلٌ حَقِيقِي
صُورَة لِرَجُل
تِمْثَال لِرَجُل
أَرْنَب حَقِيقِي

08 الصُّوَر عَلَى الْحَائط.
الصُّوَر عَلَى الأَرْضِيَّة.
الصُّورَة عَلَى الْحَائط.
هُنَاكَ صُورَة عَلَى الأَرْضِيَّة.

09 هُنَاكَ صُورَة لِقِطَط عَلَى هَذَا الْقَمِيص.
هُنَاكَ صُورَة دُبّ عَلَى هَذَا الْقَمِيص.
هُنَاكَ صُورَة وَجْه مُبْتَسِم عَلَى هَذَا الْقَمِيص.
لَيْسَ عَلَى هَذَا الْقَمِيص صُوَر.

10 أَيُّ رَجُل يَركَب الحِصَان حَقِيقِي؟
أَيُّ رَجُل يَركَب الحِصَان تِمْثَال؟
أَيُّ رَأْس لَيْسَ حَقِيقِيًا؟
أَيُّ رَأْس حَقِيقِي؟

3-11 مراجعة الوحدة الثالثة.

01 أي رجل طويل يلبس نظارات؟
أي رجل طويل لا يلبس نظارات؟
أي شخص قصير لا يلبس نظارات؟
أي شخص قصير يلبس نظارات؟

02 الناس أكثر من الخيول.
الخيول أكثر من الناس.
عدد الْمظلات كعدد الناس.
الناس أكثر من الْمظلات.

03 يلبس الْمهرج سروالا.
يشرع الْمهرج في لبس السروال.
الرجل ذو النظارات يلبس كنزة.
الرجل ذو النظارات يشرع في لبس
كنزة.

04 يرقد الولد في الخارج.
يرقد الولد في الداخل.
هذا هو الْمبنى من الخارج.
هذا هو الْمبنى من الداخل.

05 زهرتان حمراوان
زهرتان أبيض بأصفر
زهرة صفراء وزهرة حمراء وزهرة وردية
زهور وردية

06 أي قطة حقيقية؟
أي قطة ليست حقيقية؟
أي خروف ليس حقيقيا؟
أي خروف حقيقي؟

07 هو قوي.
هو ضعيف.
هما لا يشعران بالإرهاق.
هما يشعران بالحر والإرهاق.

08 الخباز يصنع الخبز.
السكرتيرة تطبع على الآلة الكاتبة.
الْمدرسة تدرس التلاميذ.
التلميذان يقرءان.

09 هذه زهور حقيقية.
هذه صورة لزهور.
هذه امرأة حقيقية.
هذه صورة لإمرأة.

10 الساعة السابعة.
الساعة السابعة والربع.
الساعة السابعة والنصف.
الساعة السابعة وخمس وأربعون دقيقة.

3-11 مُراجَعَة الوِحْدَة الثَّالِثَة.

01 أَيُّ رَجُلٍ طَوِيل يَلْبَسُ نَظَّارَات؟
أَيُّ رَجُلٍ طَوِيل لاَ يَلْبَسُ نَظَّارَات؟
أَيُّ شَخْصٍ قَصِير لاَ يَلْبَسُ نَظَّارَات؟
أَيُّ شَخْصٍ قَصِير يَلْبَسُ نَظَّارَات؟

02 النَّاس أَكْثَرُ مِنَ الْخُيُول.
الْخُيُول أَكْثَر مِنَ النَّاس.
عَدَدُ الْمظَلاَّت كَعَدَد النَّاس.
النَّاس أَكْثَر مِنَ الْمظَلاَّت.

03 يَلْبَسُ الْمُهَرِّجُ سِرْوَالاً.
يَشْرَعُ الْمُهَرِّجُ فِي لِبْس السِّرْوَال.
الرَّجُلُ ذُو النَّظَّارَاتِ يَلْبَسُ كَنْزَة.
الرَّجُلُ ذُو النَّظَّارَاتِ يَشْرَعُ فِي لِبْسِ كَنْزَة.

04 يَرْقُدُ الْوَلَد فِي الْخَارِج.
يَرْقُدُ الْوَلَد فِي الدَّاخِل.
هَذَا هُوَ الْمَبْنَى مِنَ الْخَارِج.
هَذَا هُوَ الْمَبْنَى مِنَ الدَّاخِل.

05 زَهْرَتَان حَمْرَاوَان
زَهْرَتَان أَبْيَض بِأَصْفَر
زَهْرَة صَفْرَاء وَزَهْرَة حَمْرَاء وَزَهْرَة وَرْدِيَّة
زُهُور وَرْدِيَّة

06 أَيُّ قِطَّةٍ حَقِيقِيَّة؟
أَيُّ قِطَّةٍ لَيْسَتْ حَقِيقِيَّة؟
أَيُّ خَرُوفٍ لَيْسَ حَقِيقِيّاً؟
أَيُّ خَروفٍ حَقِيقِي؟

07 هُوَ قَوِيّ.
هُوَ ضَعِيف.
هُمَا لاَ يَشْعُرَان بِالإِرْهَاق.
هُمَا يَشْعُرَانِ بِالْحَرِّ وَالإِرْهَاق.

08 الْخَبَّاز يَصْنَع الْخُبْز.
السِّكْرِتِيرَة تَطْبَع عَلَى الآلَة الْكَاتِبَة.
الْمُدَرِّسَة تُدَرِّس التَّلاَمِيذ.
التِّلْمِيذَان يَقْرَءَان.

09 هَذِهِ زُهُورٌ حَقِيقِيَّة.
هَذِهِ صُورَة لِزُهُور.
هَذِهِ اِمْرَأَة حَقِيقِيَّة.
هَذِهِ صُورَة لإمْرَأَة.

10 السَّاعَة السَّابِعَة.
السَّاعَة السَّابِعَة وَالرُّبْع.
السَّاعَة السَّابِعَة وَالنِّصْف.
السَّاعَة السَّابِعَة وَخَمْس وَأَرْبَعُونَ دَقِيقَة.

4-01 أسئلة وأجوبة.

01 هل تمشي الْمرأة؟
نعم، إنها تمشي.

هل يبتسم الولد؟
نعم، إنه يبتسم.

هل يلعب الأطفال؟
نعم، إنهم يلعبون.

هل تبتسم الْمرأة؟
نعم، إنها تبتسم.

02 هل يقفز الأطفال؟
نعم، إنهم يقفزون.

هل يقفز الطفلان؟
لا، إنهما يجلسان.

هل يركب الرجل حصانا؟
نعم، إنه يركب حصانا.

هل يركب الرجل حصانا؟
لا، إنه يَمشي.

03 هل هو يعزف الكمان؟
نعم، إنه يعزف الكمان.

هل هو يعزف الكمان؟
لا، إنه لا يعزف الكمان.

هل الدراجة مقلوبة؟
لا، إنها في الوضع الصحيح.

هل الدراجة مقلوبة؟
نعم، إنها مقلوبة.

04 هل السيارة صفراء؟
نعم، إنها صفراء.

هل السيارة صفراء؟
لا، إنها ليست صفراء.

هل يقفز الولدان؟
نعم، إنهما يقفزان.

هل يقفز الولدان؟
لا، إنهما لا يقفزان.

05 ماذا تفعل؟
إنها تجري.

ماذا تفعلان؟
إنهما تَمشيان.

ماذا يفعل؟
إنه يركب دراجة.

ماذا يفعلون؟
إنهم يركبون خيولا.

06 ماذا يفعل الولد؟
إنه يلعب مع أبيه.

ماذا يفعل الولد؟
إنه يَمشي.

ماذا يفعل الولد؟
إنه يرقد.

ماذا يفعل الولد؟
إنه يلعب مع كلبه.

4-01 أَسْئِلَة وَأَجْوِبَة.

01 هَلْ تَمْشِي الْمَرْأَة؟
نَعَمْ، إِنَّهَا تَمْشِي.

هَلْ يَبْتَسِمُ الْوَلَد؟
نَعَمْ، إِنَّهُ يَبْتَسِم.

هَلْ يَلْعَبُ الأَطْفَال؟
نَعَمْ، إِنَّهُمْ يَلْعَبُون.

هَلْ تَبْتَسِمُ الْمَرْأَة؟
نَعَمْ، إِنَّهَا تَبْتَسِم.

02 هَلْ يَقْفِزالأَطْفَال؟
نَعَمْ، إِنَّهُمْ يَقْفِزُون.

هَلْ يَقْفِزِ الْطِفْلاَن؟
لاَ، إِنَّهُمْا يَجْلِسَان.

هَلْ يَرْكَبُ الرَّجُل حِصَانًا؟
نَعَمْ، إِنَّهُ يَرْكَب حِصَانًا.

هَلْ يَرْكَبُ الرَجُلُ حِصَانًا؟
لاَ، إِنَّهُ يَمْشِي.

03 هَلْ هُوَ يَعْزِفُ الْكَمَان؟
نَعَمْ، إِنَّهُ يَعْزِفُ الْكَمَان.

هَلْ هُوَ يَعْزِفُ الْكَمَان؟
لاَ، إِنَّهُ لاَ يَعْزِفُ الْكَمَان.

هَلْ الدَّرَّاجَة مَقْلُوبَة؟
لاَ، إِنَّهَا فِي الْوَضْعِ الصَّحِيح.

هَلْ الدَّرَّاجَة مَقْلُوبَة؟
نَعَمْ، إِنَّهَا مَقْلُوبَة.

04 هَلْ السَّيَّارَة صَفْرَاء؟
نَعَمْ، إِنَّهَا صَفْرَاء.

هَلْ السَّيَّارَة صَفْرَاء؟
لاَ، إِنَّهَا لَيْسَتْ صَفْرَاء.

هَلْ يَقْفِز الْوَلَدَان؟
نَعَمْ، إِنَّهُمْا يَقْفِزَان.

هَلْ يَقْفِز الْوَلَدَان؟
لاَ، إِنَّهُمْا لاَ يَقْفِزَان.

05 مَاذَا تَفْعَل؟
إِنَّهَا تَجْرِي.

مَاذَا تَفْعَلاَن؟
إِنَّهُمَا تَمْشِيَان.

مَاذَا يَفْعَل؟
إِنَّهُ يَرْكَبُ دَرَّاجَة.

مَاذَا يَفْعَلُون؟
إِنَّهُمْ يَرْكَبُونَ خُيُولاً.

06 مَاذَا يَفْعَلُ الْوَلَد؟
إِنَّهُ يَلْعَب مَعَ أَبِيه.

مَاذَا يَفْعَلُ الْوَلَد؟
إِنَّهُ يَمْشِي.

مَاذَا يَفْعَلُ الْوَلَد؟
إِنَّهُ يَرْقُد.

مَاذَا يَفْعَلُ الْوَلَد؟
إِنَّهُ يَلْعَب مَعَ كَلْبِه.

4-01 تابع ما قبله

07 ماذا يفعل الرجل؟
إنه يشرب ماء.

ماذا يفعل الرجل؟
إنه يعزف القيثارة.

ماذا يفعل الرجل؟
إنه يشرع في لبس كنزته.

ماذا يفعل الرجل؟
إنه يجلس مع إبنه.

08 هل يسقط الرجل؟
ربَّما يسقط.

هل يسقط؟
نعم، هو يسقط.

هل يسقط الولد؟
لا، هو لا يسقط.

هل يسقطن؟
لا، هن لا يسقطن.

09 هل يبتسم الولد؟
نعم، إنه يبتسم.

هل يبتسم الرجل؟
لا، إنه لا يبتسم.

هل تبتسم الْمرأة؟
نعم، إنها تبتسم.

هل يبتسم الكلب؟
وهل تبتسم الكلاب؟

10 هل هذا حصان صغير؟
نعم، هذا حصان صغير.

هل هذا كلب؟
نعم، هذا كلب.

هل هذا كلب؟
لا، هذه قطة.

هل هذا كلب؟
لا، هذه سمكة.

4-01 تابع ما قبله

07 مَاذَا يَفْعَلُ الرَّجُل؟
إِنَّهُ يَشْرَبُ مَاء.

مَاذَا يَفْعَلُ الرَّجُل؟
إِنَّهُ يَعْزِفُ الْقِيثَارَة.

مَاذَا يَفْعَلُ الرَّجُل؟
إِنَّهُ يَشْرَعُ فِي لِبْسِ كَنْزَتِهِ.

مَاذَا يَفْعَلُ الرَّجُل؟
إِنَّهُ يَجْلِس مَعَ إِبْنِه.

08 هَلْ يَسْقُطُ الرَّجُل؟
رُبَّمَا يَسْقُط.

هَلْ يَسْقُط؟
نَعَمْ، هُوَ يَسْقُط.

هَلْ يَسْقُطُ الْوَلَد؟
لاَ، هُوَ لاَ يَسْقُط.

هَلْ يَسْقُطْنَ؟
لاَ، هُنَّ لاَ يَسْقُطْنَ.

09 هَلْ يَبْتَسِمُ الْوَلَد؟
نَعَمْ، إِنَّهُ يَبْتَسِم.

هَلْ يَبْتَسِمُ الرَّجُل؟
لاَ، إِنَّهُ لاَ يَبْتَسِم.

هَلْ تَبْتَسِمُ الْمَرْأَة؟
نَعَم، إِنَّهَا تَبْتَسِم.

هَلْ يَبْتَسِمُ الْكَلْب؟
وَهَلْ تَبْتَسِمُ الْكِلاَب؟

10 هَلْ هَذَا حِصَان صَغِير؟
نَعَمْ، هَذَا حِصَانُ صَغِير.

هَلْ هَذَا كَلْب؟
نَعَمْ، هَذَا كَلْب.

هَلْ هَذَا كَلْب؟
لاَ، هَذِهِ قِطَّة.

هَلْ هَذَا كَلْب؟
لاَ، هَذِهِ سَمَكَة.

4-02 مفتوح، مغلق/مع بعض، بعيد عن بعض/مستقيم، منحني.

01 باب السيارة مفتوح.
باب السيارة مغلق.
عينا الْمرأة مفتوحتان.
عينا الْمرأة مغمضتان.

02 العينان مفتوحتان.
العينان مغمضتان.
فمها مفتوح.
فمها مغلق.

03 عينا الرجل مغمضتان وفمه مفتوح.
عينا الرجل مفتوحتان وفمه مغلق.
فم الْمرأة مفتوح وعيناها مفتوحتان.
عينا الْمرأة مغمضتان وفمها مغلق.

04 يداه مغلقتان.
يداه مفتوحتان.
يد مفتوحة ويد مغلقة.
فمها مفتوح.

05 أربعة أذرع
أرجل كثيرة
أربعة أصابع
خمسة أصابع أقدام

06 اليدان مع بعضهما.
اليدان بعيدتان عن بعضهما.
القدمان مع بعضهما.
القدمان بعيدتان عن بعضهما.

07 رجلا الرجل مع بعضهما.
رجلا الرجل بعيدتان عن بعضهما.
رجلا الولد مع بعضهما.
رجلا الولد بعيدتان عن بعضهما.

08 اليدان والقدمان بعيدتان عن بعضهما.
اليدان والقدمان مع بعضهما.
القدمان بعيدتان عن بعضهما واليدان مع بعضهما.
القدمان مع بعضهما واليدان بعيدتان عن بعضهما.

09 الرجل والْمرأة مع بعضهما.
الخيول مع بعضها.
الرجل والْمرأة بعيدان عن بعضهما.
الخيول بعيدة عن بعضها.

10 ذراعا الْمرأة مستقيمتان.
ذراعا الْمرأة محنيتان.
أرجل الرجل محنيتان.
رجلا الرجل مستقيمتان.

4-02 مَفْتُوح، مُغْلَق/مَعَ بَعْض، بَعيد عَن بَعْض/مُسْتَقيم، مُنْحَني.

01 بَابُ السَّيَّارَة مَفْتُوح.
بَابُ السَّيَّارَة مُغْلَق.
عَيْنَا الْمَرْأَة مَفْتُوحَتَان
عَيْنَا الْمَرْأَة مُغْمَضَتَان.

02 الْعَيْنَان مَفْتُوحَتَان.
الْعَيْنَان مُغْمَضَتَان.
فَمُهَا مَفْتُوح.
فَمُهَا مُغْلَق.

03 عَيْنَا الرَّجُل مُغْمَضَتَان وَفَمُهُ مَفْتُوح.
عَيْنَا الرَّجُل مَفْتُوحَتَان وَفَمُهُ مُغْلَق.
فَمُ الْمَرْأَة مَفْتُوح وَعَيْنَاهَا مَفْتُوحَتَان.
عَيْنَا الْمَرْأَة مُغْمَضَتَان وَفَمُهَا مُغْلَق.

04 يَدَاهُ مُغْلَقَتَان.
يَدَاهُ مَفْتُوحَتَان.
يَدٌ مَفْتُوحَة وَيَدٌ مُغْلَقَة.
فَمُهَا مَفْتُوح.

05 أَرْبَعَةُ أَذْرُع
أَرْجُلٌ كَثِيرَة
أَرْبَعَةُ أَصَابِع
خَمْسَةُ أَصَابِعِ أَقْدَام

06 الْيَدَان مَعَ بَعْضِهِمَا.
الْيَدَان بَعِيدَتَان عَنْ بَعْضِهِمَا.
الْقَدَمَان مَعَ بَعْضِهِمَا.
الْقَدَمَان بَعِيدَتَان عَنْ بَعْضِهِمَا.

07 رِجْلاَ الرَّجُل مَعَ بَعْضِهِما.
رِجْلاَالرَّجُل بَعِيدَتَان عَنْ بَعْضِهِما.
رِجْلاَ الْوَلَد مَعَ بَعْضِهِما.
رِجْلاَ الْوَلَد بَعِيدَتَان عَنْ بَعْضِهِما.

08 الْيَدَان والْقَدَمَان بَعِيدَتَان عَنْ بَعْضِهِما.
الْيَدَان والْقَدَمَان مَعَ بَعْضِهِما.
الْقَدَمَان بَعِيدَتَان عَنْ بَعْضِهِمَا وَالْيَدَان مَعَ بَعْضِهِمَا.
الْقَدَمَان مَعَ بَعْضِهِمَا وَالْيَدَان بَعِيدَتَان عَنْ بَعْضِهِمَا.

09 الرَّجُل وَالْمَرْأَة مَعَ بَعْضِهِمَا.
الْخُيُول مَعَ بَعْضِهَا.
الرَّجُل وَالْمَرْأَة بَعِيدَانِ عَنْ بَعْضِهِمَا.
الْخُيُول بَعِيدَة عَنْ بَعْضِهَا.

10 ذِرَاعَا الْمَرْأَة مُسْتَقِيمَتَان.
ذِرَاعَا الْمَرْأَة مَحْنِيَّتَان.
رِجْلاَ الرَّجُل مَحْنِيَّتَان.
رِجْلاَ الرَّجُل مُسْتَقِيمَتَان.

4-03 الأعداد من واحد إلى مائة.

01 واحد
إثنان
ثلاثة
أربعة

02 خمسة
ستة
سبعة
ثمانية

03 تسعة
عشرة
أحد عشر
إثنا عشر

04 ثلاثة عشر
أربعة عشر
خمسة عشر
ستة عشر

05 سبعة عشر
ثمانية عشر
تسعة عشر
عشرون

06 عشرون
ثلاثون
أربعون
خمسون

07 ستون
سبعون
ثمانون
تسعون

08 خمسة وسبعون
خمسة وثمانون
خمسة وتسعون
مائة

09 إثنان وعشرون
إثنان وثلاثون
إثنان وأربعون
إثنان وخمسون

10 ستة وأربعون
ستة وستون
ستة وثمانون
مائة

4-03 الأَعْدَاد مِن وَاحِدِ إِلَى مِائَة.

01 وَاحِد
إِثْنَان
ثَلَاثَة
أَرْبَعَة

02 خَمْسَة
سِتَّة
سَبْعَة
ثَمَانِيَة

03 تِسْعَة
عَشَرَة
أَحَدَ عَشَر
إِثْنَا عَشَر

04 ثَلَاثَة عَشَر
أَرْبَعَة عَشَر
خَمْسَة عَشَر
سِتَّة عَشَر

05 سَبْعَة عَشَر
ثَمَانِيَة عَشَر
تِسْعَة عَشَر
عِشْرُون

06 عِشْرُون
ثَلَاثُون
أَرْبَعُون
خَمْسُون

07 سِتُّون
سَبْعُون
ثَمَانُون
تِسْعُون

08 خَمْسَة وَسَبْعُون
خَمْسَة وَثَمَانُون
خَمْسَة وَتِسْعُون
مِائَة

09 إِثْنَان وَعِشْرُون
إِثْنَان وَثَلَاثُون
إِثْنَان وَأَرْبَعُون
إِثْنَان وَخَمْسُون

10 سِتَّة وَأَرْبَعُون
سِتَّة وَسِتُّون
سِتَّة وَثَمَانُون
مِائَة

4-04 الناس والكلام.

01 غورباتشوف يتكلم.
ثلاثة رجال يتكلمون.
الرجل ذو القميص الأصفر يتكلم.
الْمرأة تتكلم.

02 هذا الرجل يتكلم.
هذا الرجل يلعب الشطرنج.
هذا الولد يتكلم.
هذا الولد يرقد.

03 الولد يتكلم مع الرجل.
الرجل يتكلم مع الولد.
تتكلم الْمرأة ذات الْملابس الزرقاء مع الْمرأة ذات الْملابس الحمراء.
تتكلم الْمرأة مع الرجل.

04 يتكلم الولد مع الرجل عن الطائرة.
يتكلم الرجل مع الولد عن الطائرة.
يتكلم الرجل في الهاتف اللاسلكي.
يتكلم الرجل في الهاتف النقال.

05 هذه الْمرأة تتكلم مع البنت عن الكتاب.
هاتان الْمرأتان تتكلمان عن النبات.
هذه الْمرأة لا تتكلم. إنها تضحك.
هاتان البنتان لا تتكلمان.

06 هذه الْمرأة لا تتكلم.
هذان الرجلان لا يتكلمان.
هؤلاء الرجال يتكلمون.
هذه الْمرأة تتكلم.

07 الرجل على الهاتف.
الْمرأة على الهاتف.
ليس الرجل على الهاتف.
ليست الْمرأة على الهاتف.

08 أي رجل يستطيع أن يتكلم؟
هؤلاء النساء يستطعن أن يتكلمن.
أي رجل لا يستطيع أن يتكلم؟
هؤلاء النساء لا يستطعن أن يتكلمن.
إنهن تَماثيل.

09 لا يستطيع الرجل أن يتكلم الآن لأنه يشرب.
يستطيع الرجل أن يتكلم لأنه لا يشرب.
لا يستطيع الولد أن يتكلم لأنه تحت الْماء.
يستطيع الولد أن يتكلم لأنه ليس تحت الْماء.

10 أي رجل لا يستطيع أن يتكلم؟
أي رجل يستطيع أن يتكلم؟
أي ولد يستطيع أن يتكلم؟
أي ولد لا يستطيع أن يتكلم؟

4-04 النَّاس وَالْكَلاَم.

01 غورْباتْشوف يَتَكَلَّم.
ثَلاَثَة رِجَال يَتَكَلَّمُون.
الرَّجُل ذُو الْقَمِيص الأَصْفَر يَتَكَلَّم.
الْمَرْأَة تَتَكَلَّم.

02 هَذَا الرَّجُل يَتَكَلَّم.
هَذَا الرَّجُل يَلْعَبُ الشَّطْرَنْج.
هَذَا الْوَلَد يَتَكَلَّم.
هَذَا الْوَلَد يَرْقُد.

03 الْوَلَد يَتَكَلَّم مَعَ الرَّجُل.
الرَّجُل يَتَكَلَّم مَعَ الْوَلَد.
تَتَكَلَّم الْمَرْأَة ذَات الْمَلاَبِس الزَّرْقَاء مَعَ الْمَرْأَة ذَات الْمَلاَبِس الْحَمْرَاء.
تَتَكَلَّم الْمَرْأَة مَعَ الرَّجُل.

04 يَتَكَلَّم الْوَلَد مَعَ الرَّجُل عَن الطَّائِرَة.
يَتَكَلَّم الرَّجُل مَعَ الْوَلَد عَن الطَّائِرَة.
يَتَكَلَّم الرَّجُل فِي الْهَاتِف اللاَّسِلْكِي.
يَتَكَلَّم الرَّجُل فِي الْهَاتِف النَّقَّال.

05 هَذِه الْمَرْأَة تَتَكَلَّم مَعَ الْبِنْت عَن الْكِتَاب.
هَاتَان الْمَرْأَتَان تَتَكَلَّمَان عَن النَّبَات.
هَذِه الْمَرْأَة لاَ تَتَكَلَّم. إِنَّهَا تَضْحَك.
هَاتَان الْبِنْتَان لاَ تَتَكَلَّمَان.

06 هَذِه الْمَرْأَة لاَ تَتَكَلَّم.
هَذَان الرَّجُلاَن لاَ يَتَكَلَّمَان.
هَؤُلاَء الرِّجَال يَتَكَلَّمُون.
هَذِه الْمَرْأَة تَتَكَلَّم.

07 الرَّجُل عَلَى الْهَاتِف.
الْمَرْأَة عَلَى الْهَاتِف.
لَيْسَ الرَّجُل عَلَى الْهَاتِف.
لَيْسَت الْمَرْأَة عَلَى الْهَاتِف.

08 أَيُّ رَجُل يَسْتَطِيع أَنْ يَتَكَلَّم؟
هَؤُلاَءِ النِّسَاء يَسْتَطِعْنَ أَنْ يَتَكَلَّمْنَ.
أَيُّ رَجُل لاَ يَسْتَطِيع أَنْ يَتَكَلَّم؟
هَؤُلاَءِ النِّسَاء لاَ يَسْتَطِعْنَ أَنْ يَتَكَلَّمْنَ.
إِنَّهُنَّ تَمَاثِيل.

09 لاَ يَسْتَطِيعُ الرَّجُل أَنْ يَتَكَلَّم الآنَ لأَنَّهُ يَشْرَب.
يَسْتَطِيعُ الرَّجُل أَنْ يَتَكَلَّم لأَنَّهُ لاَ يَشْرَب.
لاَ يَسْتَطِيع الْوَلَد أَنْ يَتَكَلَّم لأَنَّهُ تَحْتَ الْمَاء.
يَسْتَطِيعُ الْوَلَد أَنْ يَتَكَلَّم لأَنَّهُ لَيْسَ تَحْتَ الْمَاء.

10 أَيُّ رَجُلٍ لاَ يَسْتَطِيع أَنْ يَتَكَلَّم؟
أَيُّ رَجُلٍ يَسْتَطِيع أَنْ يَتَكَلَّم؟
أَيُّ وَلَدٍ يَسْتَطِيع أَنْ يَتَكَلَّم؟
أَيُّ وَلَدٍ لاَ يَسْتَطِيع أَنْ يَتَكَلَّم؟

4-05 الذهاب والإياب، النوم واليقظة.

01 النساء يأتين.
النساء يذهبن.
الحصانان يأتيان.
الزوجان يذهبان.

02 إنه يتسلق الحائط.
إنه يصعد الدرج.
إنه يهبط الدرج.
إنه يصعد السلم.

03 القطة تنام.
القطة لا تنام.
الرضيع ينام.
الرضيع لا ينام.

04 القطة نائمة.
القطة صاحية.
الرضيع نائم.
الرضيع صاحي.

05 الزوجان يأتيان.
الزوجان يذهبان.
الزوجان يتبادلان قبلة.
الزوجان لا يتبادلان قبلة.

06 يدخل الحصان في الشاحنة.
يخرج الحصان من الشاحنة.
يدخل هذا الولد في الْماء.
يخرج هذا الولد من الْماء.

07 تصعد الْمرأة بالسلم الْمتحرك.
تهبط الْمرأة بالسلم الْمتحرك.
يصعد الرجل الدرجات.
يهبط الرجل الدرجات.

08 هؤلاء الناس يصعدون بالسلم الْمتحرك.
الناس يصعدون الدرجات.
هؤلاء الناس يهبطون بالسلم الْمتحرك.
الناس يهبطون الدرجات.

09 يصعد الرجل إلى الطائرة.
ينزل الرجل من الطائرة.
ينزل الرجل من الشاحنة.
يصعد الرجل إلى الشاحنة.

10 الرفيقان يدخلان الْمبنى.
الرفيقان يخرجان من الْمبنى.
الرجل يدخل الْمركبة.
الرجل يخرج من الْمركبة.

4-05 الذَّهَاب وَالإِيَّاب، النَّوم وَالْيَقْظَة.

01 النِّسَاء يَأْتِين.
النِّسَاء يَذْهَبْن.
الحِصَانَان يأتِيَان.
الْزَوجَان يَذْهَبَان.

02 إِنَّهُ يَتَسَلَّق الْحَائِط.
إِنَّهُ يَصْعَد الدَّرَج.
إِنَّهُ يَهْبِط الدَّرَج.
إِنَّهُ يَصْعَد السُّلَّم.

03 الْقِطَّة تَنَام.
الْقِطَّة لاَ تَنَام.
الرَّضِيع يَنَام.
الرَّضِيع لاَ يَنَام.

04 الْقِطَّة نَائِمَة.
الْقِطَّة صَاحِيَة.
الرَّضِيع نَائِم.
الرَّضِيع صَاحِي.

05 الْزَوجَان يَأْتِيَان.
الْزَوجَان يَذْهَبَان.
الْزَوجَان يَتَبَادَلاَن قُبْلَة.
الْزَوجَان لاَ يَتَبَادَلاَن قُبْلَة.

06 يَدْخُل الْحِصَان فِي الشَّاحِنَة.
يَخْرُج الْحِصَان مِنْ الشَّاحِنَة.
يَدْخُل هَذَا الْوَلَد فِي الْمَاء.
يَخْرُج هَذَا الْوَلَد مِنَ الْمَاء.

07 تَصْعَدُ الْمَرْأَة بِالسُّلَّمِ الْمُتَحَرِّك.
تَهْبِطُ الْمَرْأَة بِالسُّلَّمِ الْمُتَحَرِّك.
يَصْعَد الرَّجُل الدَّرَجَات.
يَهْبِطُ الرَّجُلُ الدَّرَجَات.

08 هَؤُلاَءِ النَّاس يَصْعَدُونَ بِالسُّلَّمِ الْمُتَحَرِّك.
النَّاس يَصْعَدُونَ الدَّرَجَات.
هَؤُلاَءِ النَّاس يَهْبِطُونَ بِالسُّلَّمِ الْمُتَحَرِّك.
النَّاس يَهْبِطُونَ الدَّرَجَات.

09 يَصْعَد الرَّجُل إِلَى الطَّائِرَة.
يَنْزِل الرَّجُل مِنَ الطَّائِرَة.
يَنْزِل الرَّجُل مِنَ الشَّاحِنَة.
يَصْعَد الرَّجُل إِلَى الشَّاحِنَة.

10 الرَّفِيقَان يَدْخُلاَن الْمَبْنَى.
الرَّفِيقَان يَخْرُجَان مِنَ الْمَبْنَى.
الرَّجُل يَدْخُل الْمَرْكَبَة.
الرَّجُل يَخْرُج مِنَ الْمَرْكَبَة.

4-06 تعدد الفعل.

01 تشم البنت زهرة.
يشاهد الولد التلفزيون.
يشم الولد زهرة.
تشاهد البنت التلفزيون.

02 ستقود الْمرأة السيارة.
تركب الْمرأة الحصان.
تقبل الْمرأة الحصان.
تقود الْمرأة الحصان.

03 يشم الولد الزهرة.
لا يشم الولد الزهور.
ترتب البنت شعرها بالفرشاة.
ترقص البنت.

04 تلبس الْمرأة قبعة.
يلمس الرجل حافر الحصان.
يلمس الرجل أذن الحصان.
يشرع الرجل في لبس القفاز.

05 يصعد الرجل إلى الْمركبة.
يصعد الرجل إلى الشاحنة.
تقبل الْمرأة الرجل.
تقبل الْمرأة الحصان.

06 لا تشاهد البنت التلفزيون.
تلبس البنت قبعة وهي تشاهد التلفزيون.
تَمشط البنت شعرها وهي تشاهد التلفزيون.
ترقص البنت وهي تشاهد التلفزيون.

07 تغني الْمرأة وهي تعزف على البيانو الكهربائي.
تشرب الْمرأة وهي تعزف على البيانو الكهربائي.
تَمشط الْمرأة شعرها وهي تُمسك بحقيبة يدها.
تكتب الْمرأة وهي تُمسك حقيبة يدها.

08 يتناول الرجل جاروفا وهو مُمسك بكتاب.
يشير الرجل بيده وهو مُمسك بجاروف.
يقرأ الرجل كتابا بينما يقف الكلب بين قدميه.
يقرأ الرجل من كتاب بينما يستمع الولد.

09 تُمسك البنت قبعتها وهي تَمشي.
يشرب الرجل وهو جالس في الْمركبة.
يجلس الرجل على الدراجة بينما يتسلق الولد السياج.
الطفلان يراقبان بينما يكتب الرجل.

10 يصعد الولد الدرجات بينما يراقبه الرجل.
يصعد الولد الدرجات ولا يراقبه أحد.
يحمل الرجال بنادقهم وهم يخوضون في الْماء.
يحمل هؤلاء الرجال بنادقهم وهم يَمشون في العرض.

4-06 تَعَدُّ الْفِعْل.

01 تَشُمُّ الْبِنْت زَهْرَة.
يُشَاهِدُ الْوَلَد التِّلِفِزْيُون.
يَشُمُّ الْوَلَد زَهْرَة.
تُشَاهِدُ الْبِنْت التِّلِفِزْيون.

02 ستَقُودُ الْمَرْأَة السَّيَّارَة.
تَرْكَبُ الْمَرْأَة الْحِصَان.
تُقَبِّلُ الْمَرْأَة الْحِصَان.
تَقُودُ الْمَرْأَة الْحِصَان.

03 يَشُمُّ الْوَلَد الزَّهْرَة.
لاَ يَشُمُّ الْوَلَد الزُّهُور.
تُرَتِّبُ الْبِنْت شَعْرَهَا بِالْفُرْشَاة.
تَرْقُصُ الْبِنْت.

04 تَلْبَس الْمَرْأَة قُبَّعَة.
يَلْمَس الرَّجُل حَافِر الْحِصَان.
يَلْمَس الرَّجُل أُذُن الْحِصَان.
يَشْرَع الرَّجُل فِي لِبْس الْقُفَّاز.

05 يَصْعَدُ الرَّجُل إِلَى الْمَرْكَبَة.
يَصْعَدُ الرَّجُل إِلَى الشَّاحِنَة.
تُقَبِّلُ الْمَرْأَة الرَّجُل.
تُقَبِّلُ الْمَرْأَة الْحِصَان.

06 لاَ تُشَاهِد الْبِنْت التِّلِفِزْيُون.
تَلْبَس الْبِنْت قُبَّعَة وَهِيَ تُشَاهِد التِّلِفِزْيُون.
تَمْشِطُ الْبِنْت شَعْرَهَا وَهِيَ تَشَاهِدُ التِّلِفِزْيُون.
تَرْقُصُ الْبِنْت وَهِيَ تُشَاهِدُ التِّلِفِزْيُون.

07 تُغَنِّي الْمَرْأَة وَهِيَ تَعْزِف عَلَى الْبِيَانو الْكَهْرَبَائِي.
تَشْرَب الْمَرْأَة وَهِيَ تَعْزِف عَلَى الْبِيَانو الْكَهْرَبَائِي.
تَمْشِط الْمَرْأَة شَعْرَهَا وَهِيَ تُمْسِك بِحَقِيبَة يَدهَا.
تَكْتُب الْمَرْأَة وَهِيَ تُمْسِك حَقِيبَة يَدِهَا.

08 يَتَنَاوَلُ الرَّجُلُ جَارُوفًا وَهُوَ مُمْسِك بِكِتَاب.
يُشِيرُ الرَّجُلُ بِيَده وَهو مُمْسِك بِجَارُوف.
يَقْرَأُ الرَّجُلُ كِتَابًا بَيْنَمَا يَقِفُ الْكَلْب بَيْنَ قَدَمَيْه.
يَقْرَأُ الرَّجُل مِنْ كِتَاب بَيْنَمَا يَسْتَمِعُ الْوَلَد.

09 تُمْسِك الْبِنْت قُبَّعَتَها وَهِيَ تَمْشِي.
يَشْرَبُ الرَّجُل وَهوَ جَالِس فِي الْمَرْكَبَة.
يَجْلِسُ الرَّجُل عَلَى الدَّرَّاجَة بَيْنَمَا يَتَسَلَّق الْوَلَد السِّيَاج.
الطِّفْلاَن يُرَاقِبَان بَيْنَمَا يَكْتُبُ الرَّجُل.

10 يَصْعَدُ الْوَلَدُ الدَّرَجَات بَيْنَمَا يُرَاقِبُهُ الرَّجُل.
يَصْعَدُ الْوَلَدُ الدَّرَجَات وَلاَ يُرَاقِبُهُ أَحَد.
يَحْملُ الرِّجَال بَنَادِقَهُم وَهُمْ يَخُوضُونَ فِي الْمَاء.
يَحْمِلُ هَؤلاَء الرِّجَال بَنَادِقَهُم وَهُمْ يَمْشُونَ فِي الْعَرْض.

4-07 أفراد الأسرة.

01 بنت وأمها
بنت وأبوها
ولد وأمه
ولد وأبوه

02 بنت وأمها
بنت وأبوها
بنت وأخوها
بنت وعائلتها

03 الولد وأمه
الولد وأبوه
الولد وأخته
الولد وعائلته

04 تجلس الْمرأة إلى جانب زوجها على أريكة.
تقف الْمرأة مع زوجها وأطفالها.
تجلس الْمرأة إلى جانب زوجها على كرسي.
تجلس الْمرأة على زوجها.

05 يجلس الرجل إلى جانب زوجته على أريكة.
يقف الرجل مع زوجته وأطفاله.
يجلس الرجل على كرسي إلى جانب زوجته.
زوجة الرجل تجلس عليه.

06 أم وإبنها
أب وإبنه
أب وإبنته
أم وإبنتها

07 أخت وأخ وأمهما
زوج وزوجة وإبنتهما
أخت وأخ مع والديهما
أخت وأخ بدون والديهما

08 هؤلاء الأشخاص الأربعة عائلة.
هؤلاء الأشخاص الأربعة ليسوا عائلة.
هؤلاء الأشخاص الثلاثة من نفس العائلة.
هؤلاء الأشخاص الثلاثة ليسوا من نفس العائلة.

09 والدان مع أطفالهما
والدان بدون أطفالهما
أخوان مع والدهما
أخوان وأمهما

10 أختان وأبوهما
أخوان وأبوهما
طفل مع والديه
هؤلاء الناس ليسوا من نفس العائلة.

4-07 أَفْرَاد الأُسْرَة.

01 بِنْتٌ وَأُمُّهَا
بِنْتٌ وَأَبُوهَا
وَلَدٌ وَأُمُّهُ
وَلَدٌ وَأَبُوهُ

02 بِنْتٌ وَأُمُّهَا
بِنْتٌ وَأَبُوهَا
بِنْتٌ وَأَخُوهَا
بِنْتٌ وَعَائِلَتُهَا

03 الْوَلَدُ وَأُمُّهُ
الْوَلَدُ وَأَبُوهُ
الوَلَدُ وَأُخْتُهُ
الْوَلَدُ وَعَائِلَتُهُ

04 تَجْلِسُ الْمَرْأَةُ إِلَى جَانِبِ زَوْجِهَا عَلَى أَرِيكَة.
تَقِفُ الْمَرْأَةُ مَعَ زَوْجِهَا وَأَطْفَالِهَا.
تَجْلِسُ الْمَرْأَةُ إِلَى جَانِبِ زَوْجِهَا عَلَى كُرْسِيٍ.
تَجْلِسُ الْمَرْأَةُ عَلَى زَوْجِهَا.

05 يَجْلِسُ الرَّجُلُ إِلَى جَانِبِ زَوْجَتِهِ عَلَى أَرِيكَة.
يَقِفُ الرَّجُلُ مَعَ زَوْجَتِه وَأَطْفَالِه.
يَجْلِسُ الرَّجُلُ عَلَى كُرْسِيٍّ إِلَى جَانِبِ زَوْجَتِه.
زَوْجَةُ الرَّجُلِ تَجْلِسُ عَلَيْهِ.

06 أُمٌّ وَإِبْنُهَا
أَبٌ وَإِبْنُهُ
أَبٌ وَإِبْنَتُهُ
أُمٌّ وَإِبْنَتُهَا

07 أُخْتٌ وَأَخٌ وَأُمُّهُمَا
زَوْجٌ وَزَوْجَةٌ وَإِبْنَتُهُمَا
أُخْتٌ وَأَخٌ مَعَ وَالِدَيْهِمَا
أُخْتٌ وَأَخٌ بِدُونِ وَالِدَيْهِمَا

08 هَؤُلَاءِ الأَشْخَاصُ الأَرْبَعَة عَائِلَة.
هَؤُلَاءِ الأَشْخَاصُ الأَرْبَعَة لَيْسُوا عَائِلَة.
هَؤُلَاءِ الأَشْخَاصُ الثَّلَاثَة مِنْ نَفْس الْعَائِلَة.
هَؤُلَاءِ الأَشْخَاصُ الثَّلَاثَة لَيْسُوا مِنْ نَفْسِ الْعَائِلَة.

09 وَالِدَانِ مَعَ أَطْفَالِهِمَا
وَالِدَانِ بِدُونِ أَطْفَالِهِمَا
أَخَوَانِ مَعَ وَالِدِهِمَا
أَخَوَانِ وَأُمُّهُمَا

10 أُخْتَانِ وَأَبُوهُمَا
أَخَوَانِ وَأَبُوهُمَا
طِفْلٌ مَعَ وَالِدَيْهِ
هَؤُلَاءِ النَّاسُ لَيْسُوا مِنْ نَفْسِ الْعَائِلَة.

4-08 كل، بعض/ أحد،لا أحد/أي واحد، واحد.

01 الكل يلبس قبعة صفراء.
الكل يجري.
الكل يجلس.
الكل يرقص.

02 أحد الناس خلف الشجرة.
أحد الناس خلف الرجل.
أحد الناس يلتقط صورة.
أحد الناس يلبس الأصفر.

03 الكل يلبس قبعة صفراء.
لا أحد يلبس قبعة صفراء.
أحد الناس يلمس القطة.
لا أحد يلمس القطة.

04 الكل يلبس الأبيض.
لا أحد يلبس الأبيض.
أحد الناس يلبس الأبيض وأحدهم لا يلبس الأبيض.
راعي الأبقار يلبس الأبيض.

05 الكل يقفز في الْماء.
لا أحد من الأولاد الثلاثة يقفز في الْماء.
أحدهم يقفز في الْماء وأحدهم لا يقفز في الْماء.
يسبح أحد الناس تَحت الْماء.

06 أحد الناس يركل الكرة.
لا أحد يركل الكرة.
هل في الطائرة أحد؟ لا، الطائرة خالية.
هل في الطائرة أحد؟ نعم، الولد في الطائرة.

07 هل يركل الكرة أحد؟ نعم، الولد يركل الكرة.
هل يركل الكرة أحد؟ لا، لا أحد يركلها.
لا أحد في الطائرة.
أحد الناس في الطائرة.

08 الرجل ذو الْملابس الزرقاء يحمل شيئا ما.
الرجل ذو الْملابس الزرقاء لا يحمل أي شيء.
إنهم يشيرون إلى شيء ما.
إنهم لا يشيرون إلى أي شيء.

09 أحد الناس يركب الحصان.
لا أحد يركب الحصان.
في الطبق شيء ما.
لا شيء في الطبق.

10 شيء ما على الْمائدة.
لا شيء على أية مائدة.
يرقد أحد الناس في الخيمة.
لا أحد في الخيمة.

4-08 كُلّ، بَعْض/ أَحَدُ،لاَ أَحَد/ أَيّ وَاحِد، وَاحِد.

01 الْكُلّ يَلْبَس قُبَّعَة صَفْرَاء.
الْكُلّ يَجْرِي.
الْكُلّ يَجْلِس.
الْكُلّ يَرْقُص.

02 أَحَد النَّاس خَلْفَ الشَّجَرَة.
أَحَد النَّاس خَلْفَ الرَّجُل.
أَحَد النَّاس يَلْتَقِط صُورَة.
أَحَد النَّاس يَلْبِس الأَصْفَر.

03 الْكُلّ يَلْبَس قُبَّعَة صَفْرَاء.
لاَ أَحَد يَلْبَس قُبَّعَة صَفْرَاء.
أَحَد النَّاس يَلْمس الْقِطَّة.
لاَ أَحَد يَلْمِس الْقِطَّة.

04 الْكُلّ يَلْبَس الأَبْيَض.
لاَ أَحَد يَلْبَس الأَبْيَض.
أَحَد النَّاس يَلْبَس الأَبْيَض وَأَحَدهَم لاَ يَلْبَس الأَبْيَض.
رَاعِي الأَبْقَار يَلْبَس الأَبْيَض.

05 الْكُلّ يَقْفِز فِي الْمَاء.
لاَ أَحَد مِن الأَوْلاَد الثَّلاَثَة يَقْفِز فِي الْمَاء.
أَحَدهَم يَقْفِز فِي الْمَاء وَأَحَدهَم لاَ يَقْفِزْ فِي الْمَاء.
يَسْبَح أَحَد النَّاس تَحْتَ الْمَاء.

06 أَحَد النَّاس يَرْكُل الْكُرَة.
لاَ أَحَد يَرْكُل الْكُرَة.
هَلْ فِي الطَّائِرَة أَحَد؟ لاَ، الطَّائِرَة خَالِيَة.
هَل فِي الطَّائِرَة أَحَد؟ نَعَم، الْوَلَد فِي الطَّائِرَة.

07 هَلْ يَرْكُل الْكُرَة أَحَد؟ نَعَم، الْوَلَد يَرْكُل الْكُرَة.
هَلْ يَرْكُل الْكُرَةَ أَحَد؟ لاَ، لاَ أَحَد يَرْكُلُهَا.
لاَ أَحَد فِي الطَّائِرَة.
أَحَد النَّاس فِي الطَّائِرَة.

08 الرَّجُل ذُو الْمَلاَبِس الزَّرْقَاء يَحْمِل شَيْئًا مَا.
الرَّجُل ذُو الْمَلاَبِس الزَّرْقَاء لاَ يَحْمِل أَيَّ شَيْء.
إِنَّهُم يُشِيرُونَ إِلَى شَيْءٍ مَا.
إِنَّهُم لاَ يُشِيرُونَ إِلَى أَيِّ شَيْء.

09 أَحَد النَّاس يَرْكَب الْحِصَان.
لاَ أَحَد يَرْكَب الْحِصَان.
فِي الطَّبَق شَيْءٌ مَا.
لاَ شَيْءَ فِي الطَّبَق.

10 شَيْءٌ مَا عَلَى الْمَائِدَة.
لاَ شَيْءَ عَلَى أَيَّةِ مَائِدَة.
يَرْقُد أَحَدُ النَّاس فِي الْخَيْمَة.
لاَ أَحَدَ فِي الْخَيْمَة.

4-09 العربات.

01 دراجة نارية
دراجات نارية
حافلة صفراء
حافلتان صفراوان

02 سيارة صغيرة حمراء
ليموزين بيضاء
سفينة حمراء
شاحنة كبيرة سوداء

03 الشاحنة تقطر السيارة.
أحد الناس يقود سيارة.
السيارة الحمراء خلف الشاحنة.
الشاحنة تقطر قاربا.

04 الشاحنة فوق جسر وتحت الجسر الآخر.
شاحنة وسيارة تحت الجسر.
جسر كبير
السيارة مصفوفة أمام الْمنزل.

05 الدراجة مصفوفة.
يضع الرجل الدراجة على الحافلة الصغيرة.
تصعد الْمرأة إلى الحافلة الصغيرة.
الزوارق في النهر.

06 تنعطف السيارة.
تَمر السيارات فوق الجليد.
السيارات الحمراء في عرض.
السيارة تتجاوز شاحنة.

07 ليموزين سوداء
سيارة أثرية
سيارة مكشوفة
سيارة رياضية حمراء

08 القطار في الجبل.
يركب الناس الترام.
تعرضت السيارة الحمراء لحادث.
لم تتعرض السيارة الحمراء لحادث.

09 تعرضت السيارة الحمراء والسيارة الرمادية لحادث.
الغواصة في الْماء.
السفينة لها أشرعة.
السيارة الحمراء والبيضاء مصفوفتان.

10 تحطمت السيارة الحمراء.
لم تتحطم السيارة الحمراء.
السفينة الكبيرة تَمخر في الْماء.
شاحنة القطر تسحب السيارة.

4-09 الْعَرَبَات.

01 دَرَّاجَة نَارِيَّة
دَرَّاجَات نَارِيَّة
حَافِلَة صَفْرَاء
حَافِلَتَان صَفْرَاوَان

02 سَيَّارَة صَغِيرَة حَمْرَاء
لِيمُوزِين بَيْضَاء
سَفِينَة حَمْرَاء
شَاحِنَة كَبِيرَة سَوْدَاء

03 الشَّاحِنَة تَقْطُرُ السَّيَّارَة.
أَحَدُ النَّاس يَقُود سَيَّارَة.
السَّيَّارَة الْحَمْرَاء خَلْفَ الشَّاحِنَة.
الشَّاحِنَة تَقْطُرُ قَارِبًا.

04 الشَّاحِنَة فَوْقَ جِسْر وَتَحْتَ الْجِسْر الآخَر.
شَاحِنَة وَسَيَّارَة تَحْتَ الْجِسْر.
جِسْر كَبِير.
السَّيَّارَة مَصْفُوفَة أَمَامَ الْمَنْزِل.

05 الدَّرَّاجَة مَصْفُوفَة.
يَضَعُ الرَّجُل الدَّرَّاجَة عَلَى الْحَافِلَة الصَّغِيرَة.
تَصْعَدُ الْمَرْأَة إِلَى الْحَافِلَة الصَّغِيرَة.
الزَّوارِق فِي النَّهْر.

06 تَنْعَطِفُ السَّيَّارَة.
تَمُرُّ السَّيَّارَات فَوقَ الْجَلِيد.
السَّيَّارَات الْحَمْرَاء فِي عَرْض.
السَّيَّارَة تَتَجَاوَز شَاحِنَة.

07 لِيمُوزِين سَوْدَاء
سَيَّارَة أَثَرِيَّة
سَيَّارَة مَكْشُوفَة
سَيَّارَة رِيَاضِيَّة حَمْرَاء

08 الْقِطَارُ فِي الْجَبَل.
يَرْكَبُ النَّاس التَّرام.
تَعَرَّضَت السَّيَّارَة الْحَمْرَاء لِحَادِث.
لَمْ تَتَعَرَّض السَّيَّارَة الْحَمْرَاء لِحَادِث.

09 تَعَرَّضَت السَّيَّارَة الْحَمْرَاء وَالسَّيَّارَة الرَّمَادِيَّة لِحَادِث.
الْغَوَّاصَة فِي الْمَاء.
السَّفِينَة لَهَا أَشْرِعَة.
السَّيَّارَة الحَمْرَاء وَالْبَيْضَاء مَصْفُوفَتَان.

10 تَحَطَّمَت السَّيَّارَة الْحَمْرَاء.
لَمْ تَتَحَطَّم السَّيَّارَة الحَمْرَاء.
السَّفِينَة الْكَبِيرَة تَمْخُرُ فِي الْمَاء.
شَاحِنَةُ الْقَطْر تَسْحَبُ السَّيَّارَة.

4-10 الجار والْمجرور.

01 إنه يقفز بالعمود.
إنها تغني بِمكبر صوت.
الولد ذو الكنزة الحمراء يلعب. إنه يلعب مع أصدقائه.
إنه يقود دراجة مستعملا يديه.

02 إنه يقفز بدون عمود.
إنها تغني بدون مكبر صوت.
إنه يلعب بدون أصدقائه.
إنه يقود الدراجة بدون أن يستعمل يديه.

03 إنه يقفز بالعمود.
إنه يقفز بدون عمود.
إنها تغني بِمكبر صوت.
إنها تغني بدون مكبر صوت.

04 إنه يلعب مع أصدقائه.
إنه يلعب بدون أصدقائه.
إنه يقود دراجة بدون أن يستعمل يديه.
إنه يقود دراجة مستعملا يديه.

05 يقفز الرجل بدون مظلة.
يقفز الرجل بالْمظلة.
إنه يتسلق بالحبل.
إنه يتسلق بدون حبل.

06 يجري الرجل بدون قميص.
يجري الرجل ذو القميص.
تجلس إمرأة ذات نظارات.
تجلس إمرأة بدون نظارات.

07 يَمشي الناس بِمظلات.
يَمشي الناس بدون مظلات.
الشخص ذو الخوذة يركب دراجة.
شخص بدون خوذة يركب دراجة.

08 تَمشي الْمرأة ذات القبعة.
تَمشي الْمرأة بدون قبعة.
رجل بدون قبعة يجلس على صندوق.
رجل ذو قبعة يجلس على صندوق.

09 الرجل ذو الطاقية يكتب.
الرجل ذو القبعة يشير بيده.
رجل بدون قبعة يشير بيده.
رجل بدون طاقية يكتب.

10 الولد ذو الكنزة يلعب في الرمل.
ولد بدون كنزة يلعب في الرمل.
الولد ذو الكنزة يلعب في العشب.
ولد بدون كنزة على العشب.

4-10 الْجَار وَالْمَجْرُور.

01 إِنَّهُ يَقْفِزُ بِالْعَمُود.
إِنَّهَا تُغَنِّي بِمُكَبِّرِ صَوْت.
الْوَلَد ذُو الْكُنْزَةِ الْحَمْرَاء يَلْعَب. إِنَّهُ يَلْعَبُ مَعَ أَصْدِقَائِه.
إِنَّهُ يَقُودُ دَرَّاجَةَ مُسْتَعْمِلاً يَدَيْه.

02 إِنَّهُ يَقْفِزُ بِدُونِ عَمُود.
إِنَّهَا تُغَنِّي بِدُونِ مُكَبِّرِ صَوْت.
إِنَّهُ يَلْعَبُ بِدُونِ أَصْدِقَائِه.
إِنَّهُ يَقُودُ الدَّرَّاجَة بِدُونِ أَنْ يَسْتَعْمِلَ يَدَيْه.

03 إِنَّهُ يَقْفِزُ بِالْعَمُود.
إِنَّهُ يَقْفِزُ بِدُونِ عَمُود.
إِنَّهَا تُغَنِّي بِمُكَبِّرِ صَوْت.
إِنَّهَا تُغَنِّي بِدُونِ مُكَبِّرِ صَوْت.

04 إِنَّهُ يَلْعَبُ مَعَ أَصْدِقَائِه.
إِنَّهُ يَلْعَبُ بِدُونِ أَصْدِقَائِه.
إِنَّهُ يَقُودُ دَرَّاجَةَ بِدُونَ أَنْ يَسْتَعْمِلَ يَدَيْه.
إِنَّهُ يَقُودُ دَرَّاجَة مُسْتَعْمِلاً يَدَيْه.

05 يَقْفِزُ الرَّجُل بِدُون مِظَلَّة.
يَقْفِزُ الرَّجُل بِالْمِظَلَّة.
إِنَّهُ يَتَسَلَّقُ بِالْحَبْل.
إِنَّهُ يَتَسَلَّقُ بِدُونِ حَبْل.

06 يَجْرِي الرَّجُل بِدُون قَمِيص.
يَجْرِي الرَّجُل ذُو الْقَمِيص.
تَجْلِسُ إِمْرَأَة ذَاتَ نَظَّارَات.
تَجْلِسُ إِمْرَأَة بِدُونِ نَظَّارَات.

07 يَمْشِي النَّاس بِمِظَلاَّت.
يَمْشِي النَّاس بِدُونِ مِظَلاَّت.
الشَّخْصُ ذُو الْخُوذَة يَرْكَبُ دَرَّاجَة.
شَخْصُ بِدُونِ خُوذَة يَرْكَبُ دَرَّاجَة.

08 تَمْشِي الْمَرْأَة ذَات الْقُبَّعَة.
تَمْشِي الْمَرْأَة بِدُون قُبَّعَة.
رَجُلٌ بِدُون قُبَّعَة يَجْلِسُ عَلَى صُنْدُوق.
رَجُلٌ ذُو قُبَّعَة يَجْلِسُ عَلَى صُنْدُوق.

09 الرَّجُل ذُو الطَّاقِيَة يَكْتُب.
الرَّجُل ذُو الْقُبَّعَة يُشِيرُ بِيَدِه.
رَجُلٌ بِدُونِ قُبَّعَة يُشِيرُ بِيَدِه.
رَجُلٌ بِدُونِ طَاقِيَة يَكْتُب.

10 الْوَلَدُ ذُو الكَنْزَة يَلْعَبُ فِي الرَّمْل.
وَلَدُ بِدُون كَنْزَة يَلْعَبُ فِي الرَّمْل.
الْوَلَدُ ذُو الكَنْزَة يَلْعَبُ فِي الْعُشْب.
وَلَدُ بِدُونِ كَنْزَة عَلَى الْعُشْب.

4-11 مراجعة الوحدة الرابعة.

01 ماذا يفعل الرجل؟
إنه يشرب ماء.

ماذا يفعل الرجل؟
إنه يعزف القيثارة.

ماذا يفعل الرجل؟
إنه يشرع في لبس كنزته.

ماذا يفعل الرجل؟
إنه يجلس مع إبنه.

02 اليدان والقدمان بعيدتان عن بعضهما.
اليدان والقدمان مع بعضهما.
القدمان بعيدتان عن بعضهما واليدان مع بعضهما.
القدمان مع بعضهما واليدان بعيدتان عن بعضهما.

03 خمسة وسبعون
خمسة وثمانون
خمسة وتسعون
مائة

04 لا يستطيع الرجل أن يتكلم الآن لأنه يشرب.
يستطيع الرجل أن يتكلم لأنه لا يشرب.
لا يستطيع الولد أن يتكلم لأنه تحت الْماء.
يستطيع الولد أن يتكلم لأنه ليس تحت الْماء.

05 القطة نائمة.
القطة صاحية.
الرضيع نائم.
الرضيع صاحي.

06 تغني الْمرأة وهي تعزف على البيانو الكهربائي.
تشرب الْمرأة وهي تعزف على البيانو الكهربائي.
تَمشط الْمرأة شعرها وهي تُمسك بحقيبة يدها.
تكتب الْمرأة وهي تُمسك حقيبة يدها.

07 أخت وأخ وأمهما
زوج وزوجة وإبنتهما
أخت وأخ مع والديهما
أخت وأخ بدون والديهما

08 أحد الناس يركب الحصان.
لا أحد يركب الحصان.
في الطبق شيء ما.
لا شيء في الطبق.

09 الشاحنة تقطر السيارة.
أحد الناس يقود سيارة.
السيارة الحمراء خلف الشاحنة.
الشاحنة تقطر قاربا.

10 الرجل ذو الطاقية يكتب.
الرجل ذو القبعة يشير بيده.
رجل بدون قبعة يشير بيده.
رجل بدون طاقية يكتب.

4-11 مُراجَعَة الْوِحْدَة الرَّابِعَة.

01 مَاذَا يَفْعَلُ الرَّجُل؟
إِنَّهُ يَشْرَبُ مَاء.

مَاذَا يَفْعَلُ الرَّجُل؟
إِنَّهُ يَعْزِفُ الْقِيثَارَة.

مَاذَا يَفْعَلُ الرَّجُل؟
إِنَّهُ يَشْرَعُ فِي لِبْسِ كَنْزَتِهِ.

مَاذَا يَفْعَلُ الرَّجُل؟
إِنَّهُ يَجْلِس مَعَ إِبْنِه.

02 الْيَدَان والْقَدَمَان بَعِيدَتَان عَنْ بَعْضِهِما.
الْيَدَان والْقَدَمَان مَعَ بَعْضِهِما.
الْقَدَمَان بَعِيدَتَان عَنْ بَعْضِهِمَا وَالْيَدَان مَعَ بَعْضِهِمَا.
الْقَدَمَان مَعَ بَعْضِهِمَا وَالْيَدَان بَعِيدَتَان عَنْ بَعْضِهِمَا.

03 خَمْسَة وَسَبْعُون
خَمْسَة وَثَمَانُون
خَمْسَة وَتِسْعُون
مِائَة

04 لاَ يَسْتَطِيعُ الرَّجُل أَنْ يَتَكَلَّم الآنَ لأَنَّهُ يَشْرَب.
يَسْتَطِيعُ الرَّجُل أَنْ يَتَكَلَّم لأَنَّهُ لاَ يَشْرَب.
لاَ يَسْتَطِيع الْوَلَد أَنْ يَتَكَلَّم لأَنَّهُ تَحْتَ الْمَاء.
يَسْتَطِيعُ الْوَلَد أَنْ يَتَكَلَّم لأَنَّهُ لَيْسَ تَحْتَ الْمَاء.

05 الْقِطَّة نَائِمَة.
الْقِطَّة صَاحِيَة.
الرَّضِيع نَائِم.
الرَّضِيع صَاحِي.

06 تُغَنِّي الْمَرْأَة وَهِيَ تَعْزِف عَلَى الْبِيَانو الْكَهْرَبَائِي.
تَشْرَب الْمَرْأَة وَهِيَ تَعْزِف عَلَى الْبِيَانو الْكَهْرَبَائِي.
تَمْشِط الْمَرْأَة شَعْرَهَا وَهِيَ تُمْسِك بِحَقِيبَة يَدِهَا.
تَكْتُبُ الْمَرْأَة وَهِيَ تُمْسِك حَقِيبَة يَدِهَا.

07 أُخْتٌ وَأَخٌ وَأُمُّهُمَا
زَوْجٌ وَزَوْجَةٌ وَإِبْنَتُهُمَا
أُخْتٌ وَأَخٌ مَعَ وَالِدَيْهِمَا
أُخْتٌ وَأَخٌ بِدُونِ وَالِدَيْهِمَا

08 أَحَد النَّاس يَرْكَب الْحِصَان.
لاَ أَحَد يَرْكَبُ الْحِصَان.
فِي الطَّبَق شَيْءٌ مَا.
لاَ شَيْءَ فِي الطَّبَق.

09 الشَّاحِنَة تَقْطُرُ السَّيَّارَة.
أَحَدُ النَّاس يَقُود سَيَّارَة.
السَّيَّارَة الْحَمْرَاء خَلْفَ الشَّاحِنَة.
الشَّاحِنَة تَقْطُرُ قَارِبًا.

10 الرَّجُل ذُو الطَّاقِيَة يَكْتُب.
الرَّجُل ذُو الْقُبَّعَة يُشِيرُ بِيَدِه.
رَجُلٌ بِدُونِ قُبَّعَة يُشِيرُ بِيَدِهِ.
رَجُلٌ بِدُونِ طَاقِيَة يَكْتُب.

5-01 الجمع والطرح، الضرب والقسمة.

01 ستة
واحد
عشرون
تسعة

02 إثنان
خمسة
أحد عشر
ثمانية

03 ثلاثة
أربعة
سبعة
عشرة

04 واحد زائد واحد يساوي إثنين.
واحد زائد إثنين يساوي ثلاثة.
واحد زائد ثلاثة يساوي أربعة.
واحد زائد أربعة يساوي خمسة.

05 ثلاثة زائد أربعة تساوي سبعة.
ثلاثة زائد خمسة تساوي ثمانية.
ستة ناقص إثنين تساوي أربعة.
ستة ناقص أربعة تساوي إثنين.

06 ستة زائد خمسة تساوي أحد عشر.
ستة زائد ستة تساوي إثني عشر.
أربعة زائد ثلاثة تساوي سبعة.
أربعة زائد خمسة تساوي تسعة.

07 ثمانية ناقص إثنين تساوي ستة.
ثمانية ناقص أربعة تساوي أربعة.
سبعة ناقص ثلاثة تساوي أربعة.
سبعة ناقص خمسة تساوي إثنين.

08 إثنا عشر ناقص خمسة تساوي سبعة.
إثنا عشر ناقص ستة تساوي ستة.
إثنا عشر ناقص سبعة تساوي خمسة.
إثنا عشر ناقص ثمانية تساوي أربعة.

09 إثنا عشر على إثنين تساوي ستة.
إثنان في ستة تساوي اثني عشر.
ستة على ثلاثة تساوي إثنين.
إثنان في ثمانية تساوي ستة عشر.

10 عشرة على خمسة تساوي إثنين.
خمسة عشر على خمسة تساوي ثلاثة.
عشرون على خمسة تساوي أربعة.
أربعة في خمسة تساوي عشرين.

5-01 الْجَمْع وَالطَّرح، الضَّرب وَالْقِسْمَة.

01 سِتَّة
وَاحِد
عِشْرُون
تِسْعَة

02 إِثْنَان
خَمْسَة
أَحَدَ عَشَر
ثَمَانِيَة

03 ثَلاَثَة
أَرْبَعَة
سَبْعَة
عَشَرَة

04 وَاحِد زَائِد وَاحِد يُساوي إِثْنَيْن.
وَاحِد زَائِد إِثْنَيْن يُساوي ثَلاَثَة.
وَاحِد زَائِد ثَلاَثَة يُساوِي أَرْبَعَة.
وَاحِد زَائِد أَرْبَعَة يُساوِي خَمْسَة.

05 ثَلاَثَة زَائِد أَرْبَعَة تُساوي سَبْعَة.
ثَلاَثَة زَائِد خَمْسَة تُساوِي ثَمَانِيَة.
سِتَّة نَاقِص إِثْنَيْن تُساوِي أَرْبَعَة.
سِتَّة نَاقِص أَرْبَعَة تُساوِي إِثْنَين.

06 سِتَّة زَائِد خَمْسَة تُساوي أَحَدَ عَشَر.
سِتَّة زَائِد سِتَّة تُساوي إِثْنَي عَشَر.
أَرْبَعَة زَائِد ثَلاَثَة تُساوي سَبْعَة.
أَرْبَعَة زَائِد خَمْسَة تُساوِي تِسْعَة.

07 ثَمَانِيَة نَاقِص إِثْنَين تُساوِي سِتَّة.
ثَمَانِيَة نَاقِص أَرْبَعَة تُساوِي أَرْبَعَة.
سَبْعَة نَاقِص ثَلاثَة تُساوي أَرْبَعَة.
سَبْعَة نَاقِص خَمْسَة تُساوِي إِثْنَين.

08 إِثْنَا عَشَر نَاقِص خَمْسَة تُساوي سَبْعَة.
إِثْنَا عَشَر نَاقِص سِتَّة تُساوي سِتَّة.
إِثْنَا عَشَر نَاقِص سَبْعَة تُساوِي خَمْسَة.
إِثْنَا عَشَر نَاقِص ثَمَانِيَة تُساوِي أَرْبَعَة.

09 إِثْنَا عَشَر عَلَى إِثْنَين تُساوي سِتَّة.
إِثْنَان فِي سِتَّة تُساوي إِثْنَيْ عَشَر.
سِتَّة عَلَى ثَلاَثَة تُساوي إِثْنَين.
إِثْنَان فِي ثَمَانِيَة تُساوي سِتَّة عَشَر.

10 عَشَرَة عَلَى خَمْسَة تُساوي إِثْنَين.
خَمْسَة عَشَر عَلَى خَمْسَة تُساوي ثَلاَثَة.
عِشْرُون عَلَى خَمْسَة تُساوِي أَرْبَعَة.
أَرْبَعَة فِي خَمْسَة تُساوي عِشْرِين.

5-02 الْملكية.

01 ولد
الولد وأبوه
الولد وكلبه
كلب الولد بدون الولد

02 إمرأة شقراء الشعر وكلبها
رجل وكلبه
إمرأة سوداء الشعر وكلبها
ولد وكلبه

03 تروض الْمرأة كلبها.
يروض الولد كلبه.
أحد الناس يروض ثلاثة كلاب.
تروض النساء كلابهن.

04 قبعة الْمرأة سوداء.
خوذة الرجل بيضاء.
حصان الْمرأة يقفز.
حصان الرجل يرفس.

05 جوارب البنت بيضاء.
قميص البنت أبيض.
كلب الرجل صغير.
كلب الرجل يقرأ.

06 واحدة مع قطتها
واحدة مع حصانها
أحد الناس مع قطته
أحد الناس مع حصانه

07 يلبس الرجل قميصه.
ليس هذا قميص الولد. هذا القميص كبير عليه.
قميص الرجل على الْمائدة.
ليس هذا قميص الرجل. هذا القميص صغير عليه.

08 قبعة امرأة
قبعة رجل
يد رجل
يد إمرأة

09 سيارة أطفال
سيارة للكبار
ملابس أطفال
ملابس للكبار

10 قفاز إمرأة
قفازات رجال
أرجل نساء
رجلا إمرأة

5-02 الْمِلْكِيَّة.

01 وَلَد
الْوَلَد وَأَبُوه
الْوَلَد وكَلْبُه
كَلْبَ الْوَلَد بِدُون الْوَلَد

02 إِمْرَأَة شَقْرَاءُ الشَّعْر وَكَلْبُهَا
رَجُلٌ وَكَلْبُه
إِمْرَأَة سَوْدَاءُ الشَّعْر وَكَلْبُهَا
وَلَد وَكَلْبُه

03 تُرَوِّضُ الْمَرْأَة كَلْبَهَا.
يُرَوِّضُ الْوَلَد كَلْبَهُ.
أَحَدُ النَّاس يُرَوِّض ثَلاَثَة كِلاَب.
تُرَوِّض النِّسَاء كِلاَبَهُنّ.

04 قُبَّعَة الْمَرْأَة سَوْدَاء.
خَوذَةُ الرَّجُل بَيْضَاء.
حِصَانُ الْمَرْأَة يَقْفِز.
حِصَانُ الرَّجُل يَرْفِس.

05 جَوَارِب الْبِنْت بَيْضَاء.
قَمِيصُ الْبِنْت أَبْيَض.
كَلْبُ الرَّجُل صَغِير.
كَلْبُ الرَّجُل يَقْرَأ.

06 وَاحِدَة مَعَ قِطَّتِهَا.
وَاحِدَة مَعَ حِصَانِهَا.
أَحَدُ النَّاس مَعَ قِطَّتِه.
أَحَدُ النَّاس مَعَ حِصَانِه.

07 يَلْبِس الرَّجُلُ قَمِيصَهُ.
لَيْسَ هَذَا قَمِيصُ الْوَلَد. هَذَا الْقَمِيص كَبِيرٌ عَلَيْه.
قَمِيصُ الرَّجُل عَلَى الْمَائِدَة.
لَيْسَ هَذَا قَمِيصُ الرَّجُل. هَذَا الْقَمِيص صَغِيرٌ عَلَيْه.

08 قُبَّعَة امْرَأَة
قُبَّعَة رَجُل
يَد رَجُل
يَد إِمْرَأَة

09 سَيَّارَة أَطْفَال
سَيَّارَة لِلْكِبَار
مَلاَبِس أَطْفَال
مَلاَبِس لِلْكِبَار

10 قُفَّاز إِمْرَأَة
قُفَّازَات رِجَال
أَرْجُل نِسَاء
رِجْلا إِمْرَأَة

5-03 الفعل الْمضارع والْماضي والْمستقبل.

01 البنت تقفز.
البنت تَمشي.
البنت تركب.
البنت تضحك.

02 سيقفز الولد.
سيسقط الولد.
سيأكل الولد.
سيركب الولد.

03 قفزت الْمرأة.
فتحت الْمرأة الدرج.
رمت الْمرأة الكرة.
نامت الْمرأة.

04 سيتعانق الرجل والْمرأة.
يتعانق الرجل والْمرأة.
هذا العمل لبيكاسو.
ليس هذا العمل لبيكاسو.

05 الطائر يسبح.
الطائر يطير.
الطائر يَمشي.
الطائر يرفرف جناحيه ولكنه لا يطير.

06 سيمسك الكلب الطبق الطيار.
أمسك الكلب الطبق الطيار.
سيرفع الكلب القبعة.
رفع الكلب القبعة.

07 قفز الحصان.
رمى الحصان راعي الأبقار من ظهره.
صعد الحصان.
نزل الحصان.

08 سيقفز الأطفال من الْمائدة.
يقفز الأطفال من الْمائدة.
قفز الأطفال من الْمائدة.
يَمشي الأطفال حول الْمائدة.

09 الرجل ذو القميص الأبيض سيتسلق الجدار.
الرجل ذو القميص الأبيض يتسلق الجدار.
سيفتح الجمل فمه.
فتح الجمل فمه.

10 سوف يستعمل الرجل الهاتف النقال. إنه يخرجه من جيبه.
يستعمل الرجل الهاتف النقال.
يُمسك الرجل الهاتف النقال ولكنه لا يستعمله.
يستعمل الرجل هاتفا أحمر.

5-03 الْفِعْل الْمُضَارِع وَالْمَاضِي وَالْمُسْتَقْبَل.

01 الْبِنْت تَقْفِز.
الْبِنْت تَمْشِي.
الْبِنْت تَرْكَب.
الْبِنْت تَضْحَك.

02 سَيَقْفِزُ الْوَلَد.
سَيَسْقُطُ الْوَلَد.
سَيَأكُلُ الْوَلَد.
سَيَرْكَبُ الْوَلَد.

03 قَفَزَتْ الْمَرْأَة.
فَتَحَتْ الْمَرْأَة الدُّرْج.
رَمَتْ الْمَرْأَة الْكُرَة.
نَامَتْ الْمَرْأَة.

04 سَيَتَعَانَق الرَّجُل وَالْمَرْأَة.
يَتَعَانَقُ الرَّجُل وَالْمَرْأَة.
هَذَا الْعَمَل لِبِيكَاسُو.
لَيْسَ هَذَا الْعَمَل لِبِيكَاسُو.

05 الطَّائِرُ يَسْبَح.
الطَّائِرُ يَطِير.
الطَّائِرُ يَمْشِي.
الطَّائِرُ يُرَفْرِفُ جَنَاحَيْه وَلَكِنَّهُ لاَ يَطِير.

06 سَيُمْسِكُ الْكَلْب الطَّبَق الطَّيَّار.
أَمْسَكَ الْكَلبُ الطَّبقَ الطَّيَّار.
سَيَرْفَعُ الْكَلبُ الْقُبَّعَة.
رَفَعَ الْكَلْبُ الْقُبَّعَة.

07 قَفَزَ الْحِصَان.
رَمَى الْحِصَان رَاعِي الأَبْقَار مِنْ ظَهْرِهِ.
صَعَدَ الْحِصَان.
نَزَلَ الْحِصَان.

08 سَيَقْفِز الأَطْفَال مِنَ الْمَائِدَة.
يَقْفِز الأَطْفَال مِنَ الْمَائِدَة.
قَفَزَ الأَطْفَال مِنَ الْمَائِدَة.
يَمْشِي الأَطْفَال حَوْلَ الْمَائِدَة.

09 الرَّجُل ذُو الْقَمِيص الأَبْيَض سَيَتَسَلَّق الْجِدَار.
الرَّجُلُ ذُو الْقَمِيص الأَبْيَض يَتَسَلَّقُ الْجِدَار.
سَيَفْتَحُ الْجَمَل فَمَه.
فَتَحَ الْجَمَلُ فَمَه.

10 سَوْفَ يَسْتَعْمِلُ الرَّجُلُ الْهَاتِف النَّقَّال. إِنَّهُ يُخْرِجُهُ مِنْ جَيْبِه.
يَسْتَعْمِلُ الرَّجُلُ الْهَاتِف النَّقَّال.
يُمْسِكِ الرَّجُل الْهَاتِفَ النَّقَّال وَلَكِنَّهُ لاَ يَسْتَعْمِلهُ.
يَسْتَعْمِلُ الرَّجُلُ هَاتِفًا أَحْمَر.

5-04 العشرات والمئات والآلاف.

01 سبعة عشر
سبعة وعشرون
سبعة وثلاثون
ثمانية وثلاثون

02 ثلاثة وأربعون
أربعة وثلاثون
ثلاثة وستون
ستة وثلاثون

03 ثمانية وسبعون
سبعة وثمانون
خمسة وتسعون
تسعة وخمسون

04 مائة وخمسة وأربعون
مائة وأربعة وخمسون
مائتان وثمانية وسبعون
مائتان وسبعة وثمانون

05 ثلاثمائة وخمسة وعشرون
ثلاثمائة وإثنان وخمسون
أربعمائة وخمسة وعشرون
أربعمائة وإثنان وخمسون

06 خمسمائة وتسعة وأربعون
خمسمائة وتسعة وخمسون.
ستمائة وتسعة وستون
ستمائة وستة وتسعون

07 سبعمائة وأربعة وثلاثون
سبعمائة وثلاثة وأربعون
ثمانِمائة وأربعة وثلاثون
ثمانِمائة وثلاثة وأربعون

08 تسعمائة وستة وعشرون
تسعمائة وإثنان وستون
ألف وسبعة وثمانون
ألف وثمانية وسبعون

09 ألف وثمانِمائة وسبعة وخمسون
ألفان وثمانِمائة وسبعة وخمسون
ألف وثمانِمائة وخمسة وسبعون
ألفان وثمانِمائة وخمسة وسبعون

10 ثلاثة آلاف ومائة وخمسة وعشرون
سبعة آلاف ومائة وخمسة وعشرون
تسعة آلاف ومائة وخمسة وعشرون
عشرة آلاف ومائة وخمسة وعشرون

5-04 الْعَشَرات وَالْمِئَات وَالآلاف.

01 سَبْعَةَ عَشَر
سَبْعَةٌ وَعِشْرُون
سَبْعَةٌ وَثَلاثُون
ثَمَانِيَة وَثَلاثُون

02 ثَلاثَة وَأَرْبَعُون
أَرْبَعَة وَثَلاثُون
ثَلاثَة وَسِتُّون
سِتَّة وَثَلاثُون

03 ثَمَانِيَة وَسَبْعُون
سَبْعَة وَثَمَانُون
خَمْسَة وَتِسْعُون
تِسْعَة وَخَمْسُون

04 مِائَة وَخَمْسَة وَأَرْبَعُون
مِائَة وَأَرْبَعَة وَخَمْسُون
مِائَتَان وَثَمَانِيَة وَسَبْعُون
مِائَتَان وَسَبْعَة وَثَمَانُون

05 ثَلاثُمِائَة وَخَمْسَة وَعِشْرُون
ثَلاثُمِائَة وَإِثْنَان وَخَمْسُون
أَربعمِائَة وَخَمسَة وعِشْرُون
أَرْبَعمِائَة وَإِثْنَان وَخَمْسُون

06 خَمْسمِائَة وَتِسْعَة وَأَرْبَعُون
خَمْسمِائَة وَتِسْعَة وَخَمْسُون
سِتّمِائَة وَتِسْعَة وَسِتُّون
سِتّمِائَة وَسِتَّة وَتِسْعُون

07 سَبْعمِائَة وَأَرْبَعَة وَثَلاثُون
سَبْعمِائَة وَثَلاثَة وَأَرْبَعُون
ثَمَانمِائَة وَأَرْبَعَة وَثَلاثُون
ثَمَانمِائَة وَثَلاثَة وَأَرْبَعُون

08 تِسْعمِائَة وَسِتَّة وَعِشْرُون
تِسْعمِائَة وَإِثْنَان وَسِتُّون
أَلْف وَسَبْعَة وَثَمَانُون
أَلْف وَثَمَانِيَة وَسَبْعُون

09 أَلْف وَثَمَانمِائَة وَسَبْعَة وَخَمْسُون
أَلْفَان وَثَمَانمِائَة وَسَبْعَة وَخَمْسُون
أَلْف وَثَمَانمِائَة وَخَمْسَة وَسَبْعُون
أَلْفَان وَثَمَانمِائَة وَخَمْسَة وَسَبْعُون

10 ثَلاثَة آلاف وَمِائَة وَخَمْسَة وَعِشْرُون
سَبْعَة آلاف وَمِائَة وَخَمْسَة وَعِشْرُون
تِسْعَة آلاف وَمِائَة وَخَمْسَة وَعِشْرُون
عَشَرَة آلاف وَمِائَة وَخَمْسَة وَعِشْرُون

5-05 الْمفعول.

01 يدفع الرجل الدراجة.
يدفع الرجل عربة اليد.
تدفع الْمرأة الصناديق.
يدفع الرجال الحشية.

02 يسحب الرجل عربة اليد.
الحصان الصغير يسحب العربة.
إنهم يسحبون الحشية.
إنهم يدفعون الحشية.

03 إنه يسحب عربة اليد.
إنه يدفع عربة اليد.
إنهم يدفعون الحشية.
إنهم يسحبون الحشية.

04 يصلح الرجل الدراجة.
يركب الرجل الدراجة.
تروض الْمرأة كلبها.
تلعب الْمرأة مع كلبها.

05 تلبس البنت قبعة.
تُمسك البنت القبعة بيدها.
يُمسك الرجل كوب الْماء. إنه لا يشرب.
يشرب الرجل كوب الْماء.

06 تصعد الْمرأة الدرج.
تدفع الْمرأة الصناديق.
يحمل الرجل الطفل.
يدفع الرجل عربة اليد.

07 الْمرأة تعطي الولد نقودا.
الرجل يعطي الْمرأة دواء.
الْمرأة تعطي الولد القيثارة.
الرجل يعطي البنت القيثارة.

08 يأخذ الولد النقود من الْمرأة.
يأخذ الولد القيثارة من الْمرأة.
تأخذ البنت القيثارة من الرجل.
تأخذ الْمرأة الدواء من الرجل.

09 تأخذ البنت طبقا.
أحد الناس يعطي الرجل طبقا من الطعام.
أحد الناس يعطي الْمرأة طبقا من الطعام.
يعطي الرجل القيثارة للبنت.

10 الْمرأة تعطي الولد النقود.
أحد الناس يعطي الْمرأة شيئا.
يأخذ الرجل كوبا من اللبن.
أعطى الرجل كوبا من اللبن للمرأة.

5-05 الْمَفْعُول.

01 يَدْفَع الرَّجُل الدَّرَّاجَة.
يَدْفَع الرَّجُل عَرَبَة الْيَد.
تَدْفَعُ الْمَرْأَة الصَّنَاديق.
يَدْفَع الرِّجَال الْحَشِيَّة.

02 يَسْحَب الرَّجُل عَرَبَة الْيَد.
الْحِصَان الصَّغِير يَسْحَب الْعَرَبَة.
إِنَّهُمْ يَسْحَبُونَ الْحَشِيَّة.
إِنَّهُمْ يَدْفَعُونَ الْحَشِيَّة.

03 إِنَّهُ يَسْحَب عَرَبَة الْيَد.
إِنَّهُ يَدْفَع عَرَبَة الْيَد.
إِنَّهُمْ يَدْفَعُونَ الْحَشِيَّة.
إِنَّهُمْ يَسْحَبُونَ الْحَشِيَّة.

04 يُصْلِح الرَّجُل الدَّرَّاجَة.
يَرْكَب الرَّجُل الدَّرَّاجَة.
تُرَوِّضُ الْمَرْأَة كَلْبَهَا.
تَلْعَب الْمَرأَة مَعَ كَلْبِهَا.

05 تَلْبَس الْبِنْت قُبَّعَة.
تَمْسك الْبِنْت الْقُبَّعَة بِيَدهَا.
يُمْسِكُ الرَّجُل كُوبَ الْمَاء. إِنَّهُ لاَ يَشْرَب.
يَشْرَب الرَّجُل كُوبَ الْمَاء.

06 تَصْعَد الْمَرْأَة الدَّرَج.
تَدْفَع الْمَرْأَة الصَّنَاديق.
يَحْمِلُ الرَّجُل الطِّفْلَ.
يَدْفَعُ الرَّجُل عَرَبَة الْيَد.

07 الْمَرْأَة تُعْطِي الْوَلَد نُقُودًا.
الرَّجُل يُعْطِي الْمَرْأَة دَوَاءً.
الْمَرْأَة تُعْطِي الْوَلَد الْقِيثَارَة.
الرَّجُل يُعْطِي الْبِنْت الْقِيثَارَة.

08 يَأْخُذُ الْوَلَد النُّقُود مِنَ الْمَرْأَة.
يَأْخُذ الْوَلَد الْقِيثَارَة مِنَ الْمَرْأَة.
تَأْخُذُ الْبِنْت الْقِيثَارَة مِنَ الرَّجُل.
تَأْخُذُ الْمَرْأَة الدَّوَاء مِنَ الرَّجُل.

09 تَأْخُذُ الْبِنْت طَبَقًا.
أَحَد النَّاس يُعْطِي الرَّجُل طَبَقًا مِنَ الطَّعَام.
أَحَد النَّاس يَعْطِي الْمَرْأَة طَبَقًا مِنَ الطَّعَام.
يُعْطِي الرَّجُل الْقِيثَارَة لِلْبِنْت.

10 الْمَرْأَة تُعْطِي الْوَلَد النُّقُود.
أَحَد النَّاس يُعْطِي الْمَرْأَة شَيْئًا.
يَأْخُذ الرَّجُل كُوبًا مِنَ اللَّبَن.
أَعْطَى الرَّجُلُ كُوبًا مِنَ اللَّبَن لِلْمَرْأَة.

5-06 الساخن والبارد.

01 نار
الشمس
ثلج
جليد

02 النار حارة.
الشمس حارة.
الثلج بارد.
الْجليد بارد.

03 شجرة وزهور بنفسجية
شمعة
الثلج يغطي الأشجار.
الثلج يغطي الجبال.

04 النار تحرق الأشجار.
النار تحرق الشمعة.
الشمس خلف الأشجار.
الشمس خلف السحاب.

05 تعطي النار دخانا أسود.
تعطي النار دخانا أبيض.
الْموقد الصغير يعطي نارا زرقاء.
عود الكبريت يعطي نارا صفراء.

06 الجو حار في الصيف.
الجو بارد في الشتاء.
الخبز حار.
ليس الخبز حارا.

07 الجو بارد وهذان الشخصان يلبسان قبّعتان ووشاحان.
الجو حار وهذان الشخصان يجلسان في الشمس.
يلعب الناس في الْماء وقت الحر.
يلعب الشخصان في الثلج وقت البرد.

08 يوم حار
يوم بارد
طعام بارد
طعام حار

09 الجو حار.
الجو بارد.
مشروب بارد
مشروب حار

10 هو حران.
هو بردان.
تسطع الشمس على الْمرأة.
تسطع الشمس على العشب.

5-06 السَّاخِن وَالْبَارِد.

01 نَارُ
الشَّمْسُ
ثَلجُ
جَلِيدُ

02 النَّارُ حَارَّةٌ.
الشَّمْسُ حَارَّةٌ.
الثَّلْجُ بَارِدٌ.
الجَلِيدُ بَارِدٌ.

03 شَجَرَةٌ وَزُهُورُ بَنَفْسَجِيَّة
شَمْعَةٌ
الثَّلْجُ يُغَطِّي الأَشْجَار.
الثَّلْجُ يُغَطِّي الْجِبَال.

04 النَّارُ تَحْرِقُ الأَشْجَار.
النَّارُ تَحْرِقُ الشَّمْعَة.
الشَّمْسُ خَلْفَ الأَشْجَار.
الشَّمْسُ خَلْفَ السَّحَاب.

05 تُعْطِي النَّارُ دُخَّانًا أَسْوَد.
تُعْطِي النَّارُ دُخَّانًا أَبْيَض.
الْمَوْقِدُ الصَّغِيرُ يُعْطِي نَارًا زَرْقَاء.
عُودُ الْكَبْرِيت يُعْطِي نَارًا صَفْرَاء.

06 الْجَوُّ حَارٌّ فِي الصَّيْف.
الْجَوُّ بَارِدٌ فِي الشِّتَاء.
الخُبْزُ حَارٌّ.
لَيسَ الْخُبْزُ حَارّا.

07 الْجَوُّ بَارِدٌ وَهَذَان الْشَخْصَان يَلْبَسَان قُبَّعَتَان وَوِشَاحَان.
الْجَوُّ حَارٌّ وَهَذَان الْشَخْصَان يَجْلِسَانَ فِي الشَّمْس.
يَلْعَبُ النَّاسُ فِي الْمَاءِ وَقْتَ الْحَرّ.
يَلْعَبُ الشَخصَان فِي الْثَّلجِ وَقْتَ الْبَرْد.

08 يَوْمٌ حَارٌّ
يَوْمٌ بَارِدٌ
طَعَامٌ بَارِدٌ
طَعَامٌ حَارٌّ

09 الْجَوُّ حَارٌّ.
الْجَوُّ بَارِدٌ.
مَشْرُوبٌ بَارِد
مَشْرُوبٌ حَارّ

10 هُوَ حَرَّان.
هُوَ بَرْدَان.
تَسْطَعُ الشَّمْسُ عَلَى الْمَرْآة.
تَسْطَعُ الشَّمْسُ عَلَى الْعُشْب.

5-07 أنواع الأشياء.

01 الزهرة نوع من النبات.
العشب نوع من النبات.
الأشجار نوع من النبات.
الشجيرات والزهور أنواع من النباتات.

02 نوعان من الزهور
نوع واحد من الزهور
عدة أنواع من الفاكهة
نوع واحد من الفاكهة

03 العنب نوع من الفاكهة.
الْموز نوع من الفاكهة.
التفاح نوع من الفاكهة.
الكمثرى نوع من الفاكهة.

04 الكلاب نوع من الحيوان.
القطط نوع من الحيوان.
الخراف نوع من الحيوان.
البط نوع من الحيوان.

05 نوعان من البط
نوع واحد من البط
نوعان من الكلاب
نوع واحد من الكلاب

06 اللحم نوع من الطعام.
الفاكهة نوع من الطعام.
الخبز نوع من الطعام.
الآيس كريم نوع من الطعام.

07 العنب طعام.
الْموز طعام.
التفاح طعام.
الكمثرى طعام.

08 نوعان من الحيوانات
نوع واحد من الحيوان
نوع واحد من النبات
عدة أنواع من النباتات

09 الكلاب حيوانات.
الزهور نباتات.
الخيول والأبقار حيوانات.
البط حيوانات.

10 أنواع كثيرة من الطعام
أنواع كثيرة من النباتات
نبات وحيوان
نوعان من الحيوانات

5-07 أَنْوَاع الأَشْيَاء.

01 الزَّهْرَة نَوْعٌ مِنَ النَّبَات.
الْعُشْب نَوْعٌ مِنَ النَّبَات.
الأَشْجَار نَوْعٌ مِنَ النَّبَات.
الشُّجَيْرَات وَالزُّهُور أَنْوَاعٌ مِنَ النَّبَاتَات.

02 نَوْعَان مِنَ الزُّهُور
نَوْعٌ وَاحِد مِنَ الزُّهُور
عِدَّةُ أَنْوَاع مِنَ الْفَاكِهَة
نَوْعٌ وَاحِد مِنَ الْفَاكِهَة

03 الْعِنَب نَوْعٌ مِنَ الْفَاكِهَة.
الْمَوْز نَوْعٌ مِنَ الْفَاكِهَة.
التُّفَّاح نَوْعٌ مِنَ الْفَاكِهَة.
الْكُمَّثْرَى نَوْعٌ مِنَ الْفَاكِهَة.

04 الْكِلاَب نَوْعٌ مِنَ الْحَيَوَان.
الْقِطَط نَوْعٌ مِنَ الْحَيَوَان.
الْخِرَاف نَوْعٌ مِنَ الْحَيَوَان.
الْبَطّ نَوْعٌ مِنَ الْحَيَوَان.

05 نَوْعَان مِنَ الْبَطّ
نَوْعٌ وَاحِد مِنَ الْبَطّ
نَوْعَان مِنَ الْكِلاَب
نَوْعٌ وَاحِد مِنَ الْكِلاَب

06 اللَّحْم نَوْعٌ مِنَ الطَّعَام.
الْفَاكِهَة نَوْعٌ مِنَ الطَّعَام.
الْخُبْز نَوْعٌ مِنَ الطَّعَام.
الآيِسْ كِرِيم نَوْعٌ مِنَ الطَّعَام.

07 الْعِنَب طَعَام.
الْمَوْز طَعَام.
التُّفَّاح طَعَام.
الْكُمَّثْرَى طَعَام.

08 نَوْعَان مِنَ الْحَيَوَانَات
نَوْعٌ وَاحِد مِنَ الْحَيَوَان
نَوْعٌ وَاحِد مِنَ النَّبَات
عِدَّةُ أَنْوَاع مِنَ النَّبَاتَات

09 الْكِلاَب حَيَوَانَات.
الزُّهُور نَبَاتَات.
الْخُيُول وَالأَبْقَار حَيَوَانَات.
الْبَطّ حَيَوَانَات.

10 أَنْوَاعٌ كَثِيرَة مِنَ الطَّعَام
أَنْوَاعٌ كَثِيرَة مِنَ النَّبَاتَات
نَبَات وَحَيَوَان
نَوْعَان مِنَ الحَيَوَانَات

5-08 الأثاث، الْملابس والأدوات.

01 الْمائدة قطعة أثاث.
الكرسي قطعة أثاث.
السرير قطعة أثاث.
الأريكة قطعة أثاث.

02 الْمائدة والكراسي أثاث.
الْمكتب والكرسي أثاث.
السرير قطعة أثاث للنوم.
الأريكة قطعة أثاث للجلوس.

03 الْموائد أثاث.
الكراسي أثاث.
الكنبة قطعة أثاث للجلوس.
الخوان قطعة أثاث لحفظ الْملابس.

04 الفستان قطعة ملابس.
السترة قطعة ملابس.
القميص وربطة العنق قطع ملابس.
ملابس أطفال

05 يشرع الْمهرج في لبس ملابسه.
لبس الْمهرج ملابسه.
تشرع الْمرأة في لبس ملابسها.
لبست الْمرأة ملابسها.

06 يلبس هؤلاء الناس ملابس السهرة.
يلبس هذان الرجلان ملابس رعاة البقر.
يلبس هذان الزوجان ملابس السباحة.
يلبس هؤلاء الناس ملابس الْمهرجين.

07 يعزف الرجل على البيانو وهو مُمسك بساكسفون.
القيثارة آلة موسيقية.
الكمان آلة موسيقية.
الْمزمار آلة موسيقية.

08 أحد الناس يعزف القيثارة الكهربائيّة.
أحد الناس يعزف الْمزمار.
أحد الناس يعزف البيانو الكهربائي.
أحد الناس يدق على الطبلة.

09 الرجل يعزف الْمزمار والطبال يستمع.
يُمسك الرجل قيثارتين.
أحد الناس يعزف القيثارة.
أطفال يعزفون على البيانو.

10 قطع أثاث
ملابس
آلات موسيقية
قطعة أثاث واحدة

5-08 الأَثَاث، الْمَلابِس وَالأَدوات.

01 الْمَائِدَةُ قِطْعَةُ أَثَاث.
الْكُرْسِيُّ قِطْعَةُ أَثَاث.
السَّرِيرُ قِطْعَةُ أَثَاث.
الأَرِيكَةُ قِطْعَةُ أَثَاث.

02 الْمَائِدَةُ وَالْكَرَاسِي أَثَاث.
الْمَكْتَبُ وَالْكُرْسِيُّ أَثَاث.
السَّرِيرُ قِطْعَةُ أَثَاثٍ لِلنَّوْم.
الأَرِيكَةُ قِطْعَةُ أَثَاثٍ لِلْجُلُوس.

03 الْمَوَائِدُ أَثَاث.
الْكَرَاسِيُّ أَثَاث.
الْكَنَبَةُ قِطْعَةُ أَثَاثٍ لِلْجُلُوس.
الْخُوَانُ قِطْعَةُ أَثَاثٍ لِحِفْظِ الْمَلابِس.

04 الْفُسْتَانُ قِطْعَةُ مَلابِس.
السُّتْرَةُ قِطْعَةُ مَلابِس.
الْقَمِيصُ وَرَبْطَةُ الْعُنُقِ قِطَعُ مَلابِس.
مَلابِسُ أَطْفَال

05 يَشْرَعُ الْمُهَرِّجُ فِي لِبْسِ مَلابِسِه.
لَبِسَ الْمُهَرِّجُ مَلابِسَه.
تَشْرَعُ الْمَرْأَةُ فِي لِبْسِ مَلابِسِهَا.
لَبِسَت الْمَرْأَةُ مَلابِسَهَا.

06 يَلْبَسُ هَؤُلاءِ النَّاسُ مَلابِسَ السَّهْرَة.
يَلْبَسُ هَذَان الرَّجُلان مَلابِسَ رُعَاةِ الْبَقَر.
يَلْبَسُ هَذَان الزَوجَان مَلابِسَ السِّبَاحَة.
يَلْبَسُ هَؤُلاءِ النَّاسُ مَلابِسَ الْمُهَرِّجِين.

07 يَعْزِفُ الرَّجُل عَلَى الْبِيَانُو وَهُو مُمْسِكٌ بِساكْسَفون.
الْقِيثَارَة آلَةٌ مُوسِيقِيَّة.
الْكَمَانُ آلَةٌ مُوسِيقِيَّة.
الْمِزْمَارُ آلَةٌ مُوسِيقِيَّة.

08 أَحَدُ النَّاسِ يَعْزِفُ الْقِيثَارَة الْكَهْرُبَائِيَّة.
أَحَدُ النَّاسِ يَعْزِفُ الْمِزْمَار.
أَحَدُ النَّاسِ يَعْزِفُ الْبِيَانُو الْكَهْرُبَائِي.
أَحَدُ النَّاسِ يَدُقُّ عَلَى الطَّبْلَة.

09 الرَّجُلُ يَعْزِفُ الْمِزْمَار وَالطَّبَّالُ يَسْتَمِع.
يُمْسِكُ الرَّجُل قِيثَارَتَين
أَحَدُ النَّاسِ يَعْزِفُ الْقِيثَارة.
أَطْفَالٌ يَعْزِفُونَ عَلَى الْبِيَانُو.

10 قِطَعُ أَثَاثٍ
مَلابِس
آلاتٌ مُوسِيقِيَّة
قِطْعَةُ أَثَاثٍ وَاحِدَة

5-09 قليل وكثير/ اكثر وأقل.

01 شخصان على دراجة واحدة.
شخص واقف بين إثنين من راكبي الدراجات.
شخص على دراجة وشخصان يَمشيان.
هناك أناس كثيرون على دراجات كثيرة.

02 الكراسي أكثر من الْموائد.
التفاح الأخضر أكثر من التفاح الأحمر.
نفس كمية اللبن في كوب الْمرأة وكوب البنت.
الحلوى في يد الرجل اليسرى أكثر مِما في يده اليمنى.

03 الْموائد أقل من الكراسي.
التفاح الأحمر أقل من التفاح الأخضر.
في كلا الكوبين نفس كمية اللبن.
الحلوى في يد الرجل اليمنى أقل مِما في يده اليسرى.

04 هناك قليل من الطعام في هذه الصينية.
هناك كثير من الطعام في هذه الصينية.
الْماء في هذه الصورة أقل من الأرض.
الْماء في هذه الصورة أكثر من الأرض.

05 الرمل في هذه الصورة أكثر من العشب.
الرمل في هذه الصورة أقل من العشب.
اللبن في كوب البنت أكثر مِما في كوب الْمرأة.
اللبن في كوب البنت أقل مِما في كوب الْمرأة.

06 يُمكننا أن نحصي الأولاد: واحد، إثنان، ثلاثة.
يُمكننا أن نحصي الأولاد: واحد، إثنان، ثلاثة، أربعة.
يمكننا أن نحصي الأولاد: واحد، إثنان، ثلاثة، أربعة، خمسة، ستة.
يمكننا أن نحصي الشموع: واحد، إثنان، ثلاثة، أربعة، خمسة.

07 هناك نقود معدنية أكثر من أن تحصى.
هناك طيور أكثر من أن تحصى.
هناك زهور أكثر من أن تحصى.
هناك بالونات أكثر من أن تحصى.

08 بضعة بالونات
بالونات أكثر من أن تحصى
بضعة أشخاص
أناس أكثر من أن يحصوا

09 هناك أناس أكثر من أن يحصوا.
ليس هناك أناس أكثر من أن يحصوا.
هناك قبعات أكثر من أن تحصى.
ليس هناك قبعات أكثر من أن تحصى.

10 هناك زهور كثيرة جدا.
هناك فقط بضعة زهور.
هناك حيوانات أكثر من أن تحصى.
هناك فقط بضعة حيوانات.

5-09 قَلِيل وكَثِير/ أَكْثَر وَأَقَل.

01 شَخْصَان عَلَى دَرَّاجَة وَاحِدَة.
شَخْصٌ وَاقِفٌ بَيْنَ إِثْنَيْن مِنْ رَاكِبِي الدَّرَّاجَات.
شَخْصٌ عَلَى دَرَّاجَة وَشَخْصَان يَمْشِيَان.
هُنَاكَ أُنَاسٌ كَثِيرُون عَلَى دَرَّاجَاتٍ كَثِيرَة.

02 الكَرَاسِي أَكْثَر مِنَ الْمَوَائِد.
التُّفَّاح الأَخْضَر أَكْثَر مِنَ التُّفَّاح الأَحْمَر.
نَفْسُ كَمِّيَّةِ اللَّبَن فِي كُوبِ الْمَرْأَة وَكُوبِ الْبِنْت.
الحَلْوَى فِي يَد الرَّجُل الْيُسْرَى أَكْثَر مِمَّا فِي يَدِهِ الْيُمْنَى.

03 الْمَوَائِد أَقَلّ مِنَ الْكَرَاسِي.
التُّفَّاحَ الأَحْمَر أَقَلّ مِنَ التُّفَّاح الأَخْضَر.
فِي كِلاَ الْكُوبَيْن نَفْس كَمِيَّة اللَّبَن.
الحَلْوَى فِي يَد الرَّجُل الْيُمْنَى أَقَلّ مِمَّا فِي يَدِهِ الْيُسْرَى.

04 هُنَاكَ قَلِيلٌ مِنَ الطَّعَام فِي هَذِهِ الصِّينِيَّة.
هُنَاكَ كَثِيرٌ مِنَ الطَّعَام فِي هَذِهِ الصِّينِيَّة.
الْمَاءُ فِي هَذِهِ الصُّورَة أَقَلّ مِنَ الأَرْض.
الْمَاءُ فِي هَذِهِ الصُّورَة أَكْثَر مِنَ الأَرْض.

05 الرَّمْلُ فِي هَذِهِ الصُّورَة أَكْثَر مِنَ الْعُشْب.
الرَّمْلُ فِي هَذِهِ الصُّورَة أَقَلّ مِنَ الْعُشْب.
اللَّبَنُ فِي كُوبِ الْبِنْت أَكْثَرُ مِمَّا فِي كُوبِ الْمَرْأَة.
اللَّبَنُ فِي كُوبِ الْبِنْت أَقَلّ مِمَّا فِي كُوبِ الْمَرْأَة.

06 يُمْكِنُنَا أَنْ نُحْصِي الأَوْلاَد: وَاحِد، إِثْنَان، ثَلاَثَة.
يُمْكِنُنَا أَنْ نُحْصِي الأَوْلاَد: وَاحِد، إِثْنَان، ثَلاَثَة، أَرْبَعَة.
يُمْكِنُنَا أَنْ نُحْصِي الأَوْلاَد: وَاحِد إِثْنَانِ، ثَلاَثَة، أَرْبَعَة، خَمْسَة، سِتَّة.
يُمْكِنُنَا أَنْ نُحْصِي الشُّمُوع: وَاحِد، إِثْنَان، ثَلاَثَة، أَرْبَعَة، خَمْسَة.

07 هُنَاكَ نُقُودٌ مَعْدَنِيَّة أَكْثَرُ مِنْ أَنْ تُحْصَى.
هُنَاكَ طُيُورٌ أَكْثَرُ مِنْ أَنْ تُحْصَى.
هُنَاكَ زُهُورٌ أَكْثَرُ مِنْ أَنْ تُحْصَى.
هُنَاكَ بَالُونَات أَكْثَر مِنْ أَنْ تُحْصَى.

08 بِضْعَةُ بَالُونَات
بَالُونَات أَكْثَرُ مِنْ أَنْ تُحْصَى
بِضْعَةُ أَشْخَاص
أُنَاسُ أَكْثَرُ مِنْ أَنْ يُحْصَوْا

09 هُنَاكَ أُنَاسٌ أَكْثَرُ مِنْ أَنْ يُحْصَوْا.
لَيْسَ هُنَاكَ أُنَاسٌ أَكْثَرُ مِنْ أَنْ يُحْصَوْا.
هُنَاكَ قُبَّعَاتُ أَكْثَرُ مِنْ أَنْ تُحْصَى.
لَيْسَ هُنَاكَ قُبَّعَاتُ أَكْثَرُ مِنْ أَنْ تُحْصَى.

10 هُنَاكَ زُهُور كَثِيرَة جِدًا.
هُنَاكَ فَقَط بِضْعَةُ زُهُور.
هُنَاكَ حَيَوَانَاتُ أَكْثَرُ مِنْ أَنْ تُحْصَى.
هُنَاكَ فَقَط بِضْعَةُ حَيَوَانَات.

5-10 الأفعال؛ تعبيرات الإنسان.

01 يلوّح الطفلان.
تلوّح البنت.
يلوّح الرجل.
تلوّح الْمرأة.

02 يلوّح أحد الْمهرجين.
يضع أحد الْمهرجين يديه في جيوبه.
الْمهرجان يلوّحان.
يلوّح الْمهرج الجالس.

03 تسعل الْمرأة.
يعطس الرجل.
يُمسك الولد خيط الطائرة الورقية في فمه.
يخرج الولد لسانه.

04 يطوي الولد ذراعيه.
الولد يتثاءب.
الرجل يعطس.
ينظف الرجل أنفه.

05 يربط الرجل حذاءه.
يحك الرجل رقبته.
يشير الْمهرج إلى أنفه.
يحك الْمهرج رأسه.

06 الْمرأة الجالسة على الكنبة مرهقة.
الرجل مرهق.
يتثاءب الولد لأنه مرهق.
يبكي الولد.

07 الْمرأة حزينة جدا.
الرجل يفكر.
هؤلاء الرجال ليسوا مرهقين.
هؤلاء الرجال مرهقون.

08 الْمرأة حزينة. إنها في مأتم.
الرجل سعيد جدا.
جرى هؤلاء الرجال في سباق. إنهم مرهقون جدا.
سيجري هذا الرجل في سباق. إنه يستعد.

09 العداءان في نهاية السباق. سيفوز لابس القميص الأحمر.
الرجل سعيد جدا لأنه فاز بِميداليتين.
الْمرأة سعيدة لأنها تغني.
يبكي الولد لأنه حزين.

10 يحك الرجل جبينه.
الرجل يفكر.
يرفع الولد شيئًا من الأرض.
ترفع الْمرأة شيئًا من الأرض.

5-10 الأَفْعَال؛ تَعْبِيرَات الإِنْسَان.

01 يُلَوِّحُ الْطِفْلَان.
تُلَوِّحُ الْبِنْت.
يُلَوِّحُ الرَّجُلُ.
تُلَوِّحُ الْمَرْأَةُ.

02 يُلَوِّحُ أَحَدُ الْمُهَرِّجِين.
يَضَعُ أَحَدُ الْمُهَرِّجِينَ يَدَيْهِ فِي جُيُوبِهِ.
الْمُهَرِّجَان يُلَوِّحَان.
يُلَوِّحُ الْمُهَرِّجُ الْجَالِس.

03 تَسْعَلُ الْمَرْأَةُ.
يَعْطِسُ الرَّجُلُ.
يُمْسِكُ الْوَلَدُ خَيْطَ الطَّائِرَةِ الْوَرَقِيَّة فِي فَمِه.
يُخْرِجُ الْوَلَدُ لِسَانَه.

04 يَطْوِي الْوَلَدُ ذِرَاعَيْه.
الْوَلَدُ يَتَثَاءَب.
الرَّجُلُ يَعْطِس.
يُنَظِّفُ الرَّجُلُ أَنْفَه.

05 يَرْبِطُ الرَّجُلُ حِذَاءَهُ.
يَحُكُّ الرَّجُلُ رَقَبَتَهُ.
يُشِيرُ الْمُهَرِّجُ إِلَى أَنْفِهِ.
يَحُكُّ الْمُهَرِّجُ رَأْسَهُ.

06 الْمَرْأَةُ الْجَالِسَةُ عَلَى الْكَنَبَةِ مُرْهَقَة.
الرَّجُلُ مُرْهَقٌ.
يَتَثَاءَبُ الْوَلَدُ لأَنَّهُ مُرْهَقٌ.
يَبْكِي الْوَلَدُ.

07 الْمَرْأَةُ حَزِينَةٌ جِدًا.
الرَّجُلُ يُفَكِّر.
هَؤُلَاءِ الرِّجَال لَيْسُوا مَرْهَقِين.
هَؤُلَاءِ الرِّجَالُ مُرْهَقُون.

08 الْمَرْأَةُ حَزِينَة. إِنَّهَا فِي مَأْتَم.
الرَّجُلُ سَعِيدٌ جِدًا.
جَرَى هَؤُلَاءِ الرِّجَالُ فِي سِبَاق. إِنَّهُمْ مُرْهَقُونَ جِدًا.
سَيَجْرِي هَذَا الرَّجُلُ فِي سِبَاق. إِنَّهُ يَسْتَعِدّ.

09 الْعَدَّاءَانِ فِي نِهَايَةِ السِّبَاق. سَيَفُوزُ لَابِسُ الْقَمِيصِ الأَحْمَر.
الرَّجُلُ سَعِيدٌ جِدًا لأَنَّهُ فَازَ بِمِيدَالِيَتَيْن.
الْمَرْأَةُ سَعِيدَة لأَنَّهَا تُغَنِّي.
يَبْكِي الْوَلَدُ لأَنَّهُ حَزِين.

10 يَحُكُّ الرَّجُلُ جَبِينَهُ.
الرَّجُل يُفَكِّر.
يَرْفَعُ الْوَلَدُ شَيْئًا مِنَ الأَرْض.
تَرْفَعُ الْمَرْأَةُ شَيْئًا مِنَ الأَرْض.

5-11 حالات البشر.

01 شعري أحمر.
أنا ألبس قبعة.
شعري أسود.
أنا أصلع.

02 نحن نشعر بالبرد.
نحن نشعر بالحر.
أنا بردان.
أنا حران.

03 أنا مرهقة.
أنا لست مرهقة. أنا أقفز.
نحن مرهقان.
لسنا مرهقَيَن.

04 أنا قوي.
أنا ضعيف.
نحن نجري ولسنا مرهقين.
نحن نجري ونحن مرهقون.

05 أنا مريض.
أنا سليم.
أنا طائر أزرق.
أنا طائر أحمر الرأس.

06 أنا الرجل الجائع.
أنا الرجل الشبعان.
أنا الْمرأة الجائعة.
أنا الْمرأة الشبعانة.

07 نحن سعيدان.
نحن حزينان.
أنا سعيد.
أنا حزين.

08 نحن مرهقان.
أنا مرهقة. هو ليس مرهقا.
نحن لسنا مرهقَين. هو مرهق.
أنا مرهق. هي ليست مرهقة.

09 أنا مريض.
أنا عطشان.
أنا بردان.
أنا غني.

10 أنا لا أشرب. أنت تشربين.
أنا جائع.
نحن نشعر بالبرد.
نحن نشعر بالحر والإرهاق.

5-11 حالاَت البَشَر.

01 شَعْري أَحْمَر.
أَنَا أَلْبَسُ قُبَّعَة.
شَعْري أَسْوَد.
أَنَا أَصْلَع.

02 نَحْنُ نَشْعُرُ بِالْبَرْد.
نَحْنُ نَشْعُرُ بِالْحَرّ.
أَنَا بَرْدَان.
أَنَا حَرَّان.

03 أَنَا مُرْهَقَة.
أَنَا لَسْتُ مُرْهَقَة. أَنَا أَقْفِز.
نَحْنُ مُرْهَقَان.
لَسْنَا مُرْهَقَين.

04 أَنَا قَوِيّ.
أَنَا ضَعِيف.
نَحْنُ نَجْرِي وَلَسْنَا مُرْهَقِين.
نَحْنُ نَجْرِي وَنَحْنُ مُرْهَقُون.

05 أَنَا مَرِيض.
أَنَا سَلِيم.
أَنَا طَائِرٌ أَزْرَق.
أَنَا طَائِرٌ أَحْمَرُ الرَّأْس.

06 أَنَا الرَّجُلُ الْجَائِع.
أَنَا الرَّجُلُ الشَّبْعَان.
أَنَا الْمَرْأَةُ الْجَائِعَة.
أَنَا الْمَرْأَةُ الشَّبْعَانَة.

07 نَحْنُ سَعِيدَان.
نَحْنُ حَزِينَان.
أَنَا سَعِيد.
أَنَا حَزِين.

08 نَحْنُ مُرْهَقَان.
أَنَا مُرْهَقَة. هُوَ لَيْسَ مُرْهَقًا.
نَحْنُ لَسْنَا مَرْهَقَيْن. هُوَ مُرْهَق.
أَنَا مُرْهَق. هِيَ لَيْسَتْ مُرْهَقَة.

09 أَنَا مَرِيض.
أَنَا عَطْشَان.
أَنَا بَرْدَان.
أَنَا غَنِيّ.

10 أَنَا لاَ أَشْرَب. أَنْتِ تَشْرَبِين.
أَنَا جَائِع.
نَحْنُ نَشْعُرُ بِالْبَرْد.
نَحْنُ نَشْعُرُ بِالْحَرّ وَالإِرْهَاق.

5-12 مراجعة الوحدة الخامسة.

01 ستة زائد خمسة تساوي أحد عشر.
ستة زائد ستة تساوي إثني عشر.
أربعة زائد ثلاثة تساوي سبعة.
أربعة زائد خمسة تساوي تسعة.

02 قفاز إمرأة
قفازات رجال
أرجل نساء
رجلا إمرأة

03 سوف يستعمل الرجل الهاتف النقال. إنه يخرجه من جيبه.
يستعمل الرجل الهاتف النقال.
يُمسك الرجل الهاتف النقال ولكنه لا يستعمله.
يستعمل الرجل هاتفا أحمر.

04 سبعمائة وأربعة وثلاثون
سبعمائة وثلاثة وأربعون
ثمانِمائة وأربعة وثلاثون
ثمانِمائة وثلاثة وأربعون

05 الْمرأة تعطي الولد نقودا.
الرجل يعطي الْمرأة دواء.
الْمرأة تعطي الولد القيثارة.
الرجل يعطي البنت القيثارة.

06 أنواع كثيرة من الطعام
أنواع كثيرة من النباتات
نبات وحيوان
نوعان من الحيوانات

07 يشرع الْمهرج في لبس ملابسه.
لبس الْمهرج ملابسه.
تشرع الْمرأة في لبس ملابسها.
لبست الْمرأة ملابسها.

08 الرمل في هذه الصورة أكثر من العشب.
الرمل في هذه الصورة أقل من العشب.
اللبن في كوب البنت أكثر مِما في كوب الْمرأة.
اللبن في كوب البنت أقل مِما في كوب الْمرأة.

09 يربط الرجل حذاءه.
يحك الرجل رقبته.
يشير الْمهرج إلى أنفه.
يحك الْمهرج رأسه.

10 نحن مرهقان.
أنا مرهقة. هو ليس مرهقا.
نحن لسنا مرهقَين. هو مرهق.
أنا مرهق. هي ليست مرهقة.

5-12 مُراجَعَة الْوِحْدَة الخامِسَة.

01 سِتَّة زائِد خَمْسَة تُساوي أَحَدَ عَشَر.
سِتَّة زائِد سِتَّة تُساوي إِثْني عَشَر.
أَرْبَعَة زائِد ثَلاثَة تُساوي سَبْعَة.
أَرْبَعَة زائِد خَمْسَة تُساوي تِسْعَة.

02 قُفّاز إِمْرَأَة
قُفّازات رِجال
أَرْجُل نِساء
رِجْلا إِمْرَأَة

03 سَوْفَ يَسْتَعْمِلُ الرَّجُلُ الْهاتِف النَّقّال. إِنَّهُ يُخْرِجُهُ مِنْ جَيْبِه.
يَسْتَعْمِلُ الرَّجُلُ الْهاتِف النَّقّال.
يُمْسِك الرَّجُل الْهاتِفَ النَّقّال وَلَكِنَّهُ لا يَسْتَعْمِلهُ.
يَسْتَعْمِلُ الرَّجُلُ هاتِفًا أَحْمَر.

04 سَبْعمِائَة وَأَرْبَعَة وَثَلاثُون
سَبْعمِائَة وَثَلاثَة وَأَرْبَعُون
ثَمانِمِائَة وَأَرْبَعَة وَثَلاثُون
ثَمانِمِائَة وَثَلاثَة وَأَرْبَعُون

05 الْمَرْأَة تُعْطِي الْوَلَد نُقُودًا.
الرَّجُل يُعْطِي الْمَرْأَة دَواءً.
الْمَرْأَة تُعْطِي الْوَلَد الْقِيثارَة.
الرَّجُل يُعْطِي الْبِنْت الْقِيثارَة.

06 أَنْواعٌ كَثِيرَة مِنَ الطَّعام
أَنْواعٌ كَثِيرَة مِنَ النَّباتات
نَبات وَحَيَوان
نَوْعان مِنَ الحَيَوانات

07 يَشْرَعُ الْمُهَرِّجُ فِي لِبْس مَلابِسِه.
لَبِسَ الْمُهَرِّجُ مَلابِسَه.
تَشْرَعُ الْمَرْأَةُ فِي لِبْس مَلابِسِها.
لَبِسَت الْمَرْأَةُ مَلابِسَها.

08 الرَّمْلُ فِي هَذِهِ الصُّورَة أَكْثَر مِنَ الْعُشْب.
الرَّمْلُ فِي هَذِهِ الصُّورَة أَقَلّ مِنَ الْعُشْب.
اللَّبَنُ فِي كُوبِ الْبِنْت أَكْثَرُ مِمّا فِي كُوبِ الْمَرْأَة.
اللَّبَنُ فِي كُوبِ الْبِنْت أَقَلّ مِمّا فِي كُوبِ الْمَرْأَة.

09 يَرْبِطُ الرَّجُلُ حِذاءَهُ.
يَحُكُّ الرَّجُلُ رَقَبَتَهُ.
يُشِيرُ الْمُهَرِّجُ إِلَى أَنْفِه.
يَحُكُّ الْمُهَرِّجُ رَأْسَهُ.

10 نَحْنُ مُرْهَقان.
أَنا مُرْهَقَة. هُوَ لَيْسَ مُرْهَقًا.
نَحْنُ لَسْنا مَرْهَقَيْن. هُوَ مُرْهَق.
أَنا مُرْهَق. هِيَ لَيْسَتْ مُرْهَقَة.

6-01 كان.

01 الأطفال في الحديقة العامة.
الولد في الطائرة.
الطبق الطيار في فم الكلب.
الْمقياس ممتلئ.

02 هؤلاء هم الأطفال الذين كانوا في الحديقة العامة.
كان الولد في الطائرة.
كان الطبق الطيار في فم الكلب.
كان الْمقياس ممتلئاً.

03 فم الولد مفتوح.
الأطفال على الْمائدة.
كان فم الولد مفتوحا.
كان الأطفال على الْمائدة.

04 مع الْمرأة صندوق.
هذه هي الْمرأة التي كان معها الْصندوق.
مع البنتان حبل.
هاتان هما البنتان اللتان كان معهما حبل.

05 على رأس الرجل قبعة.
هذا هو الرجل الذي كانت على رأسه قبعة.
الشوكة في يد الولد ذو الْملابس الزرقاء.
كانت الشوكة في يد الولد ذو الْملابس الزرقاء.

06 هؤلاء الناس في سباق دراجات.
كان هؤلاء الناس في سباق دراجات.
هذا الرجل في سباق دراجات.
كان هذا الرجل في سباق دراجات.

07 الولد على الْمائدة.
كان الولد على الْمائدة.
تُمسك الْمرأة دفترا.
كانت الْمرأة تُمسك دفترا.

08 هذا الشخص في الْماء.
كان هذا الشخص في الْماء.
الولد على الجدار. إنه يتسلق الجدار.
كان الولد على الجدار ولكنه سقط.

09 هؤلاء الناس في عرض.
كان هؤلاء الناس في عرض.
الرجل في الشاحنة.
كان الرجل في الشاحنة.

10 الولد بالداخل.
كان الولد بالداخل. هو الآن بالخارج.
على رأس الْمهرج قبعة.
كان على رأس الْمهرج قبعة.

6-01 كَانَ.

01 الأَطْفَالُ فِي الحَدِيقَةِ العَامَّة.
الْوَلَد فِي الطَّائِرَة.
الطَّبَقُ الطَّيَّار فِي فَمِ الْكَلب.
الْمِقْيَاس مُمْتَلِئ.

02 هَؤُلَاءِ هُم الأَطْفَالُ الَّذِينَ كَانُوا فِي الحَدِيقَة العَامَّة.
كَانَ الْوَلَدُ فِي الطَّائِرَة.
كَانَ الطَّبَقُ الطَّيَّار فِي فَمِ الْكَلْب.
كَانَ الْمِقْيَاسُ مُمْتَلِئاً.

03 فَمُ الْوَلَد مَفْتُوح.
الأَطْفَالُ عَلَى الْمَائِدَة.
كَانَ فَمُ الْوَلَد مَفْتُوحًا.
كَانَ الأَطْفَالُ عَلَى الْمَائِدَة.

04 مَعَ الْمَرْأَة صُنْدُوق.
هَذِه هِيَ الْمَرْأَة الَّتِي كَانَ مَعَهَا الصُّنْدُوق.
مَعَ الْبِنْتَان حَبْل.
هَاتَان هُمَا الْبِنْتَان اللَّتَان كَانَ مَعَهُمَا حَبْل.

05 عَلَى رَأْس الرَّجُل قُبَّعَة.
هَذَا هُوَ الرَّجُلُ الَّذِي كَانَت عَلَى رَأْسِهِ قُبَّعَة.
الشَّوْكَة فِي يَد الْوَلَد ذُو الْمَلَابِس الزَّرْقَاء.
كَانَت الشَّوْكَةَ فِي يَدِ الْوَلَد ذُو الْمَلَابِسِ الزَّرْقَاء.

06 هَؤُلَاءِ النَّاس فِي سِبَاقِ دَرَّاجَات.
كَانَ هَؤُلَاءِ النَّاس فِي سِبَاقِ دَرَّاجَات.
هَذَا الرَّجُل فِي سِبَاقِ دَرَّاجَات.
كَانَ هَذَا الرَّجُل فِي سِبَاقِ دَرَّاجَات.

07 الْوَلَد عَلَى الْمَائِدَة.
كَانَ الوَلَد عَلَى الْمَائِدَة.
تُمْسِكُ الْمَرْأَة دَفْتَراً.
كَانَتِ الْمَرْأَة تُمْسِكُ دَفْتَراً.

08 هَذَا الشَّخْص فِي الْمَاء.
كَانَ هَذَا الشَّخْص فِي الْمَاء.
الوَلَد عَلَى الْجِدَار. إِنَّهُ يَتَسَلَّقُ الْجِدَار.
كَانَ الْوَلَد عَلَى الْجِدَار وَلَكِنَّهُ سَقَط.

09 هَؤُلَاءِ النَّاس فِي عَرْض.
كَانَ هَؤُلَاءِ النَّاس فِي عَرْض.
الرَّجُل فِي الشَّاحِنَة.
كَانَ الرَّجُل فِي الشَّاحِنَة.

10 الْوَلَدُ بِالدَّاخِل.
كَانَ الْوَلَدُ بِالدَّاخِل. هُوَ الآن بِالْخَارِج.
عَلَى رَأْس الْمُهَرِّج قُبَّعَة.
كَانَ عَلَى رَأْسِ الْمُهَرِّج قُبَّعَة.

6-02 الفعل الْماضي والْمضارع والْمستقبل.

01 سيدخل الرجل السيارة.
يدخل الرجل السيارة.
سيدخل الرجل الْمركبة.
يدخل الرجل الْمركبة.

02 سيقفز الولد.
يقفز الولد.
قفز الولد.
سيرمي الولد الكرة.

03 ستكتب الْمرأة.
تكتب الْمرأة.
الولد يسقط.
سقط الولد.

04 سيخرج الولد من الْماء.
سينزلق الولد.
الولد ينزلق.
إنزلق الولد الى الْماء.

05 سيقفز الولد.
يقفز الولد.
سيعبر الناس الشارع.
يعبر الناس الشارع.

06 ينظر الولد إلى الكرة.
سيرمي الولد الكرة.
سيرمي الرجل الولد.
رمى الرجل الولد.

07 ستضع الْمرأة شيئا في الكيس.
وضعت الْمرأة شيئا في الكيس.
الْمرأة ستقبل الرجل.
الْمرأة تقبل الرجل.

08 ستدخل الْمرأة الْمحل.
تدخل الْمرأة الْمحل.
سيقفل الرجل شنطة السيارة.
أقفل الرجل شنطة السيارة.

09 سيصعد الناس الدرجات.
يصعد الناس الدرجات.
صعد الناس الدرجات.
يهبط الناس الدرجات.

10 سيهبط الناس الدرجات.
يهبط الناس الدرجات.
هبط الناس الدرجات.
يصعد الناس الدرجات.

6-02 الْفِعْل الْمَاضِي وَالْمُضَارِع وَالْمُسْتَقبَل.

01 سَيَدْخُلُ الرَّجُل السَّيَّارَة.
يَدْخُلُ الرَّجُل السَّيَّارَة.
سَيَدْخُلُ الرَّجُلُ الْمَرْكَبَة.
يَدْخُلُ الرَّجُلُ الْمَرْكَبَة.

02 سَيَقْفِزُ الْوَلَد.
يَقْفِزُ الْوَلَد.
قَفَزَ الْوَلَد.
سَيَرْمِي الْوَلَد الْكُرَة.

03 سَتَكْتُبُ الْمَرْأَة.
تَكْتُبُ الْمَرْأَة.
الْوَلَد يَسْقُط.
سَقَطَ الْوَلَد.

04 سَيَخْرُجُ الْوَلَد مِنَ الْمَاء.
سَيَنْزَلِقُ الوَلَد.
الْوَلَد يَنْزَلِق.
إِنْزَلَقَ الْوَلَد إِلَى الْمَاء.

05 سَيَقْفِزُ الْوَلَد.
يَقْفِزُ الْوَلَد.
سَيَعْبُرُ النَّاسُ الشَّارِع.
يَعْبُرُ النَّاسُ الشَّارِع.

06 يَنْظُرُ الْوَلَد إِلَى الْكُرَة.
سَيَرْمِي الْوَلَد الْكُرَة.
سَيَرْمِي الرَّجُل الْوَلَد.
رَمَى الرَّجُل الْوَلَد.

07 سَتَضَعُ الْمَرْأَة شَيْئًا فِي الْكِيس.
وَضَعَت الْمَرْأَة شَيْئًا فِي الْكِيس.
الْمَرْأَة سَتُقَبِّل الرَّجُل.
الْمَرْأَة تَقَبِّل الرَّجُل.

08 سَتَدْخُلُ الْمَرْأَةُ الْمَحَلّ.
تَدْخُلُ الْمَرْأَةُ الْمَحَلّ.
سَيَقْفِلُ الرَّجُل شَنْطَة السَّيَّارَة.
أَقْفَلَ الرَّجُل شَنْطَة السَّيَّارَة.

09 سَيَصْعَدُ النَّاسُ الدَّرَجَات.
يَصْعَدُ النَّاسُ الدَّرَجَات.
صَعَدَ النَّاسُ الدَّرَجَات.
يَهْبِطُ النَّاسُ الدَّرَجَات.

10 سَيَهْبِطُ النَّاس الدَّرَجَات.
يَهْبِطُ النَّاس الدَّرَجَات.
هَبَطَ النَّاس الدَّرَجَات.
يَصْعَدُ النَّاس الدَّرَجَات.

6-03 وصف الناس؛ أسماء الإشارة.

01 الرجل العجوز له لحية بيضاء.
الرجل الأصلع ينظر إلى السجادة.
الرجل الأصلع له لحية.
لابس ربطة العنق الحمراء له لحية.

02 الرجل له لحية.
الرجل أصلع.
الرجل ليس له لحية.
الْمرأة ليس لها لحية.

03 هؤلاء الناس يلبسون أزياء رسمية.
هؤلاء الناس لا يلبسون أزياء رسمية.
يلبس الرجل زيا رسميا.
هذا الرجل لا يلبس زيا رسميا.

04 هذا التمثال له شارب وليس له لحية.
هذا الشخص له لحية وليس له شارب.
هذا الشخص له شارب ولحية.
هذا الشخص ليس له شارب ولا لحية.

05 هذا التمثال له شارب.
هذا التمثال له لحية.
الْمرأة الطويلة الشعر تلبس حلقا.
الْمرأة القصيرة الشعر تلبس حلقا.

06 يلبس هذان الرفيقان ملابس كاملة.
لا يلبس هذان الرفيقان ملابس كاملة.
يلبس هؤلاء الرجال ملابس كاملة.
لا يلبس هولاء الرجال ملابس كاملة.

07 هذه البنت لها شعر أسود وبشرة داكنة.
الولد ذو الكنزة الحمراء له بشرة داكنة.
البنت ذات الشعر الأحمر لها بشرة فاتحة.
الولد ذو القميص الأسود له بشرة فاتحة.

08 أي شابة لها بشرة داكنة؟
أي شابة لها بشرة فاتحة؟
أي ولد له بشرة داكنة؟
أي ولد له بشرة فاتحة؟

09 هذه الْمرأة لها بشرة فاتحة وشعر قصير.
هذه الْمرأة لها بشرة فاتحة وشعر أشقر طويل.
هذا الشخص له بشرة داكنة وشعر قصير.
هذه الْمرأة لها بشرة داكنة وشعر طويل.

10 هذا الرجل له بشرة داكنة وشارب.
هذا الرجل له بشرة فاتحة ولحية.
هذا الرجل له بشرة فاتحة وليس له لحية ولا شارب.
هذا الرجل له بشرة داكنة وليس له لحية ولا شارب.

6-03 وَصْفُ النَّاس؛ أَسْمَاء الإِشَارَة.

01 الرَّجُلُ الْعَجُوز لَهُ لِحْيَةٌ بَيْضَاء.
الرَّجُلُ الأَصْلَع يَنْظُرُ إِلَى السَّجَّادَة.
الرَّجُلُ الأَصْلَع لَهُ لِحْيَة.
لاَبِسُ رَبْطَةِ الْعُنُقِ الْحَمْرَاء لَهُ لِحْيَة.

02 الرَّجُل لَهُ لِحْيَة.
الرَّجُل أَصْلَع.
الرَّجُل لَيْسَ لَهُ لِحْيَة.
الْمَرْأَة لَيْسَ لَهَا لِحْيَة.

03 هَؤُلاَءِ النَّاس يَلْبَسُونَ أَزْيَاءًا رَسْمِيَّة.
هَؤُلاَءِ النَّاس لاَ يَلْبَسُونَ أَزْيَاءًا رَسْمِيَّة.
يَلْبَسُ الرَّجُل زِيًّا رَسْمِيًّا.
هَذَا الرَّجُل لاَ يَلْبَسُ زِيًّا رَسْمِيًّا.

04 هَذَا التِّمْثَال لَهُ شَارِب وَلَيْسَ لَهُ لِحْيَة.
هَذَا الشَّخْص لَهُ لِحْيَة ولَيْسَ لَهُ شَارِب.
هَذَا الشَّخْص لَهُ شَارِب وَلِحْيَة.
هَذَا الشَّخْص لَيْسَ لَهُ شَارِب وَلاَ لِحْيَة.

05 هَذَا التِّمْثَال لَهُ شَارِب.
هَذَا التِّمْثَال لَهُ لِحْيَة.
الْمَرْأَةُ الطَّوِيلَةُ الشَّعْر تَلْبَسُ حَلَقاً.
الْمَرْأَةُ الْقَصِيرَةُ الشَّعْر تَلْبَسُ حَلَقاً.

06 يَلْبَسُ هَذَان الرَّفِيقَان مَلاَبِسَ كَامِلَة.
لاَ يَلْبَسُ هَذَان الرَّفِيقَان مَلاَبِسَ كَامِلَة.
يَلْبَسُ هَؤُلاَءِ الرِّجَال مَلاَبِسَ كَامِلَة.
لاَ يَلْبَسُ هَؤُلاَءِ الرِّجَال مَلاَبِسَ كَامِلَة.

07 هَذه الْبِنْت لَهَا شَعْرٌ أَسْوَد وَبَشْرَةٌ دَاكِنَة.
الْوَلَد ذُو الْكَنْزَة الْحَمْرَاء لَهُ بَشْرَةٌ دَاكِنَة.
الْبِنْت ذَاتُ الشَّعْر الأَحْمَر لَهَا بَشْرَةٌ فَاتِحَة.
الْوَلَد ذُو الْقَمِيصِ الأَسْوَد لَهُ بَشْرَةٌ فَاتِحَة.

08 أَيٌّ شَابَّةٍ لَهَا بَشْرَةٌ دَاكِنَة؟
أَيٌّ شَابَّةٍ لَهَا بَشْرَةٌ فَاتِحَة؟
أَيٌّ وَلَدٍ لَهُ بَشْرَةٌ دَاكِنَة؟
أَيٌّ وَلَدٍ لَهُ بَشْرَةٌ فَاتِحَة؟

09 هَذِه الْمَرْأَة لَهَا بَشْرَةٌ فَاتِحَة وَشَعرٌ قَصِير.
هَذِه الْمَرْأَة لَهَا بَشْرَةٌ فَاتِحَة وَشَعْرٌ أَشْقَر طَوِيل.
هَذَا الشَّخْص لَهُ بَشْرَةٌ دَاكِنَة وَشَعرٌ قَصِير.
هَذِه الْمَرْأَة لَهَا بَشْرَةٌ دَاكِنَة وَشَعرٌ طَوِيل.

10 هَذَا الرَّجُل لَهُ بَشْرَةٌ دَاكِنَة وَشَارِب.
هَذَا الرَّجُل لَهُ بَشْرَةٌ فَاتِحَة وَلَحْيَة.
هَذَا الرَّجُل لَهُ بَشْرَةٌ فَاتِحَة وَلَيْسَ لَهُ لَحْيَة وَلاَ شَارِب.
هَذَا الرَّجُل لَهُ بَشْرَةٌ دَاكِنَة وَلَيْسَ لَهُ لَحْيَة وَلاَ شَارِب.

6-04 وحدات الاشياء.

01 كيس من السمك
كيس من العنب
أكياس من الخبز
كيس ورق فارغ

02 لفة مناشف ورق
منشفة ورق
كيس من شرائح البطاطس
عنب في كيس بلاستيك

03 زجاجة عصير ممتلئة
نصف زجاجة عصير
زجاجة فارغة
لفة من ورق الحمام

04 لفتان مناشف ورق
كيس ورق ممتلئ
كيس بلاستيك فارغ
كيس ورق فارغ

05 زجاجة فارغة
زجاجة ممتلئة
كثير من الخبز
ستة أرغفة خبز

06 لفة مناشف ورق
لفة ورق حمام
كيس ورق ممتلئ
كيس ورق فارغ

07 حبة طماطم
كثير من الطماطم
صناديق تفاح كثيرة
شرائح بطيخ

08 زوج أحذية
نظارة شمس
سلة تفاح
صناديق تفاح

09 نظارة شمس
زوج قفازات وزوج أحذية
زوج أحذية عالية
زوج زهر

10 باقة زهور
ثلاث باقات زهور
موزة
سبائط موز

6-04 وَحدَات الأَشْيَاء.

01 كِيسُ مِنَ السَّمَك
كِيسُ مِنَ الْعِنَب
أَكْيَاسُ مِنَ الْخُبْز
كِيس وَرَق فَارِغ

02 لَفَّة مَنَاشِف وَرَق
مِنْشَفَة وَرَق
كِيس مِنْ شَرَائِح الْبَطَاطِس
عِنَب فِي كِيس بلاسْتيك

03 زُجَاجَة عَصِير مُمْتَلِئَة
نِصْف زُجَاجَة عَصِير
زُجَاجَة فَارِغَة
لَفَّة مِنْ وَرَق الْحَمَّام

04 لَفَّتَان مَنَاشِف وَرَق
كِيس وَرَق مُمْتَلِئ
كِيس بلاسْتيك فَارِغ
كِيس وَرَق فَارِغ

05 زُجَاجَة فَارِغَة
زُجَاجَة مُمْتَلِئَة
كَثِيرُ مِنَ الْخُبْز
سِتَّة أَرْغِفَة خُبْز

06 لَفَّة مَنَاشِف وَرَق
لَفَّة وَرَق حَمَّام
كِيس وَرَق مُمْتَلِئ
كِيس وَرَق فَارِغ

07 حَبَّة طَمَاطِم
كَثِيرُ مِنَ الطَّمَاطِم
صَنَادِيق تُفَّاح كَثِيرَة
شَرَائِح بَطِّيخ

08 زَوْج أَحْذِيَة
نَظَّارَة شَمْس
سَلَّة تُفَّاح
صَنَادِيق تُفَّاح

09 نَظَّارَة شَمْس
زَوْج قُفَّازَات وَزَوْج أَحْذِيَة
زَوْج أَحْذِيَة عَالِيَة
زَوْج زَهْر

10 بَاقَة زُهُور
ثَلاَث بَاقَات زُهُور
مَوْزَة
سَبَائِط مَوْز

6-05 لا ولم، لم يعد، كلا وكلتا، و.

01 تركب الْمرأة الحصان.
لم تعد الْمرأة تركب الحصان.
يركب الرجال الدراجات.
لم يعد الرجال يركبون الدراجات.

02 الرجال يجرون.
لم يعد الرجال يجرون.
الشابان يغنيان.
لم يعد الشابان يغنيان.

03 الرجل والْمرأة يغنيان.
لم يعد الرجل والْمرأة يغنيان.
الْمهرج يلبس.
لم يعد الْمهرج يلبس.

04 هذه الْمرأة تأكل.
هذه الْمرأة تتكلم في الهاتف.
هذه الْمرأة لا تتكلم الآن في الهاتف ولا تأكل.
هذا الرجل لا يتكلم الآن في الهاتف ولا يأكل.

05 هذه الْمرأة تغني وتعزف البيانو.
هذه الْمرأة لا تغني ولا تعزف البيانو.
هاتان المرأتان تعزفان الطبلتان وتبتسمان.
هاتان المرأتان لا تعزفان الطبلتان ولا تبتسمان.

06 كلا الشخصين يغني.
لا أحد من هذين الشخصين يغني.
واحد فقط من هولاء الأشخاص يغني.
كل هؤلاء الأشخاص الستة يغنون.

07 يقف الرجل ذو الْملابس البيضاء على الرصيف.
لم يعد الرجل ذو الْملابس البيضاء يقف على الرصيف.
الحافلة على الرصيف.
لم تعد الحافلة على الرصيف.

08 كل هؤلاء الأشخاص الأربعة يَمشون.
لا أحد من هؤلاء الأشخاص الأربعة يَمشي.
كل هؤلاء الأشخاص الثلاثة يَمشون.
لا أحد من هؤلاء الأشخاص الثلاثة يَمشي.

09 كلا الشابين يغني. لا أحد منهما يقبل إمرأة.
لا الرجل ولا الْمرأة يتكلمان.
لا الرجل ولا الْمرأة يقبلان بعضا.
الرجل ذو القميص الأسود يقف. لا أحد من أصدقائه يقف.

10 كلا الرجل والْمرأة يحملان مظلات.
لا الرجل ولا الْمرأة يحملان مظلات.
كلا الرجل والولد يلبسان قبعات.
لا الرجل ولا الولد يلبسان قبعات.

6-05 لاَ وَلَمْ، لَمْ يَعُد، كِلاَ وكِلْتَا، وَ.

01 تَرْكَبُ الْمَرْأَةُ الْحِصَان.
لَمْ تَعُدْ الْمَرْأَة تَرْكَبُ الْحِصَان.
يَرْكَبُ الرِّجَال الدَّرَّاجَات.
لَمْ يَعُدْ الرِّجَال يَرْكَبُونَ الدَّرَّاجَات.

02 الرِّجَال يَجْرُون.
لَمْ يَعُدْ الرِّجَال يَجْرُون.
الشَّابَّان يَغَنِّيَان.
لَمْ يَعُدْ الشَّابَّان يُغَنِّيَان.

03 الرَّجُل وَالْمَرْأَة يُغَنِّيَان.
لَمْ يَعُدْ الرَّجُل وَالْمَرْأَة يُغَنِّيَان.
الْمُهَرِّج يَلْبَس.
لَمْ يَعُدْ الْمُهَرِّج يَلْبَس.

04 هَذِهِ الْمَرْأَة تَأْكُل.
هَذِهِ الْمَرْأَة تَتَكَلَّم فِي الْهَاتِف.
هَذِهِ الْمَرْأَة لاَ تَتَكلَّم الآن فِي الْهَاتِف وَلاَ تَأْكُل.
هَذَا الرَّجُل لاَ يَتَكَلَّم الآنَ فِي الْهَاتِف وَلاَ يَأْكُل.

05 هَذِهِ الْمَرْأَة تُغَنِّي وَتَعْزِف الْبِيَانو.
هَذِهِ الْمَرْأَة لاَ تُغَنِّي وَلاَ تَعْزِف الْبِيَانو.
هَاتَان الْمَرأَتَان تَعْزِفَانَ الطَّبْلَتَان وَتَبْتَسِمَان
هَاتَان الْمَرأَتَان لاَ تَعْزِفَانَ الطَّبْلَتَان وَلاَ تَبْتَسِمَان.

06 كِلاَ الشَّخْصَين يُغَنِّي.
لا أَحَدَ مِن هَذَيْن الشَّخْصَيْن يُغَنِّي.
وَاحِد فَقَطْ مِنْ هَؤُلاَءِ الأَشْخَاص يُغَنِّي.
كُلُّ هَؤُلاَءِ الأَشْخَاص السِّتَّة يُغَنُّون.

07 يَقِفُ الرَّجُل ذُو الْمَلاَبِس الْبَيْضَاء عَلَى الرَّصِيف.
لَمْ يَعُدْ الرَّجُل ذُو الْمَلاَبِس الْبَيْضَاء يَقِف عَلَى الرَّصِيف.
الْحَافِلَة عَلَى الرَّصِيف.
لَمْ تَعُد الْحَافِلَة عَلَى الرَّصِيف.

08 كُلُّ هَؤُلاَءِ الأَشْخَاص الأَرْبَعَة يَمْشُون.
لاَ أَحَدَ مِنْ هَؤُلاَءِ الأَشْخَاص الأَرْبَعَة يَمْشِي.
كُلُّ هَؤُلاَءِ الأَشْخَاص الثَّلاَثَة يَمْشُون.
لاَ أَحَدَ مِنْ هَؤُلاَءِ الأَشْخَاصِ الثَّلاَثَة يَمْشِي.

09 كِلاَ الشَّابَّيْن يُغَنِّي. لاَ أَحَدَ مِنْهُمَا يُقَبِّلُ اِمْرَأَة.
لاَ الرَّجُل وَلاَ الْمَرْأَة يَتَكَلَّمَان.
لاَ الرَّجُل وَلاَ الْمَرْأَة يُقَبِّلاَن بَعْضاً.
الرَّجُل ذُو الْقَمِيص الأَسْود يَقِف. لاَ أَحَد مِنْ أَصْدِقَائِهِ يَقِف.

10 كِلاَ الرَّجُل وَالْمَرْأَة يَحْمِلاَن مِظَلاَّت.
لاَ الرَّجُل وَلاَ الْمَرْأَة يَحْمِلاَن مِظَلاَّت.
كِلاَ الرَّجُل وَالْوَلَد يَلْبَسَان قُبَّعَات.
لاَ الرَّجُل وَلاَ الوَلَد يَلْبَسَانِ قُبَّعَات.

6-06 الفعل الْمضارع والْماضي والْمستقبل؛ الاسم الْموصول.

01 هؤلاء الناس في سباق دراجات.
كان هؤلاء الناس في سباق دراجات.
على رأس الْمهرج قبعة.
كان على رأس الْمهرج قبعة.

02 الشابة تقرأ.
كانت الشابة تقرأ.
الولد يصطاد السمك.
كان الولد يصطاد السمك.

03 تلعب البنت نط الحبل.
كانت البنتان تلعبان نط الحبل.
تشرب الْمرأة.
كانت الْمرأة تشرب.

04 الأب وأبناه يحفرون.
كان الأب وأبناه يحفرون.
ينظر الكلب إلى الكتاب.
كان الكلب ينظر إلى الكتاب.

05 يلبس الرجل قميصا صغيرا عليه.
كان الرجل يلبس قميصا صغيرا عليه.
يلبس الرجل قميصه الخاص به.
كان الرجل يلبس هذا القميص ولكن الآن يلبسه الولد.

06 الرجل يعزف القيثارة.
كان الرجل يعزف القيثارة.
تُمسك الْمرأة القيثارة.
كانت الْمرأة تُمسك القيثارة ولكنها الآن مع الولد.

07 إشارة الْمرور حمراء.
كانت إشارة الْمرور حمراء.
يصعد الرجل السلم.
صعد الرجل السلم.

08 بعض الناس يقودون سيارات.
كان البعض يقودون سيارات والآن لم يعودوا يقودونها.
أحد الناس سيقود سيارة.
مفاتيح السيارة

09 يتثاءب الكلب.
يحمل الكلب الطبق الطيار.
يتثاءب الشاب.
يأكل الشاب.

10 هذا هو الكلب الذي كان يتثاءب.
هذا هو الكلب الذي كان يحمل الطبق الطيار.
هذا هو الشاب الذي كان يتثاءب.
هذا هو الشاب الذي كان يأكل.

6-06 الْفِعْل الْمُضَارِع وَالْمَاضِي وَالْمُسْتَقْبَل؛ الأَسْم الْمَوصُول.

01 هَؤُلَاءِ النَّاس فِي سِبَاق دَرَّاجَات.
كَانَ هَؤُلَاءِ النَّاس فِي سِبَاق دَرَّاجَات.
عَلَى رَأْسِ الْمُهَرِّج قُبَّعَة.
كَانَ عَلَى رَأْسِ الْمُهَرِّج قُبَّعَة.

02 الشَّابَّةُ تَقْرَأ.
كَانَتِ الشَّابَّةُ تَقْرَأ.
الْوَلَد يَصْطَادُ السَّمَك.
كَانَ الْوَلَد يَصْطَادُ السَّمَك.

03 تَلْعَبُ الْبِنْتُ نَطَّ الْحَبْل.
كَانَتِ الْبِنْتَان تَلْعَبَان نَطَّ الْحَبْل.
تَشْرَبُ الْمَرْأَة.
كَانَتِ الْمَرْأَة تَشْرَب.

04 الأَب وَأَبْنَاهُ يَحْفِرُون.
كَانَ الأَب وَأَبْنَاهُ يَحْفِرُون.
يَنْظُرُ الْكَلب إِلَى الْكِتَاب.
كَانَ الْكَلْب يَنْظُر إِلَى الكِتَاب.

05 يَلْبَسُ الرَّجُل قَمِيصًا صَغِيرًا عَلَيْه.
كَانَ الرَّجُل يَلْبَسُ قَمِيصًا صَغِيرًا عَلَيْه.
يَلبَسُ الرَّجُل قَمِيصَهُ الخَاصّ بِه.
كَانَ الرَّجُل يَلبَسُ هَذَا الْقَمِيص وَلَكِن الآنَ يَلبَسَهُ الْوَلَد.

06 الرَّجُل يَعْزِفُ الْقِيثَارَة.
كَانَ الرَّجُل يَعْزِفُ الْقِيثَارَة.
تُمْسِكُ الْمَرْأَة الْقِيثَارَة.
كَانَتِ الْمَرْأَة تُمْسِكُ الْقِيثَارَة وَلَكِنَّهَا الآن مَعَ الْوَلَد.

07 إِشَارَة الْمُرُور حَمْرَاء.
كَانَت إِشَارَة الْمُرُور حَمْرَاء.
يَصْعَدُ الرَّجُلُ السُّلَّم.
صَعَدَ الرَّجُلُ السُّلَّم.

08 بَعْضُ النَّاس يَقُودُونَ سَيَّارَات.
كَانَ الْبَعْضُ يَقُودُونَ سَيَّارَات وَالآن لَمْ يَعُودُوا يَقُودُونَهَا.
أَحَدُ النَّاس سَيَقُود سَيَّارَة.
مَفَاتِيحُ السَّيَّارَة

09 يَتَثَاءَبُ الْكَلْب.
يَحْمِلُ الكَلْب الطَّبَق الطَّيَّار.
يَتَثَاءَبُ الشَّاب.
يَأكُلُ الشَّاب.

10 هَذَا هُوَ الْكَلْب الَّذِي كَانَ يَتَثَاءَب.
هَذَا هُوَ الكَلْب الَّذِي كَانَ يَحْمِلُ الطَّبَق الطَّيَّار.
هَذَا هُوَ الشَّابُّ الَّذِي كَانَ يَتَثَاءَب.
هَذَا هُوَ الشَّابُّ الَّذِي كَانَ يَأْكُل.

6-07 أسماء الأشخاص.

01 رجلان وامرأة
أربعة رجال
رجل واحد
ثلاثة رجال وامرأة

02 الرجل ناحية اليسار هو الأمير شارلز.
الرجل ناحية اليسار هو رونالد ريغان.
الرجل الذي يتكلم هو ميخائيل غورباتشوف.
الْمرأة التي تقف مع الْمغنين هي نانسي ريغان.

03 الرجل ناحية اليسار يسمى شارلز.
إسم الرجل ناحية اليسار رونالد.
إسم الرجل ميخائيل.
الْمرأة أمام الْمغنين تسمى نانسي.

04 الأمير شارلز يصافح رونالد ريغان.
يقف رونالد ريغان مع ثلاثة رجال آخرين.
ميخائيل غورباتشوف يتكلم.
نانسي ريغان تبتسم للمغنين.

05 هذه ليلى. هي بنت.
هذا أحمد. هو ولد.
هذه ريما. هي إمرأة.
هذا زياد. هو رجل.

06 تقول البنت: "إسمي ليلى وعمري أربع سنوات."
يقول الولد: "إسمي أحمد وعمري عشر سنوات."
تقول الْمرأة: "إسمي ريما وعمري اثنان وعشرون سنة."
يقول الرجل: "إسمي زياد وعمري ثلاثة وعشرون سنة."

07 ستصعد ريما الدرجات.
ريما تصعد الدرجات.
تهبط ريما الدرجات.
هبطت ريما الدرجات.

08 تَمسك ليلى بالونة.
يَمسك أحمد بالونة.
يقف زياد على شجرة.
تقف ريما على شجرة.

09 تقول ليلى: "أنظروا إلى بالونتي."
يقول أحمد: "أنظروا إلى بالونتي."
يقول زياد: "أنظروا، إنني أقف على شجرة."
تقول ريما: "أنظروا، إنني أقف على شجرة."

10 ريما وزياد يخطوان إلى الجدار.
ريما وزياد يقفان على الجدار.
قفز زياد وريما توا من الجدار. أقدامهما لم تلامس الأرض.
قفز زياد وريما من الجدار. أقدامهما لَمست الأرض.

6-07 أَسْمَاء الأَشْخَاص.

01 رَجُلاَن وَامْرَأَة
أَرْبَعَةُ رِجَال
رَجُل وَاحِد
ثَلاَثَةُ رِجَال وَامْرَأَة

02 الرَّجُل نَاحِيَة الْيَسَار هُوَ الأَمِير شَارلز.
الرَّجُل نَاحِيَة الْيَسَار هُوَ رُونَالد رِيغَان.
الرَّجُلُ الّذِي يَتَكَلَّم هُوَ مِيخَائِيل غُوربَاتشوف.
الْمَرْأَة الَّتِي تَقِفُ مَعَ الْمُغَنِّين هِيَ نَانْسي رِيغَان.

03 الرَّجُل نَاحِيَة الْيَسَار يُسَمَّى شَارلز.
إِسْمُ الرَّجُل نَاحِيَة الْيَسَار رونَالد.
إِسْمُ الرَّجُل مِيخَائِيل.
الْمَرْأَة أَمَامَ الْمُغَنِّين تُسَمَّى نَانسِي.

04 الأَمِير شَارلز يُصَافِحُ رونَالد رِيغَان.
يَقِفُ رونَالد رِيغَان مَعَ ثَلاَثَةِ رِجَال آخَرِين.
مِيخَائِيل غورباتشُوف يَتَكَلَّم.
نَانسِي رِيغَان تَبْتَسِمُ لِلْمُغَنِّين.

05 هَذِهِ لَيلَى. هِيَ بِنْت.
هَذَا أَحْمَد. هُوَ وَلَد.
هَذِه رِيمَا. هِيَ إِمْرَأَة.
هَذَا زِيَاد. هُوَ رَجُل.

06 تَقُولُ الْبِنْت: "إِسْمِي لَيْلَى وَعُمْرِي أَرْبَع سَنَوَات."
يَقُولُ الوَلَد: "إِسْمِي أَحْمَد وَعُمْرِي عَشَر سَنَوَات."
تَقُولُ الْمَرْأَة: "إِسْمِي رِيمَا وعُمْرِي إِثْنَان وَعِشْرُونَ سَنَة."
يَقُولُ الرَّجُل: "إِسْمِي زِيَاد وعُمْرِي ثَلاَثَة وَعِشْرونَ سَنَة."

07 سَتَصْعَدُ رِيمَا الدَّرَجَات.
رِيمَا تَصْعَدُ الدَّرَجَات.
تَهْبِطُ رِيمَا الدَّرَجَات.
هَبَطَتْ رِيمَا الدَّرَجَات.

08 تَمْسِكُ لَيْلَى بَالُونَة.
يَمْسِكُ أَحْمَد بَالُونَة.
يَقِفُ زِيَاد عَلَى شَجَرَة.
تَقِفُ رِيمَا عَلَى شَجَرَة.

09 تَقُولُ لَيْلَى: "أُنْظُرُوا إِلَى بَالُونَتِي."
يَقُولُ أَحْمَد: "أُنْظُرُوا إِلَى بَالُونَتِي."
يَقُولُ زِيَاد: "أنْظُرُوا، إِنَّنِي أَقِفُ عَلَى شَجَرَة."
تَقُولُ رِيمَا: "أُنْظُرُوا، إِنَّنِي أَقِفُ عَلَى شَجَرَة."

10 رِيمَا وَزِيَاد يَخْطُوَان إِلَى الْجِدَار.
رِيمَا وَزِيَاد يَقِفَان عَلَى الْجِدَار.
قَفَزَ زِيَاد وَرِيمَا تَوّا مِنَ الْجِدَار. أَقْدَامَهُمَا لَمْ تُلاَمِس الأَرْض.
قَفَزَ زِيَاد وَرِيمَا مِنَ الْجِدَار. أَقْدَامَهُمَا لَمَسَت الأَرْض.

6-08 الفعل الْماضي والْمضارع والْمستقبل.

01 سيقبل الرجل زوجته.
يقبل الرجل زوجته.
سترمي الْمرأة الكرة.
رمت الْمرأة الكرة.

02 تتكلم البنت مع الرجل.
لا تتكلم الْمرأة مع أحد. إنها تعد الطعام.
تجلس الْمرأة على الرجل.
تجلس الْمرأة على الكرسي الهزاز.

03 تركب الْمرأة الحصان.
لا أحد يركب الحصان.
لا أحد يركب الدراجة.
أحد الناس يركب الدراجة.

04 الحصان يقبل الْمرأة.
لا يقبل الحصان أحدا.
تركل الكرة بواسطة الولد.
لا أحد يركل الكرة.

05 الحصان يقبل الْمرأة.
لا أحد يقبل الْمرأة.
يركل الولد الكرة.
لا يركل الولد أي شيء.

06 يسقط الولد.
سقط الولد.
يصعد الرجل السلم.
صعد الرجل السلم.

07 سيجري الرجال.
يجري الرجال.
جرى الرجال.
ستجري النساء.

08 سترفع الْمرأة القطة.
ترفع الْمرأة القطة.
رفعت الْمرأة القطة والآن تُمسكها بين ذراعيها.
الْمرأة تقرأ الصحيفة.

09 ستلبس الْمرأة الفستان.
تلبس الْمرأة الفستان.
لبست الْمرأة الفستان.
يشرع الرجل في لبس القميص.

10 ستصب البنت الْماء على رأسها.
تصب البنت الْماء على رأسها.
ستقرأ الْمرأة الكتاب.
تقرأ الْمرأة الكتاب.

6-08 الْفِعْل الْمَاضِي وَالْمُضَارِع وَالْمُسْتَقْبَل.

01 سَيُقَبِّلُ الرَّجُلُ زَوْجَتَه.
يُقَبِّلُ الرَّجُلُ زَوجَتَه.
سَتَرْمِي الْمَرْأَة الْكُرَة.
رَمَتْ الْمَرْأَة الكُرَة.

02 تَتَكَلَّمُ البِنْتُ مَعَ الرَّجُل.
لاَ تَتَكَلَّمُ الْمَرْأَة مَعَ أَحَد. إِنَّهَا تُعِدُّ الطَّعَام.
تَجْلِسُ الْمَرْأَةُ عَلَى الرَّجُل.
تَجْلِسُ الْمَرْأَةُ عَلَى الْكُرْسِيِّ الْهَزَّاز.

03 تَرْكَبُ الْمَرْأَةُ الْحِصَان.
لاَ أَحَدَ يَرْكَبُ الْحِصَان.
لاَ أَحَدَ يَرْكَبُ الدَّرَّاجَة.
أَحَدُ النَّاس يَرْكَب الدَّرَّاجَة.

04 الْحِصَان يُقَبِّلُ الْمَرْأَة.
لاَ يَقَبِّلُ الْحِصَان أَحَدًا.
تُرْكَلُ الكُرَة بِوَاسِطَةِ الْوَلَد.
لاَ أَحَدَ يَرْكُلُ الكُرَة.

05 الْحِصَان يُقَبِّلُ الْمَرْأَة.
لاَ أَحَدَ يُقَبِّلُ الْمَرْأَة.
يَرْكُلُ الوَلَدُ الكُرَة.
لاَ يَرْكُلُ الوَلَد أَيَّ شَيْء.

06 يَسْقُط الوَلَد.
سَقَطَ الوَلَد.
يَصْعَدُ الرَّجُلُ السُّلَّم.
صَعَدَ الرَّجُلُ السُّلَّم.

07 سَيَجْرِي الرِّجَال.
يَجْرِي الرِّجَال.
جَرَى الرِّجَال.
سَتَجْرِي النِّسَاء.

08 سَتَرْفَعُ الْمَرْأَة الْقِطَّة.
تَرْفَعُ الْمَرْأَة القِطَّة.
رَفَعَت الْمَرْأَة القِطَّة وَالآن تُمْسِكُهَا بَيْنَ ذِرَاعَيْهَا.
الْمَرْأَة تَقْرَأُ الْصَحِيفَة.

09 سَتَلْبَسُ الْمَرْأَة الْفُسْتَان.
تَلْبَسُ الْمَرْأَة الفُسْتَان.
لَبِسَتْ الْمَرْأَة الْفُسْتَان.
يَشْرَعُ الرَّجُل فِي لِبْس القَمِيص.

10 سَتَصُبُّ البِنْت الْمَاء عَلَى رَأْسِهَا.
تَصُبُّ البِنْت الْمَاء عَلَى رَأْسِهَا.
سَتَقْرَأُ الْمَرْأَة الْكِتَاب.
تَقْرَأُ الْمَرْأَة الْكِتَاب.

6-09 وحدات الأشياء.

01 سبائط موز كثيرة
سبيطة موز
عناقيد عنب كثيرة
عنقود عنب

02 سبيطة موز
موزة واحدة
عنقود عنب
حبة عنب واحدة

03 زوج عرائس
مجموعة عرائس
زهور قليلة
كثير من باقات الزهور

04 زوج من الشموع
أزواج كثيرة من الشموع
زوج قفازات
أزواج كثيرة من القفازات

05 باقة زهور
زهرة واحدة
علمان
كثير من الأعلام

06 بالونات كثيرة
بالونات قليلة
راكب دراجة
مجموعة من راكبي الدراجات

07 زوج زهر
زوجان من الزهر
عداءة واحدة
مجموعة عدائين

08 طاقم أدوات
طاقم أثاث لغرفة طعام
طاقم حقائب سفر
طاقم سكاكين مائدة

09 طاقم أكل فضي
توأمان
رقعة شطرنج
طاقم أطباق

10 رفيقان يهبطان بالسلم الْمتحرك
زوجان من الرفقاء
زوج عرائس
طاقم عرائس روسي

6-09 وَحدَات الأَشْيَاء.

01 سَبَائِطُ مَوزٍ كَثِيرَة
سَبِيطَةُ مَوْز
عَنَاقِيدُ عِنَبٍ كَثِيرَة
عُنْقُودُ عِنَب

02 سَبِيطَةُ مَوْز
مَوْزَة وَاحِدَة
عُنْقُودُ عِنَب
حَبَّةُ عِنَبٍ وَاحِدَة

03 زَوْجُ عَرَائِس
مَجْمُوعَةُ عَرَائِس
زُهُور قَلِيلَة
كَثِيرُ مِنْ بَاقَاتِ الزُّهُور

04 زَوْجُ مِنَ الشُّمُوع
أَزْوَاجُ كَثِيرَة مِنَ الشُّمُوع
زَوْجُ قُفَّازَات
أَزْوَاجُ كَثِيرَة مِنَ الْقُفَّازَات

05 بَاقَةُ زُهُور
زَهْرَة وَاحِدَة
عَلَمَان
كَثِيرُ مِنَ الأَعْلَام

06 بَالُونَات كَثِيرَة
بَالُونَات قَلِيلَة
رَاكِبُ دَرَّاجَة
مَجْمُوعَة مِنْ رَاكِبِي الدَّرَّاجَات

07 زَوْجُ زَهْر
زَوْجَان مِنَ الزَّهْر
عَدَّاءَة وَاحِدَة
مَجْمُوعَةُ عَدَّائِين

08 طَاقَمُ أَدوَات
طَاقَمُ أَثَاث لِغُرْفَةِ طَعَام
طَاقَمُ حَقَائِبِ سَفَر
طَاقَمُ سَكَاكِين مَائِدَة

09 طَاقَمُ أَكْلٍ فِضِّي
تَوْأَمَان
رُقْعَةُ شَطْرَنج
طَاقَمُ أَطْبَاق

10 رَفِيقَان يَهْبِطَان بِالسُّلَّمِ الْمُتَحَرِّك
زَوْجَان مِنَ الرُّفَقَاء
زَوْجُ عَرَائِس
طَاقَمُ عَرَائِس رُوسِي

6-10 مع؛ وحده، وحدها.

01 البنت وحدها
البنت مع أصدقائها
البنت مع أمها وأبيها.
البنت مع جروها.

02 الْمغنية حاملة مكبر الصوت الأحمر تغني وحدها.
تغني الْمغنية مع صديقة لها.
تغني الْمرأة مع جوقة الإنشاد.
تغني الْمرأة وحدها وهي تعزف البيانو.

03 تحيط الزهور بالْمرأة.
تحيط الشجيرات بالْمرأة.
تحيط الكتب بالْمرأة.
يحيط الناس بالْمرأة.

04 الْمرأة محاطة بالزهور.
الْمرأة محاطة بالشجيرات.
الْمرأة محاطة بالكتب.
الْمرأة محاطة بالناس.

05 تقف القلعة وحيدة على الجبل بعيدة عن الْمباني الأخرى.
يقف الحصن وحيدا في الصحراء بعيدا عن الْمباني الأخرى.
القلعة محاطة بالْمباني الأخرى.
الكنيسة محاطة بالْمباني الأخرى.

06 الْمرأة وحدها.
الْمرأة مع شخص آخر.
الْمرأة محاطة بالناس.
الْمائدة محاطة بالكراسي.

07 شخص وحده
شخصان
عدة أشخاص
جماعة من الناس

08 تقرأ البنت وحدها.
تلعب البنت مع صديقة.
تلعب البنت مع مدرستها.
تَمشي البنت مع مدرستها وصديقتها.

09 أحد الناس يهبط الدرجات وحده.
عدة أشخاص يهبطون الدرجات.
جماعة كبيرة من الناس تقف على الدرجات.
جماعة كبيرة من الناس تَمشي على الرصيف.

10 جماعة كبيرة من الناس تتسابق.
عدة أشخاص يسابقون بعضا.
هذان الشخصان يسابقان ولكن ليس ضد بعضهما البعض.
يجري هذا الشخص وحده ولكنه لا يتسابق.

6-10 مَعَ؛ وَحْدَهُ، وَحْدَهَا.

01 البِنْتُ وَحْدَهَا.
البِنْتُ مَعَ أَصْدِقَائِهَا.
البِنْتُ مَعَ أُمِّهَا وَأَبِيهَا.
البِنْتُ مَعَ جَرْوِهَا.

02 الْمُغَنِّيَةُ حامِلَةً مُكَبِّرِ الصَّوْتِ الأَحْمَر تُغَنِّي وَحْدَهَا.
تُغَنِّي الْمُغَنِّيَةُ مَعَ صَدِيقَةٍ لَهَا.
تُغَنِّي الْمَرْأَةُ مَعَ جَوقَةِ الإِنْشَاد.
تُغَنِّي الْمَرْأَةُ وَحْدَهَا وَهِيَ تَعْزِفُ البِيَانو.

03 تُحِيطُ الزُّهُورُ بِالْمَرْأَة.
تُحِيطُ الشُّجَيْرَاتُ بِالْمَرْأَة.
تُحِيطُ الكُتُبُ بِالْمَرْأَة.
يُحِيطُ النَّاسُ بِالْمَرْأَة.

04 الْمَرْأَةُ مُحَاطَةٌ بِالزُّهُور.
الْمَرْأَةُ مُحَاطَةٌ بِالشُّجَيْرَات.
الْمَرْأَةُ مُحَاطَةٌ بِالْكُتُب.
الْمَرْأَةُ مُحَاطَةٌ بِالنَّاس.

05 تَقِفُ الْقَلْعَةُ وَحِيدَةً عَلَى الْجَبَل بَعِيدَةً عَنِ الْمَبَانِي الأُخْرَى.
يَقِفُ الْحِصْنُ وَحِيدًا فِي الصَّحْرَاء بَعِيدًا عَن الْمَبَانِي الأُخْرَى.
الْقَلْعَةُ مُحَاطَةٌ بِالْمَبَانِي الأُخْرَى.
الكَنِيسَةُ مُحَاطَةٌ بِالْمَبَانِي الأُخْرَى.

06 الْمَرْأَةُ وَحْدَهَا.
الْمَرْأَةُ مَعَ شَخْص آخَر.
الْمَرْأَةُ مُحَاطَةٌ بِالنَّاس.
الْمَائِدَةُ مُحَاطَةٌ بِالْكَرَاسِي.

07 شَخْصُ وَحْدَهُ
شَخْصَان
عِدَّةُ أَشْخَاص
جَمَاعَةٌ مِنَ النَّاس

08 تَقْرَأُ البِنْتُ وَحْدَهَا.
تَلْعَبُ البِنْتُ مَعَ صَدِيقَة.
تَلْعَبُ البِنْتُ مَعَ مُدَرِّسَتِهَا.
تَمْشِي البِنْتُ مَعَ مُدَرِّسَتِهَا وَصَدِيقَتِهَا.

09 أَحَدُ النَّاسِ يَهْبِطُ الدَّرَجَاتِ وَحْدَهُ.
عِدَّةُ أَشْخَاصٍ يَهْبِطُونَ الدَّرَجَات.
جَمَاعَةٌ كَبِيرَةٌ مِنَ النَّاس تَقِفُ عَلَى الدَّرَجَات.
جَمَاعَةٌ كَبِيرَةٌ مِنَ النَّاس تَمْشِي عَلَى الرَّصِيف.

10 جَمَاعَةٌ كَبِيرَةٌ مِنَ النَّاس تَتَسَابَق.
عِدَّةُ أَشْخَاصٍ يُسَابِقُونَ بَعْضًا.
هَذَان الشَّخْصَان يُسَابِقَان وَلَكِن لَيْسَ ضِدَّ بَعْضِهِمَا الْبَعْض.
يَجْرِي هَذَا الشَّخْصُ وَحْدَهُ وَلَكِنَّهُ لاَ يَتَسَابَق.

6-11 الْمهن: حالات ونشاطات.

01 أنا طبيب.
أنا مُمرضة.
أنا ميكانيكي.
أنا طالبة.

02 أنا شرطي.
أنا طبيب أسنان.
أنا نجار.
أنا عالِمة.

03 أنا سكرتيرة.
أنا طباخ.
أنا مدرسة.
أنا نادل.

04 أنا محرج.
قدمي تؤلِمني.
أنا لست خائفة. هو الخائف.
أنا مريض.

05 أنا بردان.
أنا حران وعطشان.
أنا خائف.
أنا طبيب. أنا مع رجل مريض.

06 أنا فخور بابني.
أنا فخور بسيارتي
أنا نحيف.
أنا بدين.

07 أنا خارج الْمصرف.
أنا في مركز الشرطة.
أنا غني.
أنا داخل الْمصرف.

08 أووف! أوجع ذلك قدمي.
إنني ألبس قبعة.
إنني ألبس تنورة زرقاء.
إني محرج.

09 إنني مريض. أنت لست مريضة. أنت مُمرضة.
أنا طبيب. أنا لست مريضا. أنت الْمريض.
إنني أصلح سيارة.
إنني أعالج أسنان أحد الناس.

10 أنا أخبز الخبز.
أنا أطبع على الآلة الكاتبة.
أنا أدرس التلاميذ.
نحن نقرأ.

6-11 الْمِهَن: حَالاَت وَنَشَاطَات.

01 أَنَا طَبِيبٌ.
أَنَا مُمَرِّضَة.
أَنَا مِيكَانِيكِيٌّ.
أَنَا طَالِبَة.

02 أَنَا شُرْطِيٌّ.
أَنَا طَبِيبُ أَسْنَان.
أَنَا نَجَّارٌ.
أَنَا عَالِمَة.

03 أَنَا سِكْرِتِيرَة.
أَنَا طَبَّاخٌ.
أَنَا مُدَرِّسَة.
أَنَا نَادِلٌ.

04 أَنَا مُحْرَجٌ.
قَدَمِي تُؤْلِمُنِي.
أَنَا لَسْتُ خَائِفَة. هُوَ الْخَائِف.
أَنَا مَرِيضٌ.

05 أَنَا بَرْدَان.
أَنَا حَرَّانٌ وَعَطْشَان.
أَنَا خَائِفٌ.
أَنَا طَبِيبٌ. أَنَا مَعَ رَجُلٍ مَرِيض.

06 أَنَا فَخُورٌ بِابْنِي.
أَنَا فَخُورٌ بِسَيَّارَتِي.
أَنَا نَحِيف.
أَنَا بَدِينٌ.

07 أَنَا خَارِجَ الْمَصْرِف.
أَنَا فِي مَرْكَزِ الشُّرْطَة.
أَنَا غَنِيٌّ.
أَنَا دَاخِلِ الْمَصْرِف.

08 أووف! أَوْجَعَ ذَلِكَ قَدَمِي.
إِنَّنِي أَلْبَسُ قُبَّعَة.
إِنَّنِي أَلْبَسُ تَنُّورَة زَرْقَاء.
إِنِّي مُحْرَجٌ.

09 إِنَّنِي مَرِيض. أَنْتِ لَسْتِ مَرِيضَة. أَنْتِ مُمَرِّضَة.
أَنَا طَبِيب. أَنَا لَسْتُ مَرِيضاً. أَنْتَ الْمَرِيض.
إِنَّنِي أُصْلِحُ سَيَّارَة.
إِنَّنِي أُعَالِجُ أَسْنَانَ أَحَدِ النَّاس.

10 أَنَا أَخْبِزُ الْخُبْز.
أَنَا أَطْبَعُ عَلَى الآلَةِ الْكَاتِبَة.
أَنَا أُدَرِّسُ التَّلامِيذ.
نَحْنُ نَقْرَأ.

6-12 مراجعة الوحدة السادسة.

01 هؤلاء الناس في عرض.
كان هؤلاء الناس في عرض.
الرجل في الشاحنة.
كان الرجل في الشاحنة.

02 ستدخل الْمرأة الْمحل.
تدخل الْمرأة الْمحل.
سيقفل الرجل شنطة السيارة.
أقفل الرجل شنطة السيارة.

03 يلبس هذان الرفيقان ملابس كاملة.
لا يلبس هذان الرفيقان ملابس كاملة.
يلبس هؤلاء الرجال ملابس كاملة.
لا يلبس هولاء الرجال ملابس كاملة.

04 لفتان مناشف ورق
كيس ورق ممتلئ
كيس بلاستيك فارغ
كيس ورق فارغ

05 كلا الشخصين يغني.
لا أحد من هذين الشخصين يغني.
واحد فقط من هولاء الأشخاص يغني.
كل هؤلاء الأشخاص الستة يغنون.

06 الأب وأبناه يحفرون.
كان الأب وأبناه يحفرون.
ينظر الكلب إلى الكتاب.
كان الكلب ينظر إلى الكتاب.

07 سترفع الْمرأة القطة.
ترفع الْمرأة القطة.
رفعت الْمرأة القطة والآن تُمسكها بين ذراعيها.
الْمرأة تقرأ الصحيفة.

08 طاقم أكل فضي
توأمان
رقعة شطرنج
طاقم أطباق

09 الْمغنية حاملة مكبر الصوت الأحمر تغني وحدها.
تغني الْمغنية مع صديقة لها.
تغني الْمرأة مع جوقة الإنشاد.
تغني الْمرأة وحدها وهي تعزف البيانو.

10 أنا شرطي.
أنا طبيب أسنان.
أنا نجار.
أنا عالِمة.

6-12 مُراجَعَة الْوِحْدَة السَّادِسَة.

01 هَؤُلَاءِ النَّاس فِي عَرْض.
كَانَ هَؤُلَاءِ النَّاس فِي عَرْض.
الرَّجُل فِي الشَّاحِنَة.
كَانَ الرَّجُل فِي الشَّاحِنَة.

02 سَتَدْخُلُ الْمَرْأَةُ الْمَحَلّ.
تَدْخُلُ الْمَرْأَةُ الْمَحَلّ.
سَيُقْفِلُ الرَّجُل شَنْطَةَ السَّيَّارَة.
أَقْفَلَ الرَّجُل شَنْطَةَ السَّيَّارَة.

03 يَلْبَسُ هَذَان الرَّفِيقَان مَلَابِسَ كَامِلَة.
لاَ يَلْبَسُ هَذَان الرَّفِيقَان مَلَابِسَ كَامِلَة.
يَلْبَسُ هَؤُلَاءِ الرِّجَال مَلَابِسَ كَامِلَة.
لاَ يَلْبَسُ هَؤُلَاءِ الرِّجَال مَلَابِسَ كَامِلَة.

04 لَفَّتَان مَنَاشِف وَرَق
كِيس وَرَق مُمْتَلِئ
كِيس بلاسْتيك فَارِغ
كِيس وَرَق فَارِغ

05 كِلاَ الشَّخْصَين يُغَنِّي.
لا أَحَدَ مِن هَذَيْن الشَّخْصَيْن يُغَنِّي.
وَاحِد فَقَطْ مِنْ هَؤُلَاءِ الأَشْخَاص يُغَنِّي.
كُلُّ هَؤُلَاءِ الأَشْخَاص السِّتَّة يُغَنُّون.

06 الأَب وَأَبْنَاهُ يَحْفِرُون.
كَانَ الأَب وَأَبْنَاهُ يَحْفِرُون.
يَنْظُرُ الْكَلب إِلَى الْكِتَاب.
كَانَ الكَلْب يَنْظُر إِلَى الكِتَاب.

07 سَتَرْفَعُ الْمَرْأَة الْقِطَّة.
تَرْفَعُ الْمَرْأَة القِطَّة.
رَفَعَت الْمَرْأَة القِطَّة وَالآن تُمْسِكُهَا بَيْنَ ذِرَاعَيْهَا.
الْمَرْأَة تَقْرَأُ الْصَحِيفَة.

08 طَاقَمُ أَكْلٍ فِضِّي
تَوْأَمَان
رُقْعَةُ شَطْرَنج
طَاقَمُ أَطْبَاق

09 الْمُغَنِّيَةُ حَامِلَةُ مُكَبِّرِ الصَّوْتِ الأَحْمَر تُغَنِّي وَحْدَهَا.
تُغَنِّي الْمُغَنِّيَةُ مَعَ صَدِيقَةٍ لَهَا.
تُغَنِّي الْمَرْأَةُ مَعَ جَوقَةِ الإِنْشَاد.
تُغَنِّي الْمَرْأَةُ وَحْدَهَا وَهِيَ تَعْزِفُ البِيَانو.

10 أَنَا شُرْطِيٌّ.
أَنَا طَبِيبُ أَسْنَان.
أَنَا نَجَّارٌ.
أَنَا عَالِمَة.

7-01 الأفعال.

01 تدخل البنت في القارب.
يخرج الولد من الْماء.
خرج الولد من الْماء.
سيخرج الولد من الْماء.

02 الرجل والْمرأة يشيران.
كلتا الْمرأتين تشير.
يشير الولد الذي على اليسار.
إمرأة تشير وإمرأة لا تشير.

03 يطير الرجل الطائرة الورقية.
يحاول الرجل أن يطير الطائرة الورقية.
هناك ثلاث طائرات ورقية على الأرض.
الولد يطير طائرة ورقية.

04 ينظر الولد إلى الأسفل.
ينظر الولد إلى الأعلى.
ينظر الْمهرج إلى الأسفل.
ينظر الْمهرج إلى الأعلى.

05 الولد ذو القميص الأحمر يطير طائرة ورقية.
يشرب الولد من كأس ويطير طائرة ورقية.
يحاول الرجل أن يفتح فم البقرة.
يحاول الرجل أن يطير طائرة ورقية.

06 سيضرب الولد ذو الْملابس الزرقاء بالتراب.
ضرب الولد بالتراب.
الرجل يعمل.
الرجل لا يعمل.

07 يقرأ الأب لإبنيه.
يعمل الأب مع إبنيه.
يحمل الأب جاروفا في إحدى يديه وكتابا في الأخرى.
يقرأ الأب للكلب.

08 الخيول تعمل.
الخيول لا تعمل.
يشير الأب بيده.
يعمل الأب والولدان.

09 الولدان يتجاذبان الشوكة.
الولد يحفر.
الولد ذو الْملابس البيضاء يُمسك الشوكة.
الولد ذو الْملابس الزرقاء يُمسك الشوكة.

10 ستعطي البنت العلف للخيول.
تعطي البنت العلف للخيول.
أعطت البنت العلف للخيول.
سيعطي راعي الأبقار العلف للبقرة.

7-01 الأَفْعَال.

01 تَدْخُل الْبِنْت فِي القَارِب.
يَخْرُجُ الْوَلَد مِنَ الْمَاء.
خَرَجَ الوَلَد مِنَ الْمَاء.
سَيَخْرُجُ الوَلَد مِنَ الْمَاء.

02 الرَّجُل وَالْمَرْأَة يُشِيرَان.
كِلْتَا الْمَرْأَتَيْن تُشِير.
يُشِيرُ الْوَلَد الّذِي عَلَى الْيَسَار.
إِمْرَأَة تُشِير وَإِمْرَأَة لاَ تُشِير.

03 يُطَيِّر الرَّجُل الطَّائِرَة الْوَرَقِيَّة.
يُحَاوِل الرَّجُل أَنْ يُطَيِّر الطَّائِرَة الْوَرَقِيَّة.
هُنَاكَ ثَلاَث طَائِرَاتٍ وَرَقِيَّة عَلَى الأَرْض.
الْوَلَد يُطَيِّر طَائِرَة وَرَقِيَّة.

04 يَنْظُرُ الوَلَد إِلَى الأَسْفَل.
يَنْظُرُ الوَلَد إِلَى الأَعلَى.
يَنْظُرُ الْمُهَرِّج إِلَى الأَسْفَل.
يَنْظُرُ الْمَهَرِّج إِلَى الأَعلَى.

05 الوَلَد ذُو القَمِيص الأَحْمَر يُطَيِّر طَائِرَة وَرَقِيَّة.
يَشْرَبُ الوَلَد مِنْ كَأْس ويُطَيِّر طَائِرَة وَرَقِيَّة.
يُحَاوِلُ الرَّجُل أَنْ يَفْتَحَ فَمَ الْبَقَرَة.
يُحَاوِلُ الرَّجُل أَنْ يُطَيِّر طَائِرَة وَرَقِيَّة.

06 سَيُضْرَب الوَلَد ذُو الْمَلاَبِس الزَّرْقَاء بِالتُّرَاب.
ضُرِبَ الوَلَد بِالتُّرَاب.
الرَّجُل يَعْمَل.
الرَّجُل لاَ يَعْمَل.

07 يَقْرَأُ الأَب لإِبْنَيْه.
يَعْمَلُ الأَب مَعَ إِبْنَيْه.
يَحْمِلُ الأَب جَارُوفًا فِي إِحْدَى يَدَيْهِ وَكِتَابًا فِي الأُخْرَى.
يَقْرَأُ الأَب لِلْكَلْب.

08 الْخُيُول تَعْمَل.
الْخُيُول لاَ تَعْمَل.
يُشِيرُ الأَب بِيَده.
يَعْمَلُ الأَب وَالْوَلَدَان.

09 الْوَلَدَان يَتَجَاذَبَان الشَّوْكَة.
الوَلَد يَحْفِر.
الوَلَد ذُو الْمَلاَبِس الْبَيْضَاء يُمْسِك الشَّوْكَة.
الوَلَد ذُو الْمَلاَبِس الزَّرْقَاء يُمْسِك الشَّوْكَة.

10 سَتُعْطِي البِنْتُ الْعَلَف لِلْخُيُول.
تُعْطِي البِنْتُ العَلَف لِلْخُيُول.
أَعْطَت الْبِنْتُ الْعَلَف لِلْخُيُول.
سَيُعْطِي رَاعِي الأَبْقَار العَلَف لِلْبَقَرَة.

7-02 الأفعال والأسماء؛ الإستفهام؛ عبارة "في العادة".

01 ترفرف الأوزة جناحيها.
نشرت هذه الطيور أجنحتها.
الطائر الذي في يد الرجل منشور الجناحين.
هذا الطائر لم ينشر جناحيه.

02 للجمال أربعة أرجل.
للناس رجلين.
للبط رجلين.
للأفيال أربعة أرجل.

03 رجال الفضاء يلبسون ملابس الفضاء.
أحيانا تلبس البنات فساتين.
للطائرات أجنحة.
للطيور أجنحة.

04 للساعة عقارب.
للدراجة عجلات.
يعيش البحارة في السفن.
يحمل الجنود البنادق.

05 من يلبس ملابس الفضاء؟
من يلبس الفساتين؟
من يحمل البنادق؟
من يعيش في السفن؟

06 أي حيوان له رجلان فقط؟
أي حيوان أرجله الأربعة على الأرض؟
أي حيوان له رجلان على الأرض ورجلان فوق الأرض؟
أي حيوان أرجله الأربعة فوق الأرض؟

07 هذا الشخص يبيع الخبز.
هذا الشخص يبيع النظارات.
هذا الشخص يبيع الطماطم.
هذا الشخص يبيع النباتات.

08 الخيول تحمل الناس ولكن هذا الحصان لا يحمل الآن أحدا.
هذا الحصان يحمل شخصا.
الطائرات تطير ولكن هذه الطائرة لا تطير الآن.
الطائرات تطير وهذه الطائرة تطير الآن.

09 يلبس هذا العامل خوذة.
في العادة يلبس العامل خوذة ولكنه لا يلبسها الآن.
يحمل الجنود البنادق ولكن هؤلاء الجنود لا يحملون الآن بنادق.
يحمل الجنود البنادق وهؤلاء الجنود يحملون الآن بنادق.

10 الشابان بالبذلتان الزرقاوان يغنيان.
الشابان بالبذلتان الزرقاوان يغنيان أحيانا ولكنهما لا يغنيان الآن.
الكلاب في العادة لا تلبس الْملابس وهذا الكلب لا يلبس الآن أية ملابس.
الكلاب في العادة لا تلبس الْملابس ولكن هذا الكلب يلبس الآن ملابس.

7-02 الأَفْعَال وَالأَسْمَاء؛ الإِسْتِفْهَام؛ عِبَارَة "فِي الْعَادَة".

01 تُرَفْرِفُ الأَوَزَّة جَنَاحَيْهَا.
نَشَرَتْ هَذِهِ الطُّيُور أَجْنِحَتَهَا.
الطَّائِرالَّذِي فِي يَد الرَّجُل مَنْشُور الْجَنَاحَيْن.
هَذَا طَائِر لَم يَنْشُرْ جَنَاحَيْه.

02 لِلْجِمَال أَرْبَعَة أَرْجُل.
لِلنَّاس رِجْلَيْن.
لِلْبَطّ رِجْلَيْن.
لِلأَفْيَال أَرْبَعَة أَرْجُل.

03 رِجَالُ الْفَضَاء يَلْبَسُون مَلاَبِس الْفَضَاء.
أَحْيَانًا تَلْبَسُ الْبَنَات فَسَاتِين.
لِلطَّائِرَات أَجْنِحَة.
لِلطُّيُور أَجْنِحَة.

04 لِلسَّاعَة عَقَارِب.
لِلدَّرَّاجَة عَجَلاَت.
يَعِيشُ الْبَحَّارَة فِي السُّفُن.
يَحْمِلُ الْجُنُودُ الْبَنَادِق.

05 مَنْ يَلْبَس مَلاَبِس الْفَضَاء؟
مَنْ يَلْبَس الْفَسَاتِين؟
مَنْ يَحْمِلُ الْبَنَادِق؟
مَنْ يَعِيشُ فِي السُّفُن؟

06 أَيُّ حَيَوَان لَهُ رِجْلاَن فَقَطْ؟
أَيُّ حَيَوَان أَرْجُلُهُ الأَرْبَعَة عَلَى الأَرْض؟
أَيُّ حَيَوَان لَهُ رِجْلاَن عَلَى الأَرْض وَرِجْلاَن فَوْقَ الأَرْض؟
أَيُّ حَيَوَان أَرْجُلُهُ الأَرْبَعَة فَوْقَ الأَرْض؟

07 هَذَا الشَّخْص يَبِيع الْخُبْز.
هَذَا الشَّخْصُ يَبِيع النَّظَّارَات.
هَذَا الشَّخْص يَبِيع الطَّمَاطِم.
هَذَا الشَّخْص يَبِيع النَّبَاتَات.

08 الْخُيُول تَحْمِلُ النَّاس وَلَكِن هَذَا الحِصَان لاَ يَحْمِلُ الآن أَحَدًا.
هَذَا الحِصَان يَحْمِلُ شَخْصًا.
الطَّائِرَات تَطِير وَلَكِن هَذِهِ الطَّائِرَة لاَ تَطِيرُ الآن.
الطَّائِرَات تَطِير وَهَذِهِ الطَّائِرَة تَطِيرُ الآن.

09 يَلْبَسُ هَذَا العَامِل خُوذَة.
فِي الْعَادَة يَلْبَسُ الْعَامِلُ خُوذَة وَلَكِنَّهُ لاَ يَلْبَسُهَا الآن.
يَحْمِلُ الْجُنُود الْبَنَادق وَلَكِنْ هَؤُلاَءِ الجُنُود لاَ يَحْمِلُونَ الآنَ بَنَادِق.
يَحْمِلُ الجُنُود البَنَادق وَهَؤُلاَءِ الجُنُود يَحْمِلُونَ الآنَ بَنَادِق.

10 الشَّابَّان بِالْبَدْلَتَان الزَّرْقَاوان يُغَنِّيَان.
الشَّابَّان بِالْبَدْلَتَان الزَّرْقَاوان يُغَنِّيَان أَحْيَانًا وَلَكِنَّهُمَا لاَ يُغَنِّيَان الآن.
الكِلاَب فِي الْعَادَة لاَ تَلْبَسُ الْمَلاَبِس وَهَذَا الْكَلْب لاَ يَلبسُ الآنَ أَيَّةَ مَلاَبِس.
الكِلاَب فِي العَادَة لاَ تَلْبَسُ الْمَلاَبِس وَلَكِنَّ هَذَا الكَلْب يَلْبَسُ الآن مَلاَبِس.

7-03 سريع وبطيء.

01 تجري الْمرأة بسرعة.
الرجال يقودون دراجاتهم بسرعة.
يتزحلق الولد على الجليد بسرعة.
يجري الحصان بسرعة.

02 لا يجري الحصان بسرعة. إنه يَمشي ببطء.
تسير السيارة ببطء.
تسير السيارة بسرعة.
تركب الْمرأة بسرعة.

03 يتحرك الحصان بسرعة.
يتحرك الحصان ببطء.
لا يتحرك الحصان إطلاقا.
يتحرك الثور بسرعة.

04 تسبح الْمرأة بسرعة.
السباح في الْماء ولكنه لا يسبح الآن.
يتزحلق الرجل بسرعة.
يتزحلق الولد ببطء.

05 تشرع البنت في لبس حذاء التزلج.
تتزلج البنت.
يتزحلق الرجل نازلا من الجبل.
قفز الْمتزحلق.

06 متزلجة على الجليد
متزحلق
سباحة
عداء

07 راكب الدراجة يتحرك ببطء.
تتحرك السباحة في الْماء.
التمثال لا يتحرك.
يتحرك أحدهم عبر الشارع بسرعة.

08 يقف الجنديّان بالزيّان الأحمران بلا حركة.
يقف الجنود بالأزياء السوداء بلا حركة.
يقف رجال الفضاء بلا حركة.
تقف الْمتزلجة بلا حركة.

09 يتحرك راكبو الدراجات بسرعة.
يتحرك راكبو الدراجات ببطء.
تتحرك الطائرة بسرعة.
تتحرك الطائرة ببطء.

10 ليس هذا حيوانا ولكنه يتحرك ببطء.
ليس هذا حيوانا ولكنه يتحرك بسرعة.
هذا حيوان يتحرك ببطء.
هذا حيوان يتحرك بسرعة.

7-03 سَرِيع وَبَطِيء

01 تَجْرِي الْمَرْأَةُ بِسُرْعَة.
الرِّجَالُ يَقُودُونَ دَرَّاجَاتِهِم بِسُرْعَة.
يَتَزَحْلَقُ الوَلَدُ عَلَى الجَلِيدِ بِسُرْعَة.
يَجْرِي الْحِصَانُ بِسُرْعَة.

02 لاَ يَجْرِي الحِصَانُ بِسرعَة. إِنَّهُ يَمْشِي بِبُطْء.
تَسِيرُ السَّيَّارَةُ بِبُطْء.
تَسِيرُ السَّيَّارَةُ بِسُرْعَة.
تَرْكَبُ الْمَرْأَةُ بِسُرْعَة.

03 يَتَحَرَّكُ الحِصَانُ بِسُرْعَة.
يَتَحَرَّكُ الحِصَانُ بِبُطْء.
لاَ يَتَحَرَّكُ الحِصَانُ إِطْلاَقًا.
يَتَحَرَّكُ الثَّوْرُ بِسُرْعَة.

04 تَسْبَحُ الْمَرْأَةُ بِسُرْعَة.
السَّبَّاحُ فِي الْمَاء وَلَكِنَّهُ لاَ يَسْبَحُ الآن.
يَتَزَحْلَقُ الرَّجُلُ بِسُرْعَة.
يَتَزَحْلَقُ الوَلَدُ بِبُطْء.

05 تَشْرعُ الْبِنْتُ فِي لِبْسِ حِذَاءِ التَّزَلُّج.
تَتَزَلَّجُ الْبِنْت.
يَتَزَحْلَقُ الرَّجُلُ نَازِلاً مِنَ الْجَبَل.
قَفَزَ الْمُتَزَحْلِقُ.

06 مُتَزَلِّجَةٌ عَلَى الْجَلِيد
مُتَزَحْلِقٌ
سَبَّاحَةٌ
عَدَّاءٌ

07 رَاكِبُ الدَّرَّاجَةِ يَتَحَرَّكُ بِبُطْء.
تَتَحرَكُ السَّبَّاحَةُ فِي الْمَاء.
التِّمْثَالُ لاَ يَتَحَرَّك.
يَتحَرَّكُ أَحَدُهُم عَبْرَ الشَّارِعِ بِسُرْعَة.

08 يَقِفُ الْجُنْدِيَّان بِالْزِّيَّان الأحْمَرَان بِلاَ حَرَكَة.
يَقِفُ الجُنُودُ بالأَزْيَاءِ السّودَاءِ بِلاَ حَرَكَة.
يَقِفُ رِجَالُ الْفَضَاءِ بِلاَ حَرَكَة.
تَقِفُ الْمُتَزَلِّجَةُ بِلاَ حَرَكَة.

09 يَتَحَرَّكُ رَاكِبُو الدَّرَّاجَاتِ بِسُرْعَة.
يَتَحَرَّكُ رَاكِبُو الدَّرَّاجَاتِ بِبُطْء.
تَتَحَرَّكُ الطَّائِرَةُ بِسُرْعَة.
تَتَحَرَّكُ الطَّائِرَةُ بِبُطْء.

10 لَيْسَ هَذَا حَيَوانًا وَلَكِنَّهُ يَتَحَرَّكُ بِبُطْء.
لَيْسَ هَذَا حَيَوانًا وَلَكِنَّهُ يَتَحَرَّكُ بِسُرْعَة.
هَذَا حَيَوانٌ يَتَحَرَّكُ بِبُطْء.
هَذَا حَيَوانٌ يَتَحَرَّكُ بِسُرْعَة.

7-04 الفصول.

01 الْمنزل أمام أشجار خضراء كثيرة.
السيارة على طريق بين الأشجار الخضراء.
السيارتان في موقف للسيارات بين الشجرة البيضاء والشجرة الوردية.
هناك شجرة خضراء أمام الْمبنى الأبيض.

02 الجو ليس باردا. الأشجار خضراء.
الجو بارد. الثلج يغطي الأشجار.
الجو ليس باردا. هناك شجرة وردية أمام الْمبنى الأبيض.
الجو دافىء. هناك شجرة وردية وشجرة بيضاء.

03 هناك ثلج على الجبال خلف الطائرة الحمراء.
ليس هناك ثلج على الجبل حيث يقف الرجل ذو القميص الأحمر.
هناك ثلج على الجبل خلف الرجل ذي القميص الأحمر.
ليس هناك ثلج على الجبل وليس هناك رجل على الجبل.

04 الوقت شتاء. الثلج على الجبل.
الوقت شتاء. الثلج على الأشجار.
الوقت خريف. الأشجار صفراء.
الوقت ربيع. الأشجار وردية وبيضاء.

05 الوقت شتاء. الثلج على الأشجار.
الوقت صيف. الأشجار خضراء.
الوقت صيف. الناس في حوض السباحة.
الوقت خريف. الأشجار صفراء والأوراق على الأرض.

06 الشتاء
الصيف
الربيع
الخريف

07 الصيف
الخريف
الشتاء
الربيع

08 الشمس تهبط. نسمي ذلك غروبا.
جسر في الليل
وقت النهار
مدينة في الليل

09 الشمس تطلع. نسمي ذلك شروقا.
نرى القمر في الليل.
مبنى في الليل
مبنى في النهار

10 في الشتاء والوقت نهار.
في الشتاء والوقت ليل.
في الصيف والوقت نهار.
في الصيف والوقت ليل.

7-04 الْفُصُول.

01 الْمَنْزِل أَمَامَ أَشْجَارٍ خَضْرَاء كَثِيرَة.
السَّيَّارَة عَلَى طَرِيقٍ بَيْنَ الأَشْجَار الْخَضْرَاء.
السَّيَّارَتَان فِي مَوْقِفٍ لِلسَّيَّارَات بَيْنَ
الشَّجَرَة الْبَيْضَاء وَالشَّجَرَة الْوَرْدِيَّة.
هُنَاكَ شَجَرَة خَضْرَاء أَمَامَ الْمَبْنَى الأَبْيَض.

02 الجَوّ لَيْسَ بَارِدًا. الأَشْجَار خَضْرَاء.
الجَوّ بَارِد. الثَّلْج يُغَطِّي الأَشْجَار.
الجَوّ لَيْسَ بَارِدًا. هُنَاكَ شَجَرَة وَرْدِيَّة أَمَامَ
الْمَبْنَى الأَبْيَض.
الجَوّ دَافِئ. هُنَاكَ شَجَرَة وَرْدِيَّة وَشَجَرَة
بَيْضَاء.

03 هُنَاكَ ثَلْجٌ عَلَى الجِبَال خَلْفَ الطَّائِرَةِ
الْحَمْرَاء.
لَيْسَ هُنَاكَ ثَلْجٌ عَلَى الجَبَل حَيْثُ يَقِفُ الرَّجُل
ذُو القَمِيص الأَحْمَر.
هُنَاكَ ثَلْجٌ عَلَى الجَبَل خَلْفَ الرَّجُل ذِي
القَمِيص الأَحْمَر.
لَيْسَ هُنَاكَ ثَلْجٌ عَلَى الجَبَل وَلَيْسَ هُنَاكَ رَجُلٌ
عَلَى الجَبَل.

04 الْوَقْتُ شِتَاء. الثَّلْجُ عَلَى الْجَبَل.
الْوَقْتُ شِتَاء. الثَّلْجُ عَلَى الأَشْجَار.
الْوَقْتُ خَرِيف. الأَشْجَارُ صَفْرَاء.
الْوَقْتُ رَبِيع. الأَشْجَار وَرْدِيَّة وبَيْضَاء.

05 الْوَقْتُ شِتَاء. الثَّلْجُ عَلَى الأَشْجَار.
الْوَقْتُ صَيْف. الأَشْجَار خَضْرَاء.
الْوَقْتُ صَيْف. النَّاس فِي حَوضِ السِّبَاحَة.
الْوَقْتُ خَرِيف. الأَشْجَار صَفْرَاء وَالأَورَاق
عَلَى الأَرْض.

06 الشِّتَاء
الصَّيْف
الرَّبِيع
الْخَرِيف

07 الصَّيْف
الْخَرِيف
الشِّتَاء
الرَّبِيع

08 الشَّمْسُ تَهْبِط. نُسَمِّي ذَلِك غُرُوبًا.
جِسْرٌ فِي اللَّيْل
وَقْتُ النَّهَار
مَدِينَة فِي اللَّيْل

09 الشَّمْسُ تَطلع. نُسَمِّي ذَلِك شُرُوقًا.
نَرَى الْقَمَر فِي اللَّيْل.
مَبْنَى فِي اللَّيْل
مَبْنَى فِي النَّهَار

10 فِي الشِّتَاء وَالْوَقْتُ نَهَار.
فِي الشِّتَاء وَالوَقْتُ لَيْل.
فِي الصَّيْف وَالوَقْتُ نَهَار.
فِي الصَّيْف وَالْوَقْتُ لَيْل.

7-05 كل، ولا واحد/بعض، معظم/كلا، لا أحد، الآخر.

01 الزهور بيضاء.
الزهور حمراء.
الزهور صفراء.
الزهور زرقاء.

02 كل الزهور بيضاء.
كل الزهور حمراء.
كل الزهور صفراء.
كل الزهور زرقاء.

03 بعض الزهور بيضاء.
بعض الزهور زرقاء.
بعض الأطباق صفراء.
بعض الناس يلبسون القبعات.

04 بعض الزهور صفراء وبعضها بيضاء.
بعض الزهور صفراء وبعضها زرقاء.
بعض التفاح أحمر وبعضه أخضر.
بعض الناس نساء وبعضهم رجال.

05 معظم الناس يلبسون قبعات صفراء ولكن واحدا لا يلبسها.
معظم الزهور بيضاء ولكن بعضها أصفر.
معظم الزهرة أحمر ولكن جزءا منها أسود.
معظم الزهرة أحمر ولكن جزءا منها أصفر.

06 كلا الحيوانين حصان.
كلا الزهرتين أبيض بأصفر.
كلا الطفلتين بنت.
كلا الطائرين بطة.

07 كلا الحيوانين حصان.
لا أحد من الحيوانين حصان.
كلا الطفلين بنت.
لا أحد من الطفلين بنت.

08 بعض الزهور حمراء.
ليس بين الزهور أحمر.
إحدى البطتين بيضاء.
ليس بين البط أبيض.

09 بعض هذه الزهور أصفر والبعض الآخر أزرق.
كل هذه الزهور صفراء.
إحدى البطتين رأسها أبيض والأخرى رأسها أخضر.
كل هذه البطات لها رؤوس سوداء.

10 كلا الشخصين يشير.
لا أحد من الشخصين يشير.
أحد الشخصين يشير والآخر لا يشير.
أحد هذين الحيوانين طائر والآخر ليس طائرا.

7-05 كُل، وَلاَ وَاحِد/بَعْض، مُعْظَم/كِلاَ، لاَ أحَد، الآخَر.

01 الزُّهُور بَيْضَاء.
الزُّهُور حَمْرَاء.
الزُّهُور صَفْرَاء.
الزُّهُور زَرْقَاء.

02 كُلُّ الزُّهُور بَيْضَاء.
كُلُّ الزُّهُور حَمْرَاء.
كُلُّ الزُّهُور صَفْرَاء.
كُلُّ الزُّهُور زَرْقَاء.

03 بَعْضُ الزُّهُور بَيْضَاء.
بَعْضُ الزُّهُور زَرْقَاء.
بَعْضُ الأَطْبَاق صَفْرَاء.
بَعْضُ النَّاس يَلْبَسُونَ الْقُبَّعَات.

04 بَعْضُ الزُّهُور صَفْرَاء وَبَعْضُهَا بَيْضَاء.
بَعْضُ الزُّهُور صَفرَاء وَبَعْضُهَا زَرْقَاء.
بَعْضُ التُّفَّاح أَحْمَر وَبَعْضُهُ أَخْضَر.
بَعْضُ النَّاس نِسَاء وَبعْضُهُم رِجَال.

05 مُعْظَم النَّاس يَلْبَسُون قُبَّعَات صَفْرَاء وَلَكِن وَاحِدًا لاَ يَلْبَسُهَا.
مُعْظَم الزُّهُور بَيْضَاء وَلَكِن بَعْضَهَا أَصْفَر.
مُعْظَم الزَّهْرَة أَحْمَر وَلَكنَّ جُزْءًا مِنْهَا أَسْوَد.
مُعْظَم الزَّهْرَة أَحْمَر وَلَكِنَّ جُزءًا مِنْهَا أَصْفَر.

06 كِلاَ الْحَيَوانَيْن حِصَان.
كِلاَ الزَّهْرَتَيْن أَبْيَض بِأَصْفَر.
كِلاَ الطِّفْلَتَيْن بِنْت.
كِلاَ الطَّائِرَيْن بَطَّة.

07 كلاَ الحَيَوانَيْن حِصَان.
لاَ أَحَدَ مِنَ الحَيَوانَيْنِ حِصَان.
كلاَ الطِّفْلَيْن بِنْت.
لاَ أَحَدَ مِنَ الطِّفْلَيْنِ بِنْت.

08 بَعْضُ الزُّهُور حَمْرَاء.
لَيْسَ بينَ الزُّهور أحمَر.
إِحْدَى البَطَّتَين بَيْضَاء.
لَيْسَ بَيْنَ الْبَطّ أَبْيَض.

09 بَعْضُ هَذِهِ الزُّهُور أَصْفَر وَالبَعْضُ الآخَر أَزْرَق.
كُلُّ هَذه الزُّهُور صَفْرَاء.
إِحْدَى الْبَطَّتَيْن رَأْسُهَا أَبْيَض وَالأُخْرَى رَأْسُهَا أَخْضَر.
كُلُّ هَذِهِ البَطَّات لَهَا رُؤُوس سَوْدَاء.

10 كلاَ الشَّخْصَيْن يُشِير.
لاَ أَحَدَ مِنَ الشَّخْصَين يُشِير.
أَحَدُ الشَّخْصَيْن يُشِير وَالآخَر لاَ يُشِير.
أَحَدُ هَذيْنِ الْحَيَوَانَيْن طَائِر وَالآخَر لَيْسَ طَائِرًا.

7-06 كلا ولا أحد.

01 هذا الشخص إمرأة.
هذا الحيوان كلب.
هذا الشخص بنت.
هذا الحيوان حصان.

02 هذا الشخص ليس طفلا.
هذا الحيوان ليس حصانا.
هذا الطفل ليس ولدا.
هذا الحيوان ليس كلبا.

03 هؤلاء الناس رجال.
هؤلاء الناس نساء.
هذه الحيوانات أسماك.
هذه الحيوانات خيول.

04 ليس بين هؤلاء الناس نساء.
ليس بين هؤلاء الناس رجال.
ليس بين هذه الحيوانات خيول.
ليس بين هذه الحيوانات أسماك.

05 كل هؤلاء الأطفال أولاد.
ليس بين هؤلاء الأطفال أولاد.
كل هذه الحيوانات أبقار.
ليس بين هذه الحيوانات أبقار.

06 ليس بين هؤلاء الأطفال بنات.
كل هؤلاء الأطفال بنات.
ليس بين هذه الحيوانات أسماك.
كل هذه الحيوانات أسماك.

07 هذان الشخصان يشربان اللبن.
هذان الشخصان يشيران إلى اللبن.
أحد الشخصين يشير إلى الآخر.
هذان الشخصان يركبان الخيول.

08 هذان الشخصان كلاهما يشرب اللبن.
هذان الشخصان كلاهما يشير إلى اللبن.
واحد فقط من هذين الشخصين يشير.
هذان الشخصان كلاهما يركب حصانا.

09 ولا واحد من هذين الشخصين يشرب لبنا.
واحد من هذين الشخصين يشرب لبنا.
كلا الشخصين يشرب لبنا.
شخص يشرب عصير البرتقال.

10 الْمرأة تشرب اللبن ولكن البنت لا تشرب.
البنت تشرب اللبن لكن الْمرأة لا تشرب.
الْمرأة والبنت كلاهما تشربان اللبن.
أحد الناس يشرب ولكنه لا يشرب لبنا.

7-06 كِلاَ وَلاَ أَحَد.

01 هَذَا الشَّخْص إِمْرَأَة.
هَذَا الْحَيَوَان كَلْب.
هَذَا الشَّخْص بِنْت.
هَذَا الْحَيَوَان حِصَان.

02 هَذَا الشَّخْص لَيْسَ طِفْلاً.
هَذَا الْحَيَوَان لَيْسَ حِصَانًا.
هَذَا الطِّفْل لَيْسَ وَلَدًا.
هَذَا الْحَيَوَان لَيْسَ كَلْبًا.

03 هَؤُلاَءِ النَّاس رِجَال.
هَؤُلاَءِ النَّاس نِسَاء.
هَذِهِ الْحَيَوَانَات أَسْمَاك.
هَذِهِ الْحَيَوَانَات خُيُول.

04 لَيْسَ بَيْنَ هَؤُلاَءِ النَّاس نِسَاء.
لَيْسَ بَيْنَ هَؤُلاَءِ النَّاس رِجَال.
لَيْسَ بَيْنَ هَذِهِ الْحَيَوَانَات خُيُول.
لَيْسَ بَيْنَ هَذِهِ الْحَيَوَانَات أَسْمَاك.

05 كُلُّ هَؤُلاَءِ الأَطْفَال أَوْلاَد.
لَيسَ بَيْنَ هَؤُلاَءِ الأَطْفَال أَوْلاَد.
كُلُّ هَذِهِ الْحَيَوَانَات أَبْقَار.
لَيْسَ بَيْنَ هَذِهِ الْحَيَوَانَات أَبْقَار.

06 لَيْسَ بَيْنَ هَؤُلاَءِ الأَطْفَال بَنَات.
كُلُّ هَؤُلاَءِ الأَطْفَال بَنَات.
لَيْسَ بَيْنَ هَذه الْحَيَوَانَات أَسْمَاك.
كُلُّ هَذِهِ الْحَيَوَانَات أَسْمَاك.

07 هَذَانِ الشَّخْصَان يَشْرَبَانِ اللَّبَن.
هَذَانِ الشَّخْصَان يُشِيرَانِ إِلَى اللَّبَن.
أَحَدُ الشَّخْصَيْن يُشِيرُ إِلَى الآخَر.
هَذَانِ الشَّخْصَان يَرْكَبَانِ الْخُيُول.

08 هَذَانِ الشَّخْصَان كِلاَهُمَا يَشْرَبُ اللَّبَن.
هَذَانِ الشَّخْصَان كِلاَهُمَا يُشِيرُ إِلَى اللَّبَن.
وَاحِد فَقَط مِنَ هَذَيْن الشَّخْصَيْن يُشِير.
هَذَان الشَّخْصَان كِلاَهُمَا يَرْكَبُ حِصَانًا.

09 وَلاَ وَاحِدًا مِنْ هَذيْن الشَّخْصَيْن يَشْرَبُ
لَبَنًا.
وَاحِدُ مِنْ هَذَيْن الشَّخْصَيْن يَشْرَبُ لَبَنًا.
كِلاَ الشَّخْصَيْن يَشْرَبُ لَبَنًا.
شَخْصُ يَشْرَبُ عَصِيرُ الْبُرْتُقَال.

10 الْمَرْأَة تَشْرَبُ اللَّبَن وَلَكِنَّ الْبِنْت لاَ
تَشْرَب.
الْبِنْت تَشْرَبُ اللَّبن لَكِنَّ الْمَرْأَة لاَ
تَشْرَب.
الْمَرْأَة وَالْبِنْت كِلاَهُمَا تَشْرَبَان اللَّبَن.
أَحَدُ النَّاس يشْرَب وَلَكِنَّهُ لاَ يشْرَبُ لبَنًا.

7-07 الأشكال والأوضاع؛ كل، معظم.

01 دائرة خضراء
مستطيل أخضر
مربع أزرق
مستطيل أزرق

02 الدائرة أمام الْمستطيل.
الْمربع أمام الْمثلث.
الدائرة خلف الْمستطيل.
الْمربع خلف الْمثلث.

03 الولد خلف الشجرة.
الولد أمام الشجرة.
الْماء خلف اللبن.
الْماء أمام اللبن.

04 الدائرة مستديرة.
الكرة مستديرة.
الْمربع ليس مستديرا.
هذا الْمبنى ليس مستديرا.

05 هذه النافذة مستديرة.
هذه النافذة مربعة.
هذه الساعة مستديرة.
هذه الساعة مربعة.

06 هنالك دائرة حول هذا الْمستطيل.
هنالك مربع حول هذا الْمستطيل.
هنالك زهور صفراء حول الزهور الزرقاء.
الكراسي حول الْمائدة.

07 معظم الْمربعات إلى جانب الدائرة.
الدائرة فوق معظم الْمربعات.
معظم الْمثلثات فوق الْمستطيل.
معظم الْمثلثات داخل الْمستطيل.

08 معظم الدوائر حول الْمستطيل ولكن ليس كلها.
كل الدوائر حول الْمستطيل.
معظم الدوائر أمام الْمستطيل ولكن ليس كلها.
كل الدوائر أمام الْمستطيل.

09 كل الناس يلبسون قبعات صفراء.
معظم الناس يلبسون قبعات صفراء.
كل الناس يلبسون الأبيض.
معظم الناس يلبسون الأبيض.

10 الدائرة أمام الْمربع.
الدائرة خلف الْمربع.
الدائرة فوق الْمربع.
الدائرة تحت الْمربع.

7-07 الأَشْكَال وَالأَوْضَاع؛ كُلّ، مُعْظَم.

01 دَائِرَة خَضْرَاء
مُسْتَطِيل أَخْضَر
مُرَبَّع أَزْرَق
مُسْتَطِيل أَزْرَق

02 الدَّائِرَة أَمَامَ الْمُسْتَطِيل.
الْمُرَبَّع أَمَامَ الْمُثَلَّث.
الدَّائِرَة خَلْف الْمُسْتَطِيل.
الْمُرَبَّع خَلْف الْمُثَلَّث.

03 الْوَلَد خَلْفَ الشَّجَرَة.
الْوَلَد أَمَامَ الشَّجَرَة.
الْمَاء خَلْف اللَّبَن.
الْمَاء أَمَامَ اللَّبَن.

04 الدَّائِرَة مُسْتَدِيرَة.
الكُرَة مُسْتَدِيرَة.
الْمُرَبَّع لَيْسَ مُسْتَدِيرًا.
هَذَا الْمَبْنَى لَيْسَ مُسْتَدِيرًا.

05 هَذِهِ النَّافِذَة مُسْتَدِيرَة.
هَذِهِ النَّافِذَة مُرَبَّعَة.
هَذِهِ السَّاعَة مُسْتَدِيرَة.
هَذِهِ السَّاعَة مُرَبَّعَة.

06 هُنَالِكَ دَائِرَة حَوْلَ هَذَا الْمُسْتَطِيل.
هُنَالِكَ مُرَبَّع حَوْلَ هَذَا الْمُسْتَطِيل.
هُنَالِكَ زُهُور صَفْرَاء حَولَ الزُّهُور الزَّرْقَاء.
الكَرَاسِي حَوْلَ الْمَائِدَة.

07 مُعْظَمُ الْمُرَبَّعَات إِلَى جَانِبِ الدَّائِرَة.
الدَّائِرَةُ فَوقَ مُعْظَمِ الْمُرَبَّعَات.
مُعْظَمُ الْمُثَلَّثَات فَوْقَ الْمُسْتَطِيل.
مُعْظَمُ الْمُثَلَّثَات دَاخِلِ الْمُسْتَطِيل.

08 مُعْظَمُ الدَّوَائِر حَوْلَ الْمُسْتَطِيل وَلَكِن لَيْسَ كُلَّهَا.
كُلُّ الدَّوَائِر حَوْلَ الْمُسْتَطِيل.
مُعْظَمُ الدَّوَائِرِ أَمَامَ الْمُسْتَطِيل وَلَكِن لَيْسَ كُلَّهَا.
كُلُّ الدَّوَائِرِ أَمَامَ الْمُسْتَطِيل.

09 كُلُّ النَّاس يَلْبَسُونَ قُبَّعَات صَفْرَاء.
مُعْظَمُ النَّاس يَلْبَسُونَ قُبَّعَات صَفْرَاء.
كُلُّ النَّاس يَلْبَسُونَ الأَبْيَض.
مُعْظَمُ النَّاس يَلْبَسُونَ الأَبْيَض.

10 الدَّائِرَة أَمَامَ الْمُرَبَّع.
الدَّائِرَة خَلْف الْمُرَبَّع.
الدَّائِرَة فَوْقَ الْمُرَبَّع.
الدَّائِرَة تَحْتَ الْمُرَبَّع.

7-08 تابع ما قبله

09 هل تكتب الْمرأة بيدها اليمنى؟ نعم.
هل تكتب الْمرأة بيدها اليسرى؟ نعم.
أي امرأة تشير بيدها اليمنى؟ الْمرأة التي على اليسار.
أي امرأة تشير بيدها اليسرى؟ الْمرأة التي على اليمين.

10 يَمشي أحد الناس أمام الأبواب من ناحية اليمين.
يَمشي أحد الناس أمام الأبواب من ناحية اليسار.
يَمشي أحد الناس أمام الأبواب من ناحية اليسار ويَمشي آخر أمام الأبواب من ناحية اليمين.
يَمشي أحد الناس أمام الأبواب من ناحية الوسط.

7-08 تابع ما قبله

09 هَلْ تَكْتُبُ الْمَرْأَة بِيَدِهَا اليُمْنَى؟ نَعَم.
هَلْ تَكْتُبُ الْمَرْأَة بِيَدِهَا اليُسْرَى؟ نَعَم.
أَيُّ امْرَأَة تُشِيرُ بِيَدِهَا اليُمْنَى؟ الْمَرْأَة الَّتِي عَلَى اليَسَار.
أَيُّ امْرَأَة تُشِيرُ بِيَدِهَا اليُسْرَى؟ الْمَرْأَة الَّتِي عَلَى اليَمِين.

10 يَمْشِي أَحَدُ النَّاس أَمَامَ الأَبْوَاب مِنْ نَاحِيَةِ اليَمِين.
يَمْشِي أَحَدُ النَّاس أَمَامَ الأَبْوَاب مِنْ نَاحِيَةِ اليَسَار.
يَمْشِي أَحَدُ النَّاس أَمَامَ الأَبْوَاب مِنْ نَاحِيَةِ اليَسَار ويَمْشِي آخَر أَمَامَ الأَبْوَاب مِن نَاحِيَةِ اليَمِين.
يَمْشِي أَحَدُ النَّاس أَمَامَ الأَبْوَاب مِنْ نَاحِيَةِ الوَسَط.

7-09 أعلى وأسفل.

01 الجسر أعلى الطريق.
تُمسك الْمرأة كرة فوق رأسها.
أعلى الرجل تِمثال لأسد.
الرقم "ثلاثمائة وثلاثة" مكتوب أعلى الباب.

02 الطريق أسفل الجسر.
الْمرأة أسفل الكرة.
الرجل أسفل تِمثال الأسد.
الباب أسفل الرقم "ثلاثمائة وثلاثة."

03 يتناول الشاب قبعة أعلى من رأسه.
يُمسك الشاب القبعة أسفل من رأسه.
نرى القطار في الأسفل.
نرى القطار في الأعلى.

04 تطير الطائرة فوق السحاب.
تطير الطائرة تحت السحاب.
تطير الطائرة أمام الجبل الْمغطى بالثلوج.
تطير الطائرة أمام الشمس الغاربة.

05 معظم الناس يجلسون ولكن واحدا منهم يقف.
معظم الناس يقفون ولكن واحدا منهم يجلس.
معظم الناس يصعدون ولكن قليلا منهم يهبط.
معظم الناس يهبطون ولكن قليلا منهم يصعد.

06 ترقد معظم الأبقار ولكن قليلا منها يقف.
تقف معظم الأبقار ولكن قليلا منها يرقد.
معظم هؤلاء الناس أطفال ولكن قليلا منهم راشد.
معظم الكراسي مشغولة وقليل منها خال.

07 كثير من الناس يهبطون ولكن قليلا منهم يصعد.
قليل من الناس يهبطون ولكن كثيرين يصعدون.
هنالك بالونات كثيرة في السماء.
هنالك فقط بضع بالونات في السماء.

08 يجلس أناس كثيرون على كراسي.
يجلس شخصان فقط على كرسيين.
شخص واحد فقط يجلس على كرسي.
لا أحد يجلس على كرسي.

09 أناس كثيرون يركبون الدراجات.
بضعة أشخاص يركبون الدراجات.
شخص واحد فقط يركب دراجة.
لا أحد يركب دراجة.

10 واحد فقط من هذه الهواتف أحمر.
واحد فقط من هذه الهواتف يستعمل.
معظم هذه البنادق تستند على حائط.
ولا واحدة من هذه البنادق تستند على حائط.

7-09 أَعْلَى وَأَسْفَل.

01 الْجِسْرُ أَعْلَى الطَّرِيق.
تُمْسِكُ الْمَرْأَةُ كُرَةً فَوقَ رَأْسِهَا.
أَعْلَى الرَّجُلِ تِمْثَالٌ لأَسَد.
الرَّقْمُ "ثَلاَثُمِائَة وَثَلاَثَة" مَكْتُوبٌ أَعْلَى الْبَاب.

02 الطَّرِيقُ أَسْفَلُ الْجِسْر.
الْمَرْأَةُ أَسْفَلُ الكُرَة.
الرَّجُلُ أَسْفَلُ تِمْثَالِ الأَسَد.
الْبَابُ أَسْفَلُ الرَّقْمِ "ثَلاَثُمِائَة وَثَلاَثَة."

03 يَتَنَاوَلُ الشَّابُّ قُبَّعَةً أَعْلَى مِنْ رَأْسِه.
يُمْسِكُ الشَّاب القُبَّعَةَ أَسْفَل مِنْ رَأْسِه.
نَرَى القِطَارَ فِي الأَسْفَل.
نَرَى القِطَارَ فِي الأَعْلَى.

04 تُطِيرُ الطَّائِرَةُ فَوقَ السَّحَاب.
تُطِيرُ الطَّائِرَةُ تَحْتَ السَّحَاب.
تُطِيرُ الطَّائِرَةُ أَمَامَ الْجَبَلِ الْمُغَطَّى بِالثُّلُوج.
تُطِيرُ الطَّائِرَةُ أَمَامَ الشَّمْسِ الغَارِبَة.

05 مُعْظَمَ النَّاسِ يَجْلِسُون وَلَكِنَّ وَاحِدًا مِنْهُم يَقِف.
مُعْظَمَ النَّاسِ يَقِفُون وَلَكِنَّ وَاحِدًا مِنْهُم يَجْلِس.
مُعْظَمَ النَّاسِ يَصْعُدُون وَلَكِنَّ قَلِيلاً مِنْهُم يَهْبِط.
مُعْظَمَ النَّاسِ يَهْبِطُون ولَكِنَّ قَلِيلاً مِنْهُم يَصْعُد.

06 تَرْقُدُ مُعْظَمُ الأَبْقَار وَلَكِنَّ قَلِيلاً مِنْهَا يَقِف.
تَقِفُ مُعْظَمُ الأَبْقَار وَلَكِنَّ قَلِيلاً مِنْهَا يَرْقُد.
مُعْظَمُ هَؤُلاَءِ النَّاس أَطْفَال وَلَكِنَّ قَلِيلاً مِنْهُم رَاشِد.
مُعْظَمُ الكَرَاسِي مَشْغُولَة وَقَلِيلٌ مِنْهَا خَالٍ.

07 كَثِيرٌ مِنَ النَّاسِ يَهْبِطُون وَلَكِنَّ قَلِيلاً مِنْهُم يَصْعُد.
قَلِيلٌ مِنَ النَّاسِ يَهْبِطُون وَلَكِنَّ كَثِيرِينَ يَصْعُدُون.
هُنَالِكَ بَالُونَات كَثِيرَة فِي السَّمَاء.
هُنَالِكَ فَقَط بِضْعُ بَالُونَاتٍ فِي السَّمَاء.

08 يَجْلِسُ أُنَاسٌ كَثِيرُونَ عَلَى كَرَاسِي.
يَجْلِسُ شَخْصَان فَقَط عَلَى كُرْسِيَّيْن.
شَخْصٌ وَاحِدٌ فَقَط يَجْلِسُ عَلَى كُرْسِي.
لاَ أَحَدَ يَجْلِسُ عَلَى كُرْسِي.

09 أُنَاسٌ كَثِيرُونَ يَركَبُونَ الدَّرَّاجَات.
بِضْعَةُ أَشْخَاصٍ يَركَبُونَ الدَّرَّاجَات.
شَخْصٌ وَاحِدٌ فَقَط يَرْكَبُ دَرَّاجَة.
لاَ أَحَدَ يَركَبُ دَرَّاجَة.

10 وَاحِدٌ فَقَط مِنْ هَذِهِ الهَوَاتِف أَحْمَر.
وَاحِدٌ فَقَط مِنْ هَذِهِ الهَوَاتِف يُسْتَعْمَل.
مُعْظَمُ هَذِهِ البَنَادِق تَسْتَنِدُ عَلَى حَائِط.
وَلاَ وَاحِدَة مِن هَذِهِ البَنَادِق تَسْتَنِدُ عَلَى حَائِط.

7-10 الأفعال.

01 سيقفز الولد.
يقفز الولد.
قفز الولد.
الولد يسبح.

02 سيقفز الولد فوق الخشب.
يقفز الولد فوق الخشب.
قفز الولد فوق الخشب.
يسبح الولد تحت الْماء.

03 يتسلق الأولاد الشجرة.
ينزلق الأولاد إلى تحت.
العامل يصعد السلم.
الولد يتسلق جبلا.

04 هما ينظران إلى فوق.
هما ينظران إلى تحت.
إنه ينظر من خلال النافذة.
إنه ينظر إلى النافذة.

05 يحاول راعي الأبقار أن يركب الثور.
لا يستطيع راعي الأبقار أن يركب الثور.
يحاول الولد أن يقفز حاجز الخيول.
سقط الولد.

06 في فم الكلب طبق طيار.
في فم الكلب قبعة.
فم الكلب مفتوح وفارغ.
فم الكلب مغلق وفارغ.

07 يحاول الكلب أن يُمسك الطبق الطيار.
أمسك الكلب الطبق الطيار.
يحاول راعي الأبقار أن يُمسك العجل.
راعي الأبقار أمسك العجل.

08 يستعمل الرجل حبلا.
تستعمل الْمرأة آلة تصوير.
يستعمل الرجل قلما.
يستعمل الناس قاربا.

09 إنه يستعمل حبلا ليتسلق الجبل.
إنها تستعمل آلة تصوير لتلتقط صورة.
إنه يستعمل قلما ليكتب.
إنهم يستعملون قاربا ليعبروا الْماء.

10 يستعمل راعي الأبقار حبلا ليمسك العجل.
يستعمل راعي الأبقار حبلا ليربط العجل.
راعي الأبقار يُمسك العجل بدون أن يستعمل حبلا.
راعي الأبقار يرفع العجل.

7-10 الأَفْعَال.

01 سَيَقْفِز الْوَلَد.
يَقْفِز الْوَلَد.
قَفَزَ الْوَلَد.
الْوَلَد يَسْبَح.

02 سَيَقْفِز الْوَلَد فَوقَ الْخَشَب.
يَقْفِز الوَلَد فَوقَ الخَشَب.
قَفَزَ الوَلَد فَوْقَ الْخَشَب.
يَسْبَح الْوَلَد تَحْتَ الْمَاء.

03 يَتَسَلَّق الأَوْلاَد الشَّجَرَة.
يَنْزَلِق الأَوْلاَد إِلَى تَحْت.
العَامِل يَصْعَد السُّلَّم.
الْوَلَد يَتَسَلَّق جَبَلاً.

04 هُمَا يَنْظُرَان إِلَى فَوْق.
هُمَا يَنْظُرَان إِلَى تَحْت.
إِنَّهُ يَنْظُرُ مِنْ خِلاَل النَّافِذَة.
إِنَّهُ يَنْظُرُ إِلَى النَّافِذَة.

05 يُحَاوِل رَاعِي الأَبْقَار أَنْ يَرْكَب الثُّور.
لاَ يَسْتَطِيع رَاعِي الأَبْقَار أَنْ يَرْكَب الثَّور.
يُحَاوِل الْوَلَد أَنْ يَقْفِز حَاجِزَ الْخُيُول.
سَقَطَ الْوَلَد.

06 فِي فَمِ الْكَلْب طَبَقٌ طَيَّار.
فِي فَمِ الْكَلْب قُبَّعَة.
فَمُ الْكَلْب مَفْتُوحٌ وَفَارِغ.
فَمُ الكَلْب مُغْلَق وَفَارِغ.

07 يُحَاوِل الْكَلْب أَنْ يُمسك الطَّبَق الطَّيَّار.
أَمْسَكَ الْكَلْب الطَّبَق الطَّيَّار.
يُحَاوِل رَاعِي الأَبْقَار أَنْ يُمسِكَ العِجْل.
رَاعِي الأَبْقَار أَمْسَكَ العِجْل.

08 يَسْتَعمِلُ الرَّجُلُ حَبْلاً.
تَسْتَعْمِلُ الْمَرْأَةُ آلَة تَصْوِير.
يَسْتَعمِلُ الرَّجُلُ قَلَماً.
يَسْتَعْمِلُ النَّاسُ قَارِباً.

09 إِنَّهُ يَسْتَعْمِلُ حَبْلاً لِيَتَسَلَّقَ الجَبَل.
إِنَّهَا تَسْتَعْمِلُ آلَة تَصْوِير لِتَلْتَقِطَ صُورَة.
إِنَّهُ يَسْتَعْمِلُ قَلَماً لِيَكْتُب.
إِنَّهُم يَسْتَعْمِلُونَ قَارِباً لِيَعْبُرُوا الْمَاء.

10 يَسْتَعمِل رَاعِي الأَبْقَار حَبْلاً لِيُمْسِكَ العِجْل.
يَسْتَعْمِل رَاعِي الأَبْقَار حَبْلاً لِيَرْبُط العِجْل.
رَاعِي الأَبْقَار يُمْسِكِ الْعِجْل بِدُون أَنْ يَسْتَعْمِل حَبْلاً.
رَاعِي الأَبْقَار يَرفَع العِجْل.

7-11 تابع الأفعال.

01 أنا أقفز.
أنا أشرب.
أنا أسقط.
أنا أقص الورق.

02 أنا أقفز.
أنا قفزت.
أنا أشرب اللبن.
أنا شربت اللبن.

03 أنا أسقط.
أنا سقطت.
أنا أقص الورق.
أنا قصصت الورق.

04 أنا سأقفز.
أنا سأشرب اللبن.
أنا سأسقط.
أنا سأقص الورق.

05 أنا سأقفز في الْماء.
أنا أقفز في الْماء.
أنا قفزت في الْماء.
نحن نقفز في الْماء.

06 نحن لن نقفز. هو سيقفز.
نحن لا نقفز. هو يقفز.
نحن لم نقفز. قفز هو.
نحن كلنا نقفز معا.

07 أنا سأقفز. هما لن تقفزا.
أنا أقفز. هما لا تقفزان.
أنا قفزت. هما لم تقفزا.
نحن كلنا نقفز معا.

08 أنا سأسقط.
أنا أسقط.
أنا سقطت.
أنا سأقفز.

09 أنا سأشرب اللبن.
أنا أشرب اللبن.
أنا شربت اللبن.
أنا سآكل الخبز.

10 أنا سآكل الخبز.
أنا آكل الخبز.
أنا أكلت بعض الخبز.
أنا ألبس قبعة.

7-11 تَابِع الأَفْعَال.

01 أَنَا أَقْفِز.
أَنَا أَشْرَب.
أَنَا أَسْقُط.
أَنَا أَقُصّ الوَرَق.

02 أَنَا أَقْفِز.
أَنَا قَفَزْت.
أَنَا أَشْرَبُ اللَّبَن.
أَنَا شَرِبْتُ اللَّبَن.

03 أَنَا أَسْقُط.
أَنَا سَقَطْتُ.
أَنَا أَقُصّ الوَرَق.
أَنَا قَصَّصْتُ الوَرَق.

04 أَنَا سَأَقْفِز.
أَنَا سَأَشْرَبُ اللَّبَن.
أَنَا سَأَسْقُط.
أَنَا سَأَقُصُّ الوَرَق.

05 أَنَا سَأَقْفِز فِي الْمَاء.
أَنَا أَقْفِز فِي الْمَاء.
أَنَا قَفَزْتُ فِي الْمَاء.
نَحْنُ نَقْفِز فِي الْمَاء.

06 نَحْنُ لَنْ نَقْفِز. هُوَ سَيَقْفِز.
نَحْنُ لاَ نَقْفِز. هُوَ يَقْفِز.
نَحْنُ لَمْ نَقْفِز. قَفَزَ هُوَ.
نَحْنُ كُلُّنَا نَقْفِز مَعًا.

07 أَنَا سَأَقْفِزُ. هُمَا لَنْ تَقْفِزَا.
أَنَا أَقْفِزُ. هُمَا لاَ تَقْفِزَانَ.
أَنَا قَفَزْتُ. هُمَاقÄ لَمْ تَقْفِزَا.
نَحْنُ كُلُّنَا نَقْفِزُ مَعًا.

08 أَنَا سَأَسْقُط.
أَنَا أَسْقُط.
أَنَا سَقَطْتُ.
أَنَا سَأَقْفِز.

09 أَنَا سَأَشْرَبُ اللَّبَن.
أَنَا أَشْرَبُ اللَّبَن.
أَنَا شَرِبْتُ اللَّبَن.
أَنَا سَآكُلُ الْخُبْز.

10 أَنَا سَآكُلُ الْخُبْز.
أَنَا آكُلُ الْخُبْز.
أَنَا أَكَلتُ بَعْضَ الْخُبْز.
أَنَا أَلْبَسُ قُبَّعَة.

8-02 الفعل الْمضارع.

01 أنا أركب حصانا.
لم أعد أركب حصانا.
نحن نركب دراجتين.
لم نعد نركب دراجات.

02 نحن نجري.
لم نعد نجري.
نحن نغني.
لم نعد نغني.

03 نحن نغني.
لم نعد نغني.
أنا ألبس.
لم أعد ألبس.

04 أنا آكل.
أنا أتكلم في الهاتف.
أنا الْمرأة التي لا تتكلم في الهاتف ولا تأكل.
أنا رجل لا يتكلم في الهاتف ولا يأكل.

05 أنا أغني وأعزف البيانو.
أنا لا أغني ولا أعزف البيانو.
نحن ندق الطبول ونبتسم.
نحن لا ندق الطبول ولا نبتسم.

06 كلانا يغني.
لا أحد منا يغني.
بيننا واحدة فقط تغني.
نحن الستة نغني.

07 أنا أقف على الرصيف.
لم أعد أقف على الرصيف.
نحن نحمل مظلتين.
لا أحد منا يقف.

08 نحن الأربعة نَمشي.
نحن أربعة أشخاص. لا أحد منا يَمشي.
نحن الثلاثة نَمشي.
نحن ثلاثة أشخاص. لا أحد منا يَمشي.

09 كلانا يغني.
نحن نقبل بعضنا.
لا أحد منا يقبل الآخر ولا أحد منا يغني.
أنا أقف. لا أحد من أصدقائي يقف.

10 أنا والرجل، كلانا يحمل مظلة.
لا أنا ولا الرجل نحمل مظلات.
أنا وإبني، كلانا يلبس قبعة.
أنا وإبني لا نلبس قبعات.

8-02 الْفِعْل الْمُضَارِع.

01 أَنَا أَرْكَبُ حِصَانَاً.
لَمْ أَعُدْ أَرْكَبُ حِصَانَاً.
نَحْنُ نَركَب دَرَّاجَتَين.
لَمْ نَعُدْ نَرْكَب دَرَّاجَات.

02 نَحْنُ نَجْرِي.
لَمْ نَعُدْ نَجْرِي.
نَحْنُ نُغَنِّي.
لَم نَعُدْ نُغَنِّي.

03 نَحْنُ نُغَنِّي.
لَمْ نَعُدْ نُغَنِّي.
أَنَا أَلْبَس.
لَمْ أَعُدْ أَلْبَس.

04 أَنَا آكُل.
أَنَا أَتَكَلَّمُ فِي الهَاتِف.
أَنَا الْمَرْأَةُ الَّتِي لاَ تَتَكَلَّم فِي الهَاتِف وَلاَ تَأْكُل.
أَنَا رَجُل لاَ يَتَكَلَّم فِي الهَاتِف وَلَا يَأْكُل.

05 أَنَا أُغَنِّي وَأَعْزِفُ البِيَانو.
أَنَا لاَ أُغَنِّي وَلاَ أَعْزِفُ البِيَانو.
نَحْنُ نَدُقُّ الطُّبُول وَنَبْتَسِم.
نَحْنُ لاَ نَدُقُّ الطُّبُول وَلاَ نَبْتَسِم.

06 كِلاَنَا يُغَنِّي.
لاَ أَحَدَ مِنَّا يُغَنِّي.
بَينَنَا وَاحِدَة فَقَط تُغَنِّي.
نَحْنُ السِّتَّة نُغَنِّي.

07 أَنَا أَقِف عَلَى الرَّصِيف.
لَمْ أَعُد أَقِف عَلَى الرَّصِيف.
نَحْنُ نَحْملُ مِظَلَّتَين.
لاَ أَحَد مِنَّا يَقِف.

08 نَحْنُ الأَرْبَعَة نَمْشِي.
نَحْنُ أَرْبَعَةُ أَشْخَاص. لاَ أَحَدَ مِنَّا يَمْشِي.
نَحْنُ الثَّلاَثَة نَمْشِي.
نَحْنُ ثَلاَثَةُ أَشْخَاص. لاَ أَحَدَ مِنَّا يَمْشِي.

09 كِلاَنَا يُغَنِّي.
نَحْنُ نُقَبِّلُ بَعْضَنَا.
لاَ أَحَدَ مِنَّا يُقَبِّلُ الآخَر وَلاَ أَحَدَ مِنَّا يُغَنِّي.
أَنَّا أَقِف. لاَ أَحَد مِنْ أَصْدِقَائِي يَقِف.

10 أَنَا وَالرَّجُل، كِلاَنَا يَحْملُ مِظَلَّة.
لاَ أَنَا وَلاَ الرَّجُل نَحْملُ مِظَلاَّت.
أَنَا وَإِبْنِي، كِلاَنَا يَلْبَسُ قُبَّعَة.
أَنَا وَإِبْنِي لاَ نَلْبَسُ قُبَّعَات.

8-03 كل، معظم؛ كاد يكون.

01 هذا مربع.
هذا يشبه الْمربع ولكنه ليس مربعا.
هذا مثلث.
هذا يشبه الْمثلث ولكنه ليس مثلثا.

02 هاتان إمرأتان.
هاتان تشبهان إمرأتان ولكنهما ليستا إمرأتين. إنهما تمثالين
هذان رجلا فضاء.
هؤلاء الأشخاص يشبهون رجال الفضاء ولكنهم ليسوا رجال فضاء.

03 كل هذه الأشكال دوائر.
كل هذه الأشكال مثلثات.
ثلاثة من هذه الأشكال دوائر وواحد منها مثلث.
إثنان من هذه الأشكال حمراء وإثنان منها زرقاء.

04 الدائرة السوداء في أعلى اليمين.
الدائرة السوداء في أعلى اليسار.
الْمثلث الأسود في أسفل اليمين.
الْمثلث الأسود في أسفل اليسار.

05 العديد من الدوائر سوداء.
كادت كل الدوائر أن تكون صفراء، لكن إحداهن سوداء.
العديد من الْمثلثات سوداء.
كادت كل الْمثلثات أن تكون صفراء لكن أحدها أسود.

06 كادت كل الدوائر أن تكون صفراء.
كادت كل الدوائر أن تكون سوداء.
كل الْمثلثات صفراء.
كادت كل الْمثلثات أن تكون صفراء.

07 كادت كل الدوائر أن تكون سوداء.
كادت كل الدوائر أن تكون صفراء.
إحدى الدوائر زرقاء والأخريات حمراوات.
دائرة واحدة فقط حمراء.

08 كادت كل الدوائر أن تكون صفراء ولكن إثنتين زرقاوين.
إحدى الدوائر سوداء والأخريات صفراوات.
معظم الدوائر سوداء وواحدة منها خضراء.
معظم الدوائر حمراء وبعضها خضراء.

09 الدوائر الزرقاء كبيرة والحمراء صغيرة.
الدوائر الحمراء كبيرة والزرقاء صغيرة.
الْمثلثات فوق الدوائر.
الدوائر أمام الْمثلثات.

10 معظم الْمربعات السوداء كبيرة وكل البيضاء صغيرة.
كل الْمربعات السوداء كبيرة ومعظم البيضاء صغيرة.
بعض الْمثلثات الكبيرة خضراء وكل الْمثلثات الصغيرة رمادية.
كل الْمثلثات الكبيرة خضراء وبعض الْمثلثات الصغيرة رمادية.

8-03 كُلُّ، مُعْظَمُ؛ كَادَ يَكُونُ.

01 هَذَا مُرَبَّع.
هَذَا يُشْبِهُ الْمُرَبَّع وَلَكِنَّهُ لَيْسَ مُرَبَّعاً.
هَذَا مُثَلَّث.
هَذَا يُشْبِهُ الْمُثَلَّث وَلَكِنَّهُ لَيْسَ مُثَلَّثاً.

02 هَاتَان إِمْرَأَتَان.
هَاتَان تُشْبِهَان إِمْرَأَتَان وَلَكِنَّهُما لَيْسَتَا إِمْرَأَتَين. إِنَّهُمَا تِمْثَالَين.
هَذَان الشَّخْصَان رَجُلا فَضَاء.
هَؤُلَاءِ الأَشْخَاص يُشْبِهُون رِجَال الفَضَاء وَلَكِنَّهُم لَيسُوا رِجَال فَضَاء.

03 كُلُّ هَذِهِ الأَشْكَال دَوَائِر.
كُلُّ هَذِهِ الأَشْكَال مُثَلَّثَات.
ثَلاثَة مِنْ هَذِهِ الأَشْكَال دَوَائِر وَوَاحِد مِنْهَا مُثَلَّث.
إِثْنَان مِنْ هَذِهِ الأَشْكَال حَمْرَاء وَإِثْنَان مِنْهَا زَرْقَاء.

04 الدَّائِرَة السَّوْدَاء فِي أَعْلَى اليَمِين.
الدَّائِرَة السَّودَاء فِي أَعْلَى اليَسَار.
الْمُثَلَّث الأَسْوَد فِي أَسْفَل اليَمِين.
الْمُثَلَّث الأَسْوَد فِي أَسْفَل اليَسَار.

05 العَدِيدُ مِنَ الدَّوَائِر سَودَاء.
كَادَت كُلُّ الدَّوَائِر أَنْ تَكُونَ صَفْرَاء، لَكِنَّ إِحْدَاهُنَّ سَودَاء.
العَدِيدُ مِنَ الْمُثَلَّثَات سَودَاء.
كَادَت كُلُّ الْمُثَلَّثَات أَنْ تَكُونَ صَفْرَاء لَكِنَّ أَحَدَهَا أَسْوَد.

06 كَادَت كُلُّ الدَّوَائِر أَنْ تَكُونَ صَفْرَاء.
كَادَت كُلُّ الدَّوَائِر أَنْ تَكُونَ سَوْدَاء.
كُلُّ الْمُثَلَّثَات صَفْرَاء.
كَادَت كُلُّ الْمُثَلَّثَات أَنْ تَكُونَ صَفْرَاء.

07 كَادَت كُلُّ الدَّوَائِر أَنْ تَكُونَ سَودَاء.
كَادَت كُلُّ الدَّوَائِر أَنْ تَكُونَ صَفْرَاء.
إِحْدَى الدَّوَائِر زَرْقَاء وَالأُخْرَيَات حَمْرَاوَات.
دَائِرَة وَاحِدَة فَقَط حَمْرَاء.

08 كَادَت كُلُّ الدَّوَائِر أَنْ تَكُونَ صَفْرَاء وَلَكِن إِثْنَتَين زَرْقَاوَين.
إِحْدَى الدَّوَائِر سَودَاء وَالأُخْرَيَات صَفْرَاوَات.
مُعْظَمُ الدَّوَائِر سَوْدَاء وَوَاحِدَة مِنْهَا خَضْرَاء.
مُعْظَمُ الدَّوَائِر حَمْرَاء وَبَعْضُهَا خَضْرَاء.

09 الدَّوَائِرُ الزَّرْقَاء كَبِيرَة وَالحَمْرَاء صَغِيرَة.
الدَّوَائِرُ الحَمْرَاء كَبِيرَة وَالزَّرْقَاء صَغِيرَة.
الْمُثَلَّثَات فَوقَ الدَّوَائِر.
الدَّوَائِرُ أَمَامَ الْمُثَلَّثَات.

10 مُعْظَمُ الْمُرَبَّعَات السَّودَاء كَبِيرَة وكُلُّ البَيضَاء صَغِيرَة.
كُلُّ الْمُرَبَّعَات السَّودَاء كَبِيرَة ومُعْظَمُ البَيْضَاء صَغِيرَة.
بَعْضُ الْمُثَلَّثَات الكَبِيرَة خَضْرَاء وَكُلُّ الْمُثَلَّثَات الصَّغِيرَة رَمَادِيَّة.
كُلُّ الْمُثَلَّثَات الْكَبِيرَة خَضْرَاء وبَعْضُ الْمُثَلَّثَات الصَّغِيرَة رَمَادِيَّة.

8-04 جغرافيا.

01 زحل
أفريقيا
إمرأة
الصين

02 هذا الكوكب يسمي زحل.
هذا الشخص إمرأة.
هذا البلد يسمى الصين.
هذه القارة تسمى أفريقيا.

03 كوكب
شخص
بلد
قارة

04 هذا الكوكب زحل.
هذا الشخص بنت.
البلد الْملون بالأحمر هو الْمملكة الْمتحدة.
هذه القارة أمريكا الشمالية.

05 هذه القارة آسيا.
هذه القارة أفريقيا.
هذه القارة أمريكا الجنوبية.
هذه القارة أوروبا.

06 البرازيل هي البلد الْملون بالأحمر في هذه الخريطة.
الأرجنتين هي البلد الْملون بالأحمر في هذه الخريطة.
تشيلي هي البلد الْملون بالأحمر في هذه الخريطة.
فنزويلا هي البلد الْملون بالأحمر في هذه الخريطة.

07 الولايات الْمتحدة ملونة بالأحمر في هذه الخريطة.
كندا ملونة بالأحمر في هذه الخريطة.
الْمكسيك ملونة بالأحمر في هذه الخريطة.
اليابان ملونة بالأحمر في هذه الخريطة.

08 نيجريا هي البلد الْملون بالأحمر في هذه الخريطة.
مصر هي البلد الْملون بالأحمر في هذه الخريطة.
الجزائر هي البلد الْملون بالأحمر في هذه الخريطة.
تنزانيا هي البلد الْملون بالأحمر في هذه الخريطة.

09 ألْمانيا في أوروبا. إنها ملونة بالأحمر في هذه الخريطة.
إيطاليا في أوروبا. إنها ملونة بالأحمر في هذه الخريطة.
الهند في آسيا. إنها ملونة بالأحمر في هذه الخريطة.
فيتنام في آسيا. إنها ملونة بالأحمر في هذه الخريطة.

10 الصين هي البلد الآسيوي الْملون بالأحمر في هذه الخريطة.
كوريا هي البلد الآسيوي الْملون بالأحمر في هذه الخريطة.
إسبانيا هي البلد الأوروبي الْملون بالأحمر في هذه الخريطة.
روسيا ملونة بالأحمر في هذه الخريطة. روسيا في أوروبا وآسيا.

8-04 جُغْرَافْيَا.

01 زُحَل
أَفْرِيقْيَا
إِمْرَأَة
الصِّين

02 هَذَا الْكَوْكَب يُسَمَّي زُحَل.
هَذَا الشَّخْص إِمْرَأَة.
هَذَا البَلَد يُسَمَّى الصِّين.
هَذِهِ القَارَّة تُسَمَّى أَفْرِيقْيَا.

03 كَوْكَب
شَخْص
بَلَد
قَارَّة

04 هَذَا الْكَوْكَب زُحَل.
هَذَا الشَّخْص بِنْت.
البَلَد الْمُلَوَّن بِالأَحْمَر هُوَ الْمَمْلَكَة الْمُتَّحِدَة.
هَذِهِ القَارَّة أَمْرِيكَا الشَّمَالِيَّة.

05 هَذِهِ القَارَّة آسْيَا.
هَذِهِ القَارَّة أَفْرِيقْيَا.
هَذِهِ القَارَّة أَمْرِيكَا الجَنُوبِيَّة.
هَذِهِ القَارَّة أُورُوبَّا.

06 البَرَازِيل هِيَ البَلَدُ الْمُلَوَّنُ بِالأَحْمَر فِي هَذِهِ الْخَرِيطَة.
الأَرْجَنْتِين هِيَ البَلَدُ الْمُلَوَّنُ بِالأَحْمَر فِي هَذِهِ الْخَرِيطَة.
تشِيلِي هِيَ البَلَدُ الْمُلَوَّنُ بِالأَحْمَر فِي هَذِهِ الْخَرِيطَة.
فِنزويلاَ هِيَ البَلَدُ الْمُلَوَّنُ بِالأَحْمَر فِي هَذِهِ الْخَرِيطَة.

07 الْوِلاَيَاتُ الْمُتَّحِدَة مُلَوَّنَة بِالأَحْمَر فِي هَذِهِ الْخَرِيطَة.
كَنَدَا مُلَوَّنَة بِالأَحْمَر فِي هَذِهِ الخَرِيطَة.
الْمِكْسِيك مُلَوَّنَة بِالأَحْمَر فِي هَذِهِ الْخَرِيطَة.
اليَابَان مُلَوَّنَة بِالأَحْمَر فِي هَذِهِ الْخَرِيطَة.

08 نِيجِرِيَا هِيَ البَلَدُ الْمُلَوَّنُ بِالأَحْمَر فِي هَذِهِ الخَرِيطَة.
مِصْرُ هِيَ البَلَدُ الْمُلَوَّنُ بِالأَحْمَر فِي هَذِهِ الْخَرِيطَة.
الْجَزَائِر هِيَ البَلَدُ الْمُلَوَّنُ بِالأَحْمَر فِي هَذِهِ الْخَرِيطَة.
تَنْزَانْيَا هِيَ البَلَدُ الْمُلَوَّنُ بِالأَحْمَر فِي هَذِهِ الْخَرِيطَة.

09 أَلْمَانْيَا فِي أُورُوبَّا. إِنَّهَا مُلَوَّنَة بِالأَحْمَر فِي هَذِهِ الْخَرِيطَة.
إِيطَالْيَا فِي أُورُوبَّا. إِنَّهَا مُلَوَّنَة بِالأَحْمَر فِي هَذِهِ الْخَرِيطَة.
الهِنْد فِي آسْيَا. إِنَّهَا مُلَوَّنَة بِالأَحْمَر فِي هَذِهِ الْخَرِيطَة.
فِيتْنَام فِي آسْيَا. إِنَّهَا مُلَوَّنَة بِالأَحْمَر فِي هَذِهِ الْخَرِيطَة.

10 الصِّين هِيَ البَلَدُ الآسْيَوِي الْمُلَوَّنُ بِالأَحْمَر فِي هَذِهِ الْخَرِيطَة.
كُورِيَا هِيَ البَلَدُ الآسْيَوِي الْمُلَوَّنُ بِالأَحْمَر فِي هَذِهِ الْخَرِيطَة.
إِسْبَانْيَا هِيَ البَلَدُ الأُورُوبِّي الْمُلَوَّن بِالأَحْمَر فِي هَذِهِ الْخَرِيطَة.
رُوسْيَا مُلَوَّنَة بِالأَحْمَر فِي هَذِهِ الْخَرِيطَة. رُوسْيَا فِي أُورُوبَّا وَآسْيَا.

8-05 الشوارع والأرصفة.

01 تسير السيارتان في الشارع.
السيارتان مصفوفتان في الشارع.
تقف المرأتان على الرصيف.
تمشي المرأتان على الرصيف.

02 السيارة في الشارع.
السيارة في الطريق السريع.
يَمر الجسر فوق الطريق السريع.
يَمر الجسر فوق الْماء.

03 يَمر جسران فوق الطريق.
هناك سيارة على الطريق الذي يَمر بين الأشجار.
يَمتد الطريق نحو الْمنزل.
يَمتد الطريق نحو الجبال.

04 يعبر الشخصان قضيب السكة الحديدية.
يقف الشخصان إلى جانب قضيب السكة الحديدية.
يعبر الرجل الشارع.
يقف الرجل في منتصف الشارع.

05 أي الناس يركبون دراجات على الرصيف؟
أي الناس يركبون دراجات على الطريق؟
بعض الناس يركبون الخيول. إنهم لا يسيرون على الرصيف ولا يسيرون على الطريق.
أي الناس يسيرون على الرصيف ولا يركبون أي شيء؟

06 الإوز يعبر الرصيف.
الرصيف خالي.
الرجل يعبر الشارع على دراجة.
الرجل يعبر الشارع على مقعد بعجلات.

07 يَمشي الإوز عبر الرصيف.
إنه يجري عبر الشارع.
إنه يركب دراجة عبر الشارع.
إنه يَمر عبر الشارع على مقعد بعجلات.

08 هنالك زقاق بين الْمباني.
تمر سكّة القطار فوق الشارع.
تسير الحافلة فوق الرصيف.
تسير الحافلة فوق الجسر.

09 الرجل يكنس الشارع بِمكنسة.
الجرار يكنس الطريق.
يحفر الرجل الحفرة التي بالشارع.
تحفر الآلة حفرة في الشارع.

10 الطريق ممتلئ براكبي الدراجات.
الطريق ممتلئ بالعدائين.
يكاد الطريق يكون خاليا.
الرصيف ممتلئ بالناس.

8-05 الشَّوَارِع وَالأَرْصِفَة.

01 تَسِيرُ السَّيَّارَاتَان فِي الشَّارِع.
السَّيَّارَاتَان مَصْفُوفَتَان فِي الشَّارِع.
تَقِفُ الْمَرْأَتَان عَلَى الرَّصِيف.
تَمْشِي الْمَرْأَتَان عَلَى الرَّصِيف.

02 السَّيَّارَة فِي الشَّارِع.
السَّيَّارَة فِي الطَّرِيق السَّرِيع.
يَمُرُّ الْجِسْر فَوقَ الطَّرِيقِ السَّرِيع.
يَمُرُّ الْجِسْرُ فَوقَ الْمَاء.

03 يَمُرُّ جِسْرَان فَوقَ الطَّرِيق.
هُنَاكَ سَيَّارَة عَلَى الطَّرِيق الَّذِي يَمُرُّ بَينَ الأَشْجَار.
يَمْتَدُّ الطَّرِيق نَحْوَ الْمَنْزِل.
يَمْتَدُّ الطَّرِيق نَحْوَ الْجِبَال.

04 يَعْبُرُالْشَخْصَان قَضِيب السِّكَّة الحَدِيدِيَّة.
يَقِفُ الْشَخْصَان إِلَى جَانِبِ قَضِيبِ السِّكَّةِ الحَدِيدِيَّة.
يَعْبُرُ الرَّجُل الشَّارِع.
يَقِفُ الرَّجُل فِي مُنْتَصَفِ الشَّارِع.

05 أَيُّ النَّاس يَرْكَبُونَ دَرَّاجَات عَلَى الرَّصِيف؟
أَيُّ النَّاس يَرْكَبُونَ دَرَّاجَات عَلَى الطَّرِيق؟
بَعْضُ النَّاس يَرْكَبُونَ الْخُيُول. إِنَّهُم لاَ يَسِيرُونَ عَلَى الرَّصِيف وَلاَ يَسِيرُون عَلَى الطَّرِيق.
أَيُّ النَّاس يَسِيرونَ عَلَى الرَّصِيف وَلاَ يَرْكَبُونَ أَيَّ شَيء؟

06 الإِوَز يَعْبُرُ الرَّصِيف.
الرَّصِيف خَالِي.
الرَّجُل يَعْبُرُ الشَّارِع عَلَى دَرَّاجَة.
الرَّجُل يَعْبُرُ الشَّارِع عَلَى مَقْعَدٍ بِعَجَلاَت.

07 يَمْشِي الإِوَز عَبْرَ الرَّصِيف.
إِنَّهُ يَجْرِي عَبْرَ الشَّارِع.
إِنَّهُ يَرْكَبُ دَرَّاجَة عَبْرَ الشَّارِع.
إِنَّهُ يَمُرُّ عَبْرَ الشَّارِع عَلَى مَقْعَدٍ بِعَجَلاَت.

08 هُنَالِكَ زُقَاق بَينَ الْمَبَانِي.
تَمُرُّ سِكَّة القِطَار فَوقَ الشَّارِع.
تَسِيرُ الْحَافِلَة فَوْقَ الرَّصِيف.
تَسِيرُ الحَافِلَة فَوقَ الْجِسْر.

09 الرَّجُل يَكْنُسُ الشَّارِع بِمِكْنَسَة.
الْجَرَّار يَكْنُسُ الطَّرِيق.
يَحْفُرُ الرَّجُل الْحُفْرَة الَّتِي بِالشَّارِع.
تَحْفُرُ الآلَة حُفْرَة فِي الشَّارِع.

10 الطَّرِيقُ مُمتَلِئ بِرَاكِبِي الدَّرَّاجَات.
الطَّرِيقُ مُمتَلِئ بِالعَدَّائِين.
يَكَادُ الطَّرِيق يَكُونُ خَالِيَاً.
الرَّصِيفُ مُمتَلِئ بِالنَّاس.

8-06 الحيوانات الْمدللة والْملابس: صيغ التملك.

01 يلبس أحد الناس كنزة رمادية.
يلبس أحد الناس قميصا أزرق.
تلبس البنات تنورات سوداء.
الولد عنده كلب أسود.

02 كنزة أحد الناس رمادية.
قميص أحد الناس أزرق.
تنورات البنات سوداء.
كلب الولد أسود.

03 هذا القميص يخص الرجل.
هذا القميص لا يخص الرجل.
الطبول تخص الرجل.
الكلب يخص الولد.

04 هذه القبعة تخص الْمرأة.
هذه القبعة لا تخص الْمرأة.
هذا القميص لا يخص الولد.
هذا القميص يخص ولدا.

05 الكلب يخص الولد. إنه حيوانه الْمدلل.
الكلب يخص الْمرأة. إنه حيوانها الْمدلل.
الدب لا يخص أحدا. إنه ليس حيوانا مدللا.
تخص البقرة فلاحا ولكنها ليست حيوانه الْمدلل.

06 حيوان مدلل كبير.
حيوان مدلل صغير.
هذا ليس حيوانا مدللا ولكنه حيوان حقيقي حي.
ليس هذا الحيوان حقيقيا.

07 قبعة امرأة
قبعة رجل
هذه السترة تخص الولد.
هذه السترة لا تخص الولد.

08 تلاطف الْمرأة كلبها.
تلاطف البنت كلبها.
يلاطف الرجل القطة.
يلاطف الرجل كلبه.

09 مظلة الرجل سوداء.
مظلات الرجال سوداء.
فستان الْمرأة أزرق.
فساتين النساء زرقاء.

10 كلب الولد
أبو الولد
أبو البنت
أم البنت

8-06 الْحَيَوَانَات الْمُدَلَّلَة وَالْمَلابِس: صِيَغُ التَّمَلُّك.

01 يَلْبَسُ أَحَدُ النَّاس كَنْزَةً رَمَادِيَّة.
يَلْبَسُ أَحَدُ النَّاس قَمِيصاً أَزْرَق.
تَلْبَسُ البَنَات تَنُّورَات سَوْدَاء.
الْوَلَدُ عِنْدَهُ كَلْبٌ أَسْوَد.

02 كَنْزَةُ أَحَد النَّاس رَمَادِيَّة.
قَمِيصُ أَحَد النَّاس أَزْرَق.
تَنُّورَات البَنَات سَوْدَاء.
كَلْبُ الوَلَد أَسْوَد.

03 هَذَا القَمِيص يَخُصُّ الرَّجُل.
هَذَا القَمِيص لاَ يَخُصُّ الرَّجُل.
الطُّبُول تَخُصُّ الرَّجُل.
الْكَلْب يَخُصُّ الوَلَد.

04 هَذِهِ القُبَّعَة تَخُصُّ الْمَرْأَة.
هَذِهِ القُبَّعَة لاَ تَخُصُّ الْمَرْأَة.
هَذَا القَمِيص لاَ يَخُصُّ الوَلَد.
هَذَا القَمِيص يَخُصُّ وَلَداً.

05 الْكَلْبُ يَخُصُّ الوَلَد. إِنَّهُ حَيَوَانَهُ الْمُدَلَّل.
الْكَلْبُ يَخُصُّ الْمَرْأَة. إِنَّهُ حَيَوَانَهَا الْمُدَلَّل.
الدُّبُّ لاَ يَخُصُّ أَحَداً. إِنَّهُ لَيس حَيَوَاناً
مُدَلَّلاً.
تَخُصُّ الْبَقَرَة فَلاَّحاً وَلَكِنَّهَا لَيْسَت حَيَوَانُهُ
الْمُدَلَّل.

06 حَيَوَانٌ مُدَلَّل كَبِير.
حَيَوَانٌ مُدَلَّل صَغِير.
هَذَا لَيْسَ حَيَوَاناً مُدَلَّلاً وَلِكِنَّهُ حَيَوَان
حَقِيقِي حَيّ.
لَيْسَ هَذَا الْحَيَوان حَقِيقِيّاً.

07 قُبَّعَةُ امْرَأَة
قُبَّعَةُ رَجُل
هَذِهِ السُّتْرَة تَخُصُّ الوَلَد.
هَذِهِ السُّتْرَة لاَ تَخُصُّ الوَلَد.

08 تُلاَطِفُ الْمَرْأَة كَلْبَهَا.
تُلاَطِفُ البِنْتُ كَلْبَهَا.
يُلاَطِفُ الرَّجُل القِطَّة.
يُلاَطِفُ الرَّجُل كَلْبَهُ.

09 مِظَلَّة الرَّجُل سَوْدَاء.
مِظَلاَّت الرِّجَال سَوْدَاء.
فُسْتَانُ الْمَرْأَة أَزْرَق.
فَسَاتِين النِّسَاء زَرْقَاء.

10 كَلْبُ الوَلَد
أَبُ الوَلَد
أَبُ البِنْت
أُمُّ البِنْت

8-07 أسماء التفضيل.

01 الْمرأة أكبر سنا من الرجل.
الرجل أكبر سنا من الْمرأة.
الولد أطول من البنت.
البنت أطول من الولد.

02 إمرأة شابة
إمرأة أكبر سنا ولكنها ليست الأكبر سنا
الْمرأة الأكبر سنا
ولد صغير السن

03 الولد الأكبر سنا
ولد أصغر سنا ولكنه ليس الأصغر سنا
الولد الأصغر سنا
هو أكبر سنا من كل الأولاد. إنه رجل.

04 هذه الطائرة الأعلى ارتفاعا.
هذه الطائرة تطير منخفضة، قريبا من الأرض.
هذه الطائرة تطير منخفضة ولكنها ليست الأشد انخفاضا.
هذه الطائرة لا تطير. إنها على الأرض.

05 أي كلب هو الأغمق لونا؟
أي كلب هو الأقصر أنفا؟
أي كلب هو الأفتح لونا؟
أي كلب هو الأسرع جريا؟

06 أي طفل يبدو الأكثر سعادة؟
أي طفل يبدو الأكثر حزنا؟
أي طفل يجري الأسرع؟
أي طفل هو الأطول شعرا؟

07 هذا الكلب أقل بقعا من الكلب الآخر.
هذا الكلب أكثر بقعا من الكلب الآخر.
هذا الفهد أكثر بقعا من الكلبين.
هذا النمر له خطوط وليس له بقع.

08 هذا الحيوان هو الأقل بقعا.
هذا الحيوان أكثر بقعا ولكنه ليس الأكثر بقعا.
هذا هو الحيوان الأكثر بقعا.
هذا الحيوان مخطط وليس مبقعا.

09 القفز على العجل من الحصان أمر خطير.
الجنود يتقاتلون وذلك أمر خطير.
ركوب الحصان ليس أمرا خطيرا جدا.
الجلوس على كرسي في الْمنزل ليس أمرا خطيرا إطلاقا.

10 من الأعلى طيرانا؟
من الأسرع جريا؟
من الأكثر بللا؟
من الأكثر بردا؟

8-07 أَسْمَاء التَّفْضِيل.

01 الْمَرْأَةُ أَكْبَرُ سِنّاً مِنَ الرَّجُل.
الرَّجُلُ أَكْبَرُ سِنّاً مِنَ الْمَرْأَة.
الْوَلَدُ أَطْوَلُ مِنَ البِنْت.
البِنْتُ أَطْوَلُ مِنَ الْوَلَد.

02 إِمْرَأَةٌ شَابَّة
إِمْرَأَةٌ أَكْبَرُ سِنّاً وَلَكِنَّهَا لَيسَت الأَكْبَر سِنّاً
الْمَرْأَةُ الأَكْبَرُ سِنّاً
وَلَدٌ صَغِيْرُ السِّن

03 الْوَلَدُ الأَكْبَرُ سِنّاً
وَلَدٌ أَصْغَرُ سِنّاً وَلَكِنَّهُ لَيسَ الأَصْغَرُ سِنّاً
الْوَلَدُ الأَصْغَرُ سِنّاً
هُوَ أَكْبَرُ سِنّاً مِنْ كُلِّ الأَوْلاَد. إِنَّهُ رَجُل.

04 هَذِهِ الطَّائِرَة الأَعْلَى ارْتِفَاعاً.
هَذِهِ الطَّائِرَة تَطِيرُ مُنْخَفِضَةً، قَرِيباً مِنَ الأَرْض.
هَذِهِ الطَّائِرَة تَطِيرُ مُنخَفِضَةً وَلَكِنَّهَا لَيسَت الأَشَدُّ انْخِفَاضاً.
هَذِهِ الطَّائِرَة لاَ تَطِير. إِنَّهَا عَلَى الأَرْض.

05 أَيُّ كَلْبٍ هُوَ الأَغْمَقُ لَوْنَاً؟
أَيُّ كَلْبٍ هُوَ الأَقْصرُ أَنْفَاً؟
أَيُّ كَلْبٍ هُوَ الأَفْتَحُ لَوْنَاً؟
أَيُّ كَلْبٍ هُوَ الأَسْرَعُ جَرْيَاً؟

06 أَيُّ طِفْلٍ يَبْدُو الأَكْثَرَ سَعَادَةً؟
أَيُّ طِفْلٍ يَبْدُو الأَكْثَرَ حُزْنَاً؟
أَيُّ طِفْلٍ يَجْرِي الأَسْرَع؟
أَيُّ طِفْلٍ هُوَ الأَطْوَلُ شَعْرَاً؟

07 هَذَا الْكَلْب أَقَلّ بُقَعاً مِنَ الْكَلب الآخَر.
هَذَا الْكَلب أَكْثَر بُقَعاً مِنَ الْكَلب الآخَر.
هَذَا الْفَهْد أَكْثَر بُقَعاً مِنَ الْكَلْبَين.
هَذَا النَّمِر لَهُ خُطُوط وَلَيس لَهُ بُقَع.

08 هَذَا الْحَيَوَان هُوَ الأَقَلُّ بُقَعاً.
هَذَا الْحَيَوَان أَكْثَرُ بُقَعاً وَلَكِنَّهُ لَيْسَ الأَكْثَرَ بُقَعًا.
هَذَا هُوَ الْحَيَوَانُ الأَكْثَرُ بُقَعاً.
هَذَا الْحَيَوَان مُخَطَّط وَلَيْسَ مُبَقَّعاً.

09 القَفْزُ عَلَى العِجْل مِنَ الْحِصَان أَمْرٌ خَطِير.
الجُنُودُ يَتَقَاتَلُون وَذَلِكَ أَمْرٌ خَطِير.
رُكُوبُ الحِصَان لَيْسَ أَمْرَاً خَطِيراً جِدّاً.
الْجُلُوسُ عَلَى كُرْسِيٍّ فِي الْمَنْزِل لَيْسَ أَمْرَاً خَطِيراً إِطْلاَقَاً.

10 مَنْ الأَعْلَى طَيَرَانَاً؟
مَن الأَسْرَع جَرْيَاً؟
مَن الأَكْثَر بَلَلاً؟
مَن الأَكْثَر بَرْداً؟

8-08 قريب وبعيد: الْمقارنة.

01 الطائرة على الأرض.
الطائرة قريبة من الأرض.
الطائرة بعيدة عن الأرض.
السفينة في الْماء.

02 يقف العداؤون قريبا من بعضهم.
تقف العداءات بعيدا عن بعضهن .
تطير الطائرات قريبا من بعضهن.
تطير الطائرتان بعيدا عن بعضهما.

03 الخراف قريبة من بعضها .
الخروف وحده.
الأبقار قريبة من بعضها.
الأبقار بعيدة عن بعضها.

04 يمشي الناس قريبا من بعضهم.
يمشي الشخصان بعيدا عن بعضهما.
يجلس الناس قريبا من بعضهم.
يجلس الرجلان بعيدا عن بعضهما.

05 الولد بالملابس البيضاء قريب من الولد بالملابس الزرقاء.
الولد بالملابس البيضاء ليس قريبا من الولد بالملابس الزرقاء.
الطائرة الورقية قريبة من الرجل.
الطائرة الورقية بعيدة عن الرجل.

06 النار قريبة.
النار بعيدة.
الحصان قريب.
الحصان بعيد.

07 القلعة قريبة من الْمنازل.
الحصن بعيد عن الْمنازل.
الرجل قريب من الْماء.
الرجل بعيد عن الْماء.

08 في الصورة هناك إثنان من رعاة البقر قريبان من بعضهما.
في هذه الصورة هناك إثنان من رعاة البقر بعيدان عن بعضهما.
وجه قريب
وجه بعيد

09 السيارة أقرب من الرجل.
الرجل أقرب من السيارة.
السيارة الحمراء أقرب من السيارة الصفراء.
السيارة الحمراء أبعد من السيارة الصفراء.

10 الرجل أبعد من السيارة.
السيارة أبعد من الرجل.
السيارة الصفراء أبعد من السيارة الحمراء.
السيارة الصفراء أقرب من السيارة الحمراء.

8-08 قَرِيب وبَعِيد: الْمُقَارَنَة.

01 الطَّائِرَة عَلَى الأَرْض.
الطَّائِرَة قَرِيبَة مِنَ الأَرْض.
الطَّائِرَة بَعِيدَة عَنِ الأَرْض.
السَّفِينَة فِي الْمَاء.

02 يَقِفُ العَدَّاؤونَ قَرِيباً مِنْ بَعْضِهِم.
تَقِفُ العَدَّاءَات بَعِيداً عَن بَعْضِهِنَ .
تَطِيرُ الطَّائِرَات قَرِيباً مِنْ بَعْضِهِنَ.
تَطِيرُ الطَّائِرَتَان بَعِيداً عَن بَعْضِهِما.

03 الخِرَافُ قَرِيبَة مِنْ بَعْضِها.
الخَرُوف وَحْدَهُ.
الأَبْقَار قَرِيبَة مِنْ بَعْضِها.
الأَبْقَار بَعِيدَة عَن بَعْضِها.

04 يَمْشِي النَّاس قَرِيباً مِنْ بَعْضِهِم.
يَمْشِي الْشَخْصَان بَعِيداً عَن بَعْضِهِمَا.
يَجْلِسُ النَّاس قَرِيباً مِنْ بَعْضِهِم.
يَجْلِسُ الْرَجُلانِ بَعِيداً عَن بَعْضِهِما.

05 الْوَلَد بِالْمَلابِسِ الْبَيضَاء قَرِيب مِنْ الْوَلَد بِالْمَلابِسِ الْزَرْقَاء.
الوَلَد بِالْمَلابِسِ الْبَيضَاء لَيْسَ قَرِيباً مِنْ الْوَلَد بِالْمَلابِسِ الْزَرْقَاء.
الطَّائِرَة الوَرَقِيَّة قَرِيبَة مِنَ الرَّجُل.
الطَّائِرَة الوَرَقِيَّة بَعِيدَة عَن الرَّجُل.

06 النَّار قَرِيبَة.
النَّار بَعِيدَة.
الحِصَان قَرِيب.
الحِصَان بَعِيد.

07 القَلْعَة قَرِيبَة مِنَ الْمَنَازِل.
الحِصْن بَعِيد عَن الْمَنَازِل.
الرَّجُل قَرِيب مِنَ الْمَاء.
الرَّجُل بَعِيد عَن الْمَاء.

08 فِي الصُّورَة هُنَاكَ إِثْنَان مِنْ رُعَاة البَقَر قَرِيبَان مِن بَعْضِهِما.
فِي هَذِهِ الصُّورَة هُنَاكَ إِثْنَان مِنْ رُعَاة الْبَقَر بَعِيدَان عَن بَعْضِهِما.
وَجْه قَرِيب
وَجْه بَعِيد

09 السَّيَّارَة أَقْرَب مِنَ الرَّجُل.
الرَّجُل أَقْرَب مِنَ السَّيَّارَة.
السَّيَّارَة الْحَمْرَاء أَقْرَب مِنَ السَّيَّارَة الصَّفْرَاء.
السَّيَّارَة الْحَمْرَاء أَبْعَد مِنَ السَّيَّارَة الصَّفْرَاء.

10 الرَّجُل أَبْعَد مِنَ السَّيَّارَة.
السَّيَّارَة أَبْعَد مِنَ الرَّجُل.
السَّيَّارَة الصَّفْرَاء أَبْعَد مِنَ السَّيَّارَة الْحَمْرَاء.
السَّيَّارَة الصَّفْرَاء أَقْرَب مِنَ السَّيَّارَة الْحَمْرَاء.

8-10 الإرشاد إلى الطريق.

01 كيف أذهب إلى محطة القطارات؟
إذهبي حتى الْمصرف. خذي يَمينك وامشي مربعا واحدا.

كيف أذهب إلى محطة القطارات؟
إذهبي حتى الْمصرف. خذي يسارك وامشي مربعا واحدا.

من فضلك، كيف أذهب إلى محطة القطارات؟
إذهبي حتى الْمكتبة. خذي يسارك وامشي مربعين.

من فضلك، كيف أذهب إلى محطة القطارات؟
إذهبي حتى الْمكتبة. خذي يَمينك وامشي مربعا واحدا.

02 من فضلك، كيف أذهب إلى مركز الشرطة؟
إذهب حتى الكنيسة وخذ يَمينك. إمشِ أربعة مربعات. هناك مركز الشرطة.

كيف أذهب إلى مركز الشرطة؟
إذهب حتى الكنيسة وخذ يسارك. إمشِ أربعة مربعات. هناك مركز الشرطة.

من فضلك، كيف أذهب إلى مركز الشرطة؟
إذهب حتى الكنيسة وخذ يَمينك. إمشِ مربعين. هناك مركز الشرطة.

كيف أذهب إلى مركز الشرطة؟
إذهب حتى الكنيسة وخذ يسارك. إمشِ مربعين. هناك مركز الشرطة.

03 كيف أذهب إلى الْمستشفى؟
إمشي مربعين إلى الْمطعم. خذي يَمينك وامشي ثلاثة مربعات. هناك الْمستشفى.

كيف أذهب إلى الْمستشفى؟
إمشي أربعة مربعات إلى الْمطعم. خذي يَمينك وامشي مربعا واحدا. هناك الْمستشفى.

من فضلك، كيف أذهب إلى الْمستشفى؟
إمشي ثلاثة مربعات إلى الْمطعم. خذي يسارك وامشي ثلاثة مربعات. هناك الْمستشفى.

من فضلك، كيف أذهب إلى الْمستشفى؟
إمشي أربعة مربعات إلى الْمطعم. خذي يسارك وامشي مربعا واحدا. هناك الْمستشفى.

04 كيف أذهب إلى محطة الْمترو؟
إمشِ مربعين إلى الْمخبز. خذ يسارك وامشِ مربعين. محطة الْمترو هناك على يسارك.

من فضلك، كيف أذهب إلى محطة الْمترو؟
إمشِ مربعين إلى الْمخبز. خذ يسارك وامشِ مربعين. محطة الْمترو هناك على يَمينك.

كيف أذهب إلى محطة الْمترو؟
إمشِ ثلاثة مربعات إلى الفندق. خذ يَمينك وامشِ مربعين. محطة الْمترو هناك على يَمينك.

من فضلك، كيف أذهب إلى محطة الْمترو؟
إمشِ ثلاثة مربعات إلى الفندق. خذ يَمينك وامشِ مربعين. محطة الْمترو هناك على يسارك.

8-10 الإِرْشَاد إِلَى الطَّرِيق.

01 كَيفَ أَذْهَبُ إِلَى مَحَطَّة القِطَارَات؟
إِذْهَبِي حَتَّى الْمَصْرِف. خُذِي يَمِينَك وَامْشِي مُرَبَّعاً وَاحِداً.

كَيفَ أَذْهَب إِلَى مَحَطَّة القِطَارَات؟
إِذْهَبِي حَتَّى الْمَصْرِف. خُذِي يَسَارَكِ وَامْشِي مُرَبَّعاً وَاحِداً.

مِنْ فَضْلِكَ، كَيْفَ أَذْهَبُ إِلَى مَحَطَّة القِطَارَات؟
إِذْهَبِي حَتَى الْمَكْتَبَة. خُذِي يَسَارَكِ وَامْشِي مُرَبَّعَين.

مِنْ فَضْلِكَ، كَيْفَ أَذْهَبُ إِلَى مَحَطَّة القِطَارَات؟
إِذْهَبِي حَتَّى الْمَكْتَبَة. خُذِي يَمِينَكِ وَامْشِي مُرَبَّعاً وَاحِداً.

02 مِنْ فَضلِك، كَيْفَ أَذْهَبُ إِلَى مَرْكَز الشُّرْطَة؟
إِذْهَب حَتَّى الكَنِيسَة وَخُذْ يَمِينَكَ. إِمْشِ أَرْبَعَة مُرَبَّعَات. هُنَاكَ مَرْكَز الشُّرْطَة.

كَيْفَ أَذْهَبُ إِلَى مَرْكَز الشُّرْطَة؟
إِذْهَب حَتَّى الكَنِيسَة وَخُذْ يَسَارَكَ. إِمْشِ أَرْبَعَة مُرَبَّعَات. هُنَاكَ مَرْكَز الشُّرْطَة.

مِنْ فَضْلِكَ، كَيْفَ أَذْهَبُ إِلَى مَرْكَز الشُّرْطَة؟
إِذْهَب حَتَّى الكَنِيسَة وَخُذْ يَمِينَكَ. إِمْشِ مُرَبَّعَين. هُنَاك مَركَزُ الشُّرْطَة.

كَيْفَ أَذْهَبُ إِلَى مَرْكَز الشُّرْطَة؟
إِذْهَب حَتَّى الكَنِيسَة وَخُذْ يَسَارَكَ. إِمْشِ مُرَبَّعَين. هُنَاك مَركَز الشُّرْطَة.

03 كَيْفَ أَذْهَبُ إِلَى الْمُسْتَشْفَى؟
إِمْشِي مُرَبَّعَين إِلَى الْمَطْعَم. خُذِي يَمِينَك وَامْشِي ثَلاَثَة مُرَبَّعَات. هُنَاكَ الْمُسْتَشْفَى.

كَيْفَ أَذْهَبُ إِلَى الْمُسْتَشْفَى؟
إِمْشِي أَرْبَعَة مُرَبَّعَات إِلَى الْمَطْعَم. خُذِي يَمِينَكِ وَامْشِي مُرَبَّعاً وَاحِداً. هُنَاك الْمُسْتَشْفَى.

مِنْ فَضْلِكَ، كَيْفَ أَذْهَب إِلَى الْمُسْتَشْفَى؟
إِمْشِي ثَلاَثَة مُرَبَّعَات إِلَى الْمَطْعَم. خُذِي يَسَارَكِ وَامْشِي ثَلاَثَة مُرَبَّعَات. هُنَاك الْمُسْتَشْفَى.

مِنْ فَضْلِكَ، كَيْفَ أَذْهَبُ إِلَى الْمُسْتَشْفَى؟
إِمْشِي أَربَعَة مُرَبَّعَات إِلَى الْمَطْعَم. خُذِي يَسَارَكِ وَامْشِي مُرَبَّعاً وَاحِداً. هُنَاك الْمُسْتَشْفَى.

04 كَيْفَ أَذْهَبُ إِلَى مَحَطَّة الْمِتْرو؟
إِمْش مُرَبَّعَين إِلَى الْمَخْبَز. خُذ يَسَارَكَ وَامْشِ مُرَبَّعين. مَحَطَّة الْمِتْرو هُنَاك عَلَى يَسَارِكَ.

مِنْ فَضْلِكَ، كَيْفَ أَذْهَبُ إِلَى مَحَطَّة الْمِتْرو؟
إِمْش مُرَبَّعين إِلَى الْمَخْبَز. خُذ يَسَارَكَ وَامْشِ مُرَبَّعَين. مَحَطَّة الْمِتْرو هُنَاكَ عَلَى يَمِينِكَ.

كَيْفَ أَذْهَبُ إِلَى مَحَطَّة الْمِتْرو؟
إِمْش ثَلاَثَة مُرَبَّعَات إِلَى الْفُنْدُق. خُذْ يَمِينَك وَامْش مُرَبَّعَين. مَحَطَّة الْمِتْرو هُنَاك عَلَى يَمِينِك.

مِنْ فَضْلِك، كَيْفَ أَذْهَبُ إِلَى مَحَطَّة الْمِتْرو؟
إِمْش ثَلاَثَة مُرَبَّعَات إِلَى الْفُنْدُق. خُذْ يَمِينَك وَامْش مُرَبَّعَين. مَحَطَّة الْمِتْرو هُنَاك عَلَى يَسَارِكَ.

8-10 تابع ما قبله

05 كيف أذهب إلى الْملعب؟
إمشي مربعين إلى الْمسجد. خذي يسارك وامشي ثلاثة مربعات. الْملعب هناك على يَمينك.

كيف أذهب إلى الْملعب؟
إمشي ثلاثة مربعات إلى الْمسجد. خذي يسارك وامشي مربعين. الْملعب هناك على يَمينك.

من فضلك، كيف أذهب إلى الْملعب؟
إمشي أمامك أربعة مربعات. الْملعب هناك على يسارك.

من فضلك، كيف أذهب إلى الْملعب؟
إمشي أمامك أربعة مربعات. الْملعب هناك على يَمينك.

06 من فضلك، كيف أذهب إلى محطة القطارات؟
إمشِ حتى تتجاوز الْمدرسة. عند مركز الشَرطة خذ يَمينك وامشِ مربعين. هنالك محطة القطارات.

كيف أذهب إلى محطة القطارات؟
إمشِ حتى تتجاوز الْمدرسة. عند مركز الشَرطة خذ يسارك وامشِ مربعين. هنالك محطة القطارات.

من فضلك، كيف أذهب إلى محطة القطارات؟
إمشِ حتى تتجاوز الْمستشفى. عند مركز الشَرطة خذ يَمينك وامشِ مربعين. هنالك محطة القطارات.

كيف أذهب إلى محطة القطارات؟
إمشِ حتى تتجاوز الْمستشفى. عند مركز الشَرطة خذ يسارك وامشِ مربعين. هنالك محطة القطارات.

07 كيف أذهب إلى الجامعة؟
إمشي حتى تتجاوزي الكنيسة على يسارك.
إذهبي إلى محطة الوقود وخذي يسارك.
إمشي مربعين وهناك الجامعة على يَمينك.

كيف أذهب إلى الجامعة؟
إمشي حتى تتجاوزي الكنيسة على يَمينك.
إذهبي إلى محطة الوقود وخذي يسارك.
إمشي مربعين وهناك الجامعة على يَمينك.

من فضلك، كيف أذهب إلى الجامعة؟
إمشي حتى تتجاوزي الْمستشفى على يسارك.
إذهبي إلى محطة الوقود وخذي يسارك.
إمشي مربعين وهناك الجامعة على يَمينك.

من فضلك، كيف أذهب إلى الجامعة؟
إمشي حتى تتجاوزي الْمستشفى على يَمينك.
إذهبي إلى محطة الوقود وخذي يسارك.
إمشي مربعين وهناك الجامعة على يَمينك.

08 من فضلك، كيف أذهب إلى الكنيسة؟
إمشِ حتى تتجاوز الْمكتبة نحو الْمدرسة. خذ يَمينك وامشِ مربعين وهناك الكنيسة.

كيف أذهب إلى الكنيسة؟
إمشِ حتى تتجاوز الْملعب إلى مخزن الأحذية. خَذ يَمينك وامشِ مربعين وهناك الكنيسة.

من فضلك، كيف أذهب إلى الكنيسة؟
إمشِ حتى تتجاوز الْمدرسة إلى الْمكتبة. خذ يَمينك وامشِ مربعين وهناك الكنيسة.

كيف أذهب إلى الكنيسة؟
إمشِ حتى تتجاوز مخزن الأحذية إلى الْملعب. خَذ يَمينك وامشِ مربعين وهناك الكنيسة.

8-10 تابع ما قبله

05 كَيْفَ أَذْهَب إِلَى الْمَلْعَب؟
إمْشِي مُرَبَّعَين إِلَى الْمَسْجِد. خُذِي يَسَارَك وَامْشِي ثَلاثَة مُرَبَّعَات. الْمَلعَب هُنَاك عَلَى يَمِينِك.

كَيْفَ أَذْهَب إِلَى الْمَلعَب؟
إمْشِي ثَلاثَة مُرَبَّعَات إِلَى الْمَسْجِد. خُذِي يَسَارَكِ وَامْشِي مُرَبَّعَين. الْمَلعَب هُنَاك عَلَى يَمِينِك.

مِنْ فَضْلِكَ، كَيْفَ أَذْهَبُ إِلَى الْمَلعَب؟
إمْشِي أَمَامِك أَرْبَعَة مُرَبَّعَات. الْمَلْعَب هُنَاك عَلَى يَسَارِك.

مِنْ فَضْلِكَ، كَيْفَ أَذْهَب إِلَى الْمَلعَب؟
إمْشِي أَمَامِك أَرْبَعَة مُرَبَّعَات. الْمَلعَب هُنَاك عَلَى يَمِينِك.

06 مِنْ فَضْلِك، كَيْفَ أَذْهَبُ إِلَى مَحَطَّة القِطَارَات؟
إمْش حَتَّى تَتَجَاوَز الْمَدْرَسَة. عِنْدَ مَرْكَز الشُّرْطَة خُذْ يَمِينَك وَامْشِ مُرَبَّعَين. هُنَالِكَ مَحَطَّة القِطَارَات.

كَيْفَ أَذْهَبُ إِلَى مَحَطَّة القِطَارَات؟
إمْش حَتَّى تَتَجَاوَز الْمَدْرَسَة. عِنْدَ مَرْكَز الشُّرْطَة خُذْ يَسَارَكَ وَامْشِ مُرَبَّعَين. هُنَالِكَ مَحَطَّة القِطَارَات.

مِنْ فَضلك، كَيْفَ أَذْهَبُ إِلَى مَحَطَّة القِطَارَات؟
إمْش حَتَّى تَتَجَاوَز الْمُسْتَشْفَى. عِنْدَ مَرْكَز الشُّرْطَة خُذْ يَمِينَكَ وَامْشِ مُرَبَّعَين. هُنَالِكَ مَحَطَّة القِطَارَات.

كَيْفَ أَذْهَبُ إِلَى مَحَطَّة القِطَارَات؟
إمْش حَتَّى تَتَجَاوَز الْمُسْتَشْفَى. عِنْدَ مَرْكَز الشُّرْطَة خُذْ يَسَارَكَ وَامْشِ مُرَبَّعَين. هُنَالِكَ مَحَطَّة القِطَارَات.

07 كَيفَ أَذْهَبُ إِلَى الْجَامِعَة؟
إمْشِي حَتَّى تَتَجَاوَزِي الكَنِيسَة عَلَى يَسَارِك. إذْهَبِي إِلَى مَحَطَّة الوقُود وَخُذِي يَسَارَكِ. إمْشِي مُرَبَّعَين وَهُنَاكَ الْجَامِعَة عَلَى يَمِينِك.

كَيْفَ أَذْهَبُ إِلَى الْجَامِعَة؟
إمْشِي حَتَّى تَتَجَاوَزِي الكَنِيسَة عَلَى يَمِينِك. إذْهَبِي إِلَى مَحَطَّة الوقُود وَخُذِي يَسَارَكِ. إمْشِي مُرَبَّعَين وَهُنَاك الْجَامِعَة عَلَى يَمِينِك.

مِنْ فَضْلِكَ، كَيْفَ أَذْهَبُ إِلَى الْجَامِعَة؟
إمْشِي حَتَّى تَتَجَاوَزِي الْمُسْتَشْفَى عَلَى يَسَارِك. إذْهَبِي إِلَى مَحَطَّة الوقُود وَخُذِي يَسَارَكِ. إمْشِي مُرَبَّعَين وَهُنَاكَ الْجَامِعَة عَلَى يَمِينِك.

مِنْ فَضْلِكَ، كَيْفَ أَذْهَبُ إِلَى الْجَامِعَة؟
إمْشِي حَتَّى تَتَجَاوَزِي الْمُسْتَشْفَى على يَمِينِك. إذْهَبِي إِلَى مَحَطَّة الوقُود وَخُذِي يَسَارَكِ. إمْشِي مُرَبَّعَين وَهُنَاكَ الْجَامِعَة عَلَى يَمِينِك.

08 مِنْ فَضْلِك، كَيْفَ أَذْهَبُ إِلَى الكَنِيسَة؟
إمْش حَتَّى تَتَجَاوَز الْمَكْتَبَة نَحْوَ الْمَدْرَسَة. خُذْ يَمِينَك وَامْشِ مُرَبَّعَين وَهُنَاك الْكَنِيسَة.

كَيْفَ أَذْهَبُ إِلَى الكَنِيسَة؟
إمْش حَتَّى تَتَجَاوَز الْمَلعَب إِلَى مَخْزَن الأَحْذِيَة. خُذْ يَمِينَك وَامْشِ مُرَبَّعَين وَهُنَاك الكَنِيسَة.

مِنْ فَضْلك، كَيْفَ أَذْهَبُ إِلَى الكَنِيسَة؟
إمْش حَتَّى تَتَجَاوَز الْمَدْرَسَة إِلَى الْمَكْتَبَة. خُذ يَمِينَكَ وَامْشِ مُرَبَّعَين وَهُنَاك الكَنِيسَة.

كَيْفَ أَذْهَبُ إِلَى الكَنِيسَة؟
إمْش حتَّى تَتَجَاوَز مَخْزَن الأَحْذِيَة إِلَى الْمَلعَب. خُذ يَمِينَك وَامْشِ مُرَبَّعَين وَهُنَاك الكَنِيسَة.

8-10 تابع ما قبله

09 كيف أذهب إلى محطة الوقود؟
الشارع إلى محطة الوقود مغلق. إستدر راجعا وخذ يَمينك. إمشِ مربعا واحدا وخذ يَمينك. إمشِ أربعة مربعاَت وخذ يَمينك. إمشِ مربعاَ واحدا وخذ يَمينك وهناك محطةَ الوقود.

من فضلك، كيف أذهب إلى محطة الوقود؟
الشارع إلى محطة الوقود مغلق. إستدر راجعا وخذ يسارك. إمشِ مربعا واحدا وخذ يسارك. إمشِ أربعةَ مربعات وخذ يسارك. إمشِ مربعا واَحدا وخذ يسارك وهناك على يَمينكَ محطة الوقود.

كيف أذهب إلى محطة الوقود؟
الشارع إلى محطة الوقود مغلق. إستدر راجعا وخذ يَمينك. إمشِ مربعا واحدا وخذ يَمينك. إمشِ أربعة مربعاَت وخذ يَمينك. إمشِ مربعاَ واحدا وخذ يسارك وهناك محطةَ الوقود.

من فضلك، كيف أذهب إلى محطة الوقود؟
الشارع إلى محطة الوقود مغلق. إستدر راجعا وخذ يسارك. إمشِ مربعا واحدا وخذ يسارك. إمشِ أربعةَ مربعات وخذ يسارك. إمشِ مربعا واَحدا وخذ يسارك وهناك على يساركَ محطة الوقود.

10 كيف أذهب إلى الْمستشفى؟
إمشي حتى ينقسم الشارع إلى شارعين وخذي يَمينك.

كيف أذهب إلى الْمستشفى من فضلك؟
إمشي حتى ينقسم الشارع إلى شارعين وخذي يسارك.

من فضلك كيف أذهب إلى الْمستشفى؟
إمشي حتى ينتهي الشارع. خذي يسارك وامشي أربعة مربعات. الْمستشفى هناك على يسارك.

كيف أذهب إلى الْمستشفى؟
إمشي حتى ينتهي الشارع. خذي يَمينك وامشي أربعة مربعات وهناك على يَمينك الْمستشفى.

8-10 تابع ما قبله

09 كَيْفَ أَذْهَبُ إِلَى مَحَطَّة الوقُود؟
الشَّارِع إِلَى مَحَطَّة الوقُود مُغْلَق. إِسْتَدر رَاجِعاً وَخُذْ يَمينَك. إِمْش مُرَبَّعاً وَاحِداً وَخُذْ يَمِينَك. إِمْش أَربَعَة مُرَبَّعَات وخُذْ يَمِينَك. إِمْش مُرَبَّعاً وَاحِداً وَخُذْ يَمِينَك وَهُنَاكَ مَحَطَّة الْوقُود.

مِنْ فَضْلك، كَيفَ أَذْهَبُ إِلَى مَحَطَّة الوقُود؟
الشَّارِع إِلَى مَحَطَّة الْوقُود مُغْلَق. إِسْتَدر رَاجِعاً وَخُذْ يَسَارَك. إِمْش مُرَبَّعاً وَاحِداً وَخُذْ يَسَارَك. إِمْش أَرْبَعَة مُرَبَّعات وَخُذْ يَسارَك. إِمْش مُرَبَّعاً وَاحِداً وَخُذْ يَسارَك وَهُنَاك عَلَى يَمِينِكَ مَحَطَّة الْوقُود.

كَيْفَ أَذْهَبُ إِلَى مَحَطَّة الوقُود؟
الشَّارِع إِلَى مَحَطَّة الْوقُود مُغْلَق. إِسْتَدر رَاجِعاً وَخُذْ يَمِينَك. إِمْش مُرَبَّعاً وَاحِداً وَخُذْ يَمِينَك. إِمْش أَربَعَة مُرَبَّعَات وخُذْ يَمِينَك. إِمْش مُرَبَّعاً وَاحِداً وَخُذْ يَسارَك وَهُنَاك مَحَطَّة الوقُود.

مِنْ فَضلك، كَيْفَ أَذْهَبُ إِلَى مَحَطَّة الوقُود؟
الشَّارِع إِلَى مَحَطَّة الوقُود مُغْلَق. إِسْتَدر رَاجِعاً وَخُذْ يَسارَك. إِمْش مُرَبَّعاً وَاحِداً وَخُذْ يَسَارَك. إِمْش أَرْبَعَة مُرَبَّعات وَخُذ يَسارَك. إِمْش مُرَبَّعاً وَاحِداً وَخُذْ يَسارَك وَهُنَاك عَلَى يَسَارِكَ مَحَطَّة الوقُودْ.

10 كَيْفَ أَذْهَب إِلَى الْمُسْتَشْفَى؟
إِمْشِي حَتَّى يَنْقَسِمِ الشَّارِعِ إِلَى شَارِعَين وَخُذِي يَمِينَكِ.

كَيْفَ أَذْهَبُ إِلَى الْمُسْتَشْفَى مِنْ فَضْلِكَ؟
إِمْشِي حَتَّى يَنْقَسِمِ الشَّارِعِ إِلَى شَارِعَين وَخُذِي يَسَارَكِ.

مِنْ فَضْلكَ كَيْفَ أَذْهَبُ إِلَى الْمُسْتَشْفَى؟
إِمْشِي حَتَّى يَنْتَهِي الشَّارِع. خُذِي يَسَارَكِ وَامْشِي أَرْبَعَة مُرَبَّعَات. الْمُسْتَشْفَى هُنَاك عَلَى يَسَارِكِ.

كَيْفَ أَذْهَبُ إِلَى الْمُسْتَشْفَى؟
إِمْشِي حَتَّى يَنْتَهِي الشَّارِع. خُذِي يَمِينَكِ وَامْشِي أَرْبَعَة مُرَبَّعَات وَهُنَاك عَلَى يَمِينِكِ الْمُسْتَشْفَى.

8-12 مراجعة الوحدة الثامنة.

01 الرقم الثاني ثلاثة والرقم الرابع ثلاثة.
الرقم الأول ثلاثة والرقم الأخير ثلاثة.
الرقم الثالث واحد والرقم الأخير واحد.
الرقم الأول واحد والرقم الأخير واحد.

02 أنا أغني وأعزف البيانو.
أنا لا أغني ولا أعزف البيانو.
نحن ندق الطبول ونبتسم.
نحن لا ندق الطبول ولا نبتسم.

03 معظم الْمربعات السوداء كبيرة وكل البيضاء صغيرة.
كل الْمربعات السوداء كبيرة ومعظم البيضاء صغيرة.
بعض الْمثلثات الكبيرة خضراء وكل الْمثلثات الصغيرة رمادية.
كل الْمثلثات الكبيرة خضراء وبعض الْمثلثات الصغيرة رمادية.

04 الصين هي البلد الآسيوي الْملون بالأحمر في هذه الخريطة.
كوريا هي البلد الآسيوي الْملون بالأحمر في هذه الخريطة.
إسبانيا هي البلد الأوروبي الْملون بالأحمر في هذه الخريطة.
روسيا ملونة بالأحمر في هذه الخريطة.
روسيا في أوروبا وآسيا.

05 يَمر جسران فوق الطريق.
هناك سيارة على الطريق الذي يَمر بين الأشجار.
يَمتد الطريق نحو الْمنزل.
يَمتد الطريق نحو الجبال.

06 الكلب يخص الولد. إنه حيوانه الْمدلل.
الكلب يخص الْمرأة. إنه حيوانها الْمدلل.
الدب لا يخص أحدا. إنه ليس حيوانا مدللا.
تخص البقرة فلاحا ولكنها ليست حيوانه الْمدلل.

07 هذه الطائرة الأعلى ارتفاعا.
هذه الطائرة تطير منخفضة، قريبا من الأرض.
هذه الطائرة تطير منخفضة ولكنها ليست الأشد انخفاضا.
هذه الطائرة لا تطير. إنها على الأرض.

08 يمشي الناس قريبا من بعضهم.
يمشي الشخصان بعيدا عن بعضهما.
يجلس الناس قريبا من بعضهم.
يجلس الرجلان بعيدا عن بعضهما.

8-12 مُرَاجَعَة الْوِحْدَة الثَّامِنَة.

01 الرَّقْم الثَّانِي ثَلاَثَة وَالرَّقْم الرَّابِع ثَلاَثَة.
الرَّقْم الأَوَّل ثَلاَثَة وَالرَّقْم الأَخِير ثَلاَثَة.
الرَّقْم الثَّالِث وَاحِد وَالرَّقْم الأَخِير وَاحِد.
الرَّقْم الأَوَّل وَاحِد وَالرَّقْم الأَخِير وَاحِد.

02 أَنَا أُغَنِّي وَأَعْزِفُ البِيَانو.
أَنَا لاَ أُغَنِّي وَلاَ أَعْزِفُ البِيَانو.
نَحْنُ نَدُقُّ الطُّبُول وَنَبْتَسِم.
نَحْنُ لاَ نَدُقُّ الطُّبُول وَلاَ نَبْتَسِم.

03 مُعْظَمُ الْمُرَبَّعَات السَّوداء كَبِيرَة وكُلُّ البَيضَاء صَغِيرَة.
كُلُّ الْمُرَبَّعَات السَّوداء كَبِيرَة ومُعْظَمُ البَيْضَاء صَغِيرَة.
بَعْضُ الْمُثَلَّثَات الكَبِيرَة خَضْرَاء وَكُلُّ الْمُثَلَّثَات الصَّغِيرَة رَمَادِيَّة.
كُلُّ الْمُثَلَّثَات الْكَبِيرَة خَضْرَاء وبَعْضُ الْمُثَلَّثَات الصَّغِيرَة رَمَادِيَّة.

04 الصِّين هِيَ البَلَدُ الآسْيَوي الْمُلَوَّنُ بِالأَحْمَر فِي هَذِهِ الْخَرِيطَة.
كُورِيَا هِيَ البَلَدُ الآسْيَوِي الْمُلَوَّنُ بِالأَحْمَر فِي هَذِهِ الْخَرِيطَة.
إِسْبَانْيَا هِيَ البَلَدُ الأُورُوبِّي الْمُلَوَّن بِالأَحْمَر فِي هَذِه الْخَرِيطَة.
رُوسْيَا مُلَوَّنَة بِالأَحْمَر فِي هَذِهِ الْخَرِيطَة.
رُوسْيَا فِي أُورُوبَّا وَآسْيَا.

05 يَمُرُّ جِسْرَان فَوقَ الطَّرِيق.
هُنَاكَ سَيَّارَة عَلَى الطَّرِيق الَّذِي يَمُرُّ بَينَ الأَشْجَار.
يَمْتَدُّ الطَّرِيق نَحْوَ الْمَنْزِل.
يَمْتَدُّ الطَّرِيق نَحْوَ الْجِبَال.

06 الْكَلْبُ يَخُصُّ الوَلَد. إِنَّهُ حَيَوَانُهُ الْمُدَلَّل.
الْكَلْبُ يَخُصُّ الْمَرْأَة. إِنَّهُ حَيَوَانُهَا الْمُدَلَّل.
الدُّبُّ لاَ يَخُصُّ أَحَداً. إِنَّهُ لَيسَ حَيَوَاناً مُدَلَّلاً.
تَخُصُّ الْبَقَرَة فَلاَّحاً وَلَكِنَّهَا لَيسَت حَيَوَانُهُ الْمُدَلَّل.

07 هَذِهِ الطَّائِرَة الأَعْلَى ارْتِفَاعاً.
هَذِهِ الطَّائِرَة تَطِيرُ مُنْخَفِضَةً، قَرِيباً مِنَ الأَرْض.
هَذِهِ الطَّائِرَة تَطِيرُ مُنخَفِضَةً وَلَكِنَّهَا لَيسَت الأَشَدُّ انْخِفَاضاً.
هَذِهِ الطَّائِرَة لاَ تَطِير. إِنَّهَا عَلَى الأَرْض.

08 يَمْشِي النَّاس قَرِيباً مِنْ بَعْضِهِم.
يَمْشِي الشَّخْصَان بَعِيداً عَن بَعْضِهِمَا.
يَجْلِسُ النَّاس قَرِيباً مِنْ بَعْضِهِم.
يَجْلِسُ الرَّجُلانِ بَعِيداً عَن بَعْضِهِما.

8-12 تابع ما قبله

09 كيف أذهب إلى الجامعة؟
إمشي حتى تتجاوزي الكنيسة على
يسارك. إذهبي إلى محطة الوقود
وخذي يسارك. إمشي مربعين وهناك
الجامعة على يَمينك.

كيف أذهب إلى الجامعة؟
إمشي حتى تتجاوزي الكنيسة على
يَمينك. إذهبي إلى محطة الوقود وخذي
يسارك. إمشي مربعين وهناك الجامعة
على يَمينك.

من فضلك، كيف أذهب إلى الجامعة؟
إمشي حتى تتجاوزي الْمستشفى على
يسارك. إذهبي إلى محطة الوقود
وخذي يسارك. إمشي مربعين وهناك
الجامعة على يَمينك.

من فضلك، كيف أذهب إلى الجامعة؟
إمشي حتى تتجاوزي الْمستشفى على
يَمينك. إذهبي إلى محطة الوقود وخذي
يسارك. إمشي مربعين وهناك الجامعة
على يَمينك.

10 أنا ألبس قميصا صغيرا علي.
كنت ألبس قميصا صغيرا علي.
أنا ألبس قميصي الخاص بي.
أنا ألبس القميص الذي كان يلبسه أبي.

8-12 تابع ما قبله

09 كَيفَ أَذْهَبُ إِلى الْجَامِعَة؟
إِمْشِي حَتَّى تَتَجَاوَزِي الكَنِيسَة عَلَى
يَسَارِك. إِذْهَبِي إِلَى مَحَطَّة الوقُود
وَخُذِي يَسَارَكِ. إِمْشِي مُرَبَّعَين وَهُنَاكَ
الْجَامِعَة عَلَى يَمِينِك.

كَيْفَ أَذْهَبُ إِلَى الْجَامِعَة؟
إِمْشِي حَتَّى تَتَجَاوَزِي الكَنِيسَة عَلَى
يَمِينِك. إِذْهَبِي إِلَى مَحَطَّة الوقُود وَخُذِي
يَسَارَكِ. إِمْشِي مُرَبَّعَين وَهُنَاك
الْجَامِعَة عَلَى يَمِينِك.

مِنْ فَضْلِكَ، كَيْفَ أَذْهَبُ إِلَى الْجَامِعَة؟
إِمْشِي حَتَّى تَتَجَاوَزِي الْمُسْتَشْفَى عَلَى
يَسَارِكِ. إِذْهَبِي إِلَى مَحَطَّة الوقُود
وَخُذِي يَسَارَكِ. إِمْشِي مُرَبَّعَين وَهُنَاكَ
الْجَامِعَة عَلَى يَمِينِك.

مِنْ فَضْلِكَ، كَيْفَ أَذْهَبُ إِلَى الْجَامِعَة؟
إِمْشِي حَتَّى تَتَجَاوَزِي الْمُسْتَشْفَى عَلى
يَمِينِك. إِذْهَبِي إِلَى مَحَطَّة الوقُود وَخُذِي
يَسَارَكِ. إِمْشِي مُرَبَّعَين وَهُنَاكَ
الْجَامِعَة عَلَى يَمِينِك.

10 أَنَا أَلبَسُ قَمِيصًا صَغِيرًا عَلَيّ.
كُنْتُ أَلبَسُ قَمِيصًا صَغِيرًا عَلَيّ.
أَنَا أَلبَسُ قَمِيصِي الْخَاصّ بِي.
أَنَا أَلبَسُ القَمِيص الَّذِي كَانَ يَلبَسُهُ أَبِي.

الأبجدية

الأبجدية Alphabet	أسماء الحروف Letter names	أمثلة Examples
ا -	[a] = [alif]	أب - مرآة - كتاب
ب -	[b] = [ba]	بيت - باب - مبنى
ت -	[t] = [ta]	بنت - فتاة - تفا حة
ث -	[tha]	ثلج - مثل - مثلث
ج -	[dj] = [djiim]	جريدة - مجلة - برنامج
ح -	[h] = [ha]	حمام - محطة - ملح
خ -	[kh] = [kha]	خريطة - نخلة - شيخ
د -	[d] = [dal]	دائرة - بداية - بلد
ذ -	[dhal]	ذيل - مذكر - لذيذ
ر -	[r] = [ra]	رقم - ورقة - بئر
ز -	[z] = [zay]	زبدة - مزمار- كنز
س -	[s] = [siin]	سمكة - حساب - تنس
ش -	[sh] = [shiin]	شمس - منشفة - نقش
ص -	[s] = [saad]	صيف - مصنع - نص
ض -	[dhad]	ضيعة - مضيق- بيض
ط -	[t] = [ta]	طلب - بطل - مشط
ظ -	[zha]	ظل - مظلة - حظ
ع -	[ayn]	عنب - ملعب - نوع - بائع
غ -	[ghayn]	غذاء - متغير- فارغ - بالغ
ف -	[f] = [fa]	فيل- مفتاح - ملف
ق -	[q] = [qaf]	قلم - ورق- مقعد
ك -	[k] = [kaf]	كرسي- بنك - مكتب
ل -	[L] = [lam]	ليل - ملعب - فصل
م -	[m] = [miim]	ماء - ليمون - رقم
ن -	[n] = [nun]	نهر- فنان- غصن
ه -	[h] = [ha]	هدوء - مهنة - الله
و -	[o] = [waw]	وطن- نور- دلو
ي -	[y] = [ya]	يسمين - ليلة - قاضي

الحركات Vowel signs		أسماء الحركات Name	أمثلة Examples
(َ)	=	[fatha] فَتْحَة	وَلَد
(ِ)	=	[kasra] كَسْرَة	بِنت
(ُ)	=	[damma] ضَمَّة	يكتُب
(ّ)	=	[shadda شَدَّة	عدّاء
(ْ)	=	[sukun] سُكُون	كلْب
(ء)	=	[hamza] هَمْزَة	أرض، إبن، مائدة، عداء
(ً)	=	[tanwin] تَنْوِين	نهرًا
(آ)	=	[madda] مَدَّة	آداب
(ى)	=	[alif maksoura] أَلِفْ مَكْسُورَة	ندى
(ة)	=	[ta marbouta] تَاء مَرْبُوطَة	كرة